ię
yciu

Dedykuję tę książkę tym wszystkim, którzy się zmieniają...
i przez swoją zmianę zmieniają świat.

Ewa Foley

Dziękuję wszystkim

którzy pomagali mi w mojej pracy, zdobywaniu wiedzy i w pisaniu tej książki. Wdzięczna jestem tym wszystkim, którzy mną kierowali, dzielili ze mną radości i smutki, a także tym, którzy zaufali i pozwolili mi uczestniczyć w swoim uzdrawianiu fizycznym, emocjonalnym i duchowym. Dzięki nim ja także odnalazłam swoje uzdrowienie.

Szczególnie dziękuję

moim wspaniałym rodzicom, śp. Eugenii i Antoniemu, którzy zawsze stali za mną murem i popierali moje działania nawet wtedy, gdy mnie nie rozumieli. Wasza miłość i troska tak wiele dla mnie znaczą...

Mojemu kochanemu synowi śp. Maciejowi za wielkie serce, mądrość, pogodę ducha, poczucie humoru i bezcenny wkład w moje życie. Twoje przypominanie mi o rzeczach prawdziwie istotnych i twoja miłość są dla mnie niezastąpione...

Moim drogim siostrom, starszej Zosi i młodszej Gosi, za bezwarunkową siostrzaną miłość, za słowa otuchy, za ramiona zawsze otwarte, w których mogłam płakać i śmiać się, i za niepodważalną wiarę we mnie. Wasza obecność w moim życiu jest wielkim darem losu...

Małgorzacie, mojej przyjaciółce, dziękuję za przyjaźń i inspirację. To Ty pomogłaś mi w stworzeniu mojej własnej wizji...

Sandy dziękuję za pomysł na tę książkę i wsparcie duchowe

w najpiękniejszych i najtrudniejszych momentach mojego życia.

I love you with all my heart, Sands.

Ani, Jackowi i Darkowi dziękuję za zredagowanie i opublikowanie mojej pierwszej książki.

Słuchaczom Instytutu Świadomego Życia dziękuję za radość i przywilej wspólnego uczenia się i wzajemnego wspierania. Niech nasze doświadczenia staną się opoką i pomocą w uczeniu się, jak wykorzystywać swoją wiedzę do uszlachetniania tego świata i budowania bezpiecznej przyszłości dla następnych pokoleń...

Dzielnemu Sercu, przyjacielowi duszy, dziękuję za głęboką miłość i cierpliwość, za niestrudzone wsparcie i zachętę, za obiady gotowane, gdy ja pisałam i pisałam, za każdy wspólnie spędzony dzień, za Twój entuzjazm, za to, że jesteś zakochany w życiu i tak wiele mnie nauczyłeś.

EWA FOLEY

Zakochaj się w życiu

Podręcznik małych i dużych kroków dla poszukującej duszy

Feeria
WYDAWNICTWO

Projekt i wykonanie okładki: Paulina Walter
Fotografia na okładce: Piotr Zatoń
Redakcja: Anna Kotynia-Kosmynka
Korekta: Maria Mroczek
Skład: Norbert Młyńczak
Druk: Drukarnia Wydawnicza im. W.L. Anczyca

ISBN 978-83-7229-287-2
Wydanie V, Łódź 2011

Wydawca: JK, ul. Krokusowa 1-3, 92-101 Łódź
tel. (042) 676 49 69, fax (042) 676 49 79

Dystrybucja: Grupa A5 sp. z o. o.
ul. Krokusowa 1-3, 92-101 Łódź, tel./fax (042) 676 49 29
e-mail: handlowy@grupaA5.com.pl

Spis treści

Wstęp do wydania V ... 7
Przedmowa do wydania III ... 9
Wstęp ... 13
Kopalnia diamentów ... 19

Część I

Zakochaj się w radości ... 23
Zakochaj się w oddechu ... 37
Zakochaj się w muzyce ... 53
Zakochaj się w kwiatach ... 65
Zakochaj się w programowaniu neurolingwistycznym (NLP) ... 72
Zakochaj się w zdrowiu ... 78
Zakochaj się w aniołach ... 100
Zakochaj się w książkach ... 113
Zakochaj się w poezji ... 117
Zakochaj się w pulsie życia ... 122
Zakochaj się w zmianach ... 129

Część II

Moc akceptacji ... 133
Moc entuzjazmu ... 136
Moc przebaczenia ... 137
Moc nieba na ziemi ... 144
Moc afirmacji ... 152
Moc wizualizacji ... 159
Moc modlitwy ... 172
Moc wdzięczności ... 182
Moc pisania ... 191

Moc filmów 194
Moc słowa 196

Część III

O medytacji 205
O stresie 211
O kolorach 214
O rodzinie 226
O delfinach 228
O jodze 239
O wewnętrznym dziecku 245
O wewnętrznym krytyku 254
O cieniu 267
O mistrzostwie ciała 273
O szczęściu 283
O chorobie 287
O życiu świadomym 297

Część IV

Tęczowy most Polska–Australia 305
Impresje z podróży 317
List od mojego nastoletniego syna Maćka 349
Książki, które warto przeczytać 354
Z listów od Czytelników do Autorki 367

Wstęp do wydania V

Witaj w świecie zakochanych w życiu!

A może jeszcze nie zakochałaś(eś) się w życiu, ale spodobał Ci się ten pomysł, czy też bardzo, bardzo, bardzo tego chcesz.. Albo ktoś życzliwy podarował Ci ten podręcznik godnego życia, bo zakochanie się w życiu dobrze mu zrobiło... Dziękuję Ci za zaproszenie mnie na czas czytania tej książki do Twojego życia.

Jest rok 2011 – od napisania przez mnie pierwszego szkicu *Zakochaj się w życiu* minęło kilkanaście lat. Wiele się zmieniło w moim życiu. Moi najbliżsi: ukochani rodzice Antoni i Eugenia oraz mój jedyny syn Maciek odeszli z tego świata. Rodzice w podeszłym wieku, a Maciek zginął w wypadku motocyklowym, mając 27 lat... Życie to gra losowa. Ja wciąż tu jestem, tuż przed sześćdziesiątymi urodzinami.

Na jak długo przychodzimy tu, na Ziemię, jest tajemnicą. Jest pierwszy oddech i jest ostatni. Nie wiem, kiedy ja wezmę ten ostatni oddech, ale wiem jedno: MOJE ŻYCIE JEST CUDEM! Codziennie podejmuję zobowiązanie wobec siebie, że będę żyła tak, jakby to miał być ostatni dzień mojego życia. Codziennie postanawiam postępować według zasady *carpe diem* – chwytam każdy dzień łapczywie, radośnie, z zachwytem i wdzięcznością w sercu. Cieszę się każdą chwilą i każdą spotykaną osobą.

Pomyśl tylko: dzisiaj jest pierwszy dzień reszty twojego życia! Nie warto marnować swojego cennego czasu na złość, niezadowolenie, kłótnie, obwinianie, zamartwianie się, frustrację czy narzekanie. Tak straconego czasu już nigdy nie odzyskasz! A czas Twojego życia to jedyna bezcenna rzecz, którą naprawdę masz! Wykorzystuj go mądrze i świadomie.

Niedawno ktoś przysłał mi anonimowo taki tekst:

> Jest pięć spraw w życiu, których nie można odzyskać:
> Kamienia... który został rzucony.
> Słowa... które zostało wypowiedziane.
> Okazji... niewykorzystanej w porę.
> Czasu... który minął bezpowrotnie.
> Kogoś... kto już odszedł z tej ziemi.
> Życie jest krótkie. Nie oglądaj się na konwenanse. Przebaczaj szybko. Całuj powoli. Kochaj mocniej. Śmiej się głośniej. I nigdy nie żałuj czegoś, dzięki czemu śmiech zagościł na Twojej twarzy! Ciesz się życiem!

Hans Christian Andersen mówił, że życie człowieka jest baśnią pisaną przez Boga. Życzę ci, aby Twoje życie było najpiękniejszą baśnią, pełną światła i szczęścia! Zakochaj się w życiu!!!

Ewa Foley

Warszawa, sierpień 2011

Przedmowa do wydania III

Życie pełne szczęścia

Nie staraj się osiągnąć sukcesu – im bardziej uczynisz go swym celem, tym trudniej będzie ci go zdobyć. Ponieważ sukces, podobnie jak szczęście, nie jest czymś, za czym można się uganiać – musi wyniknąć (...) jako niezamierzony efekt uboczny poświęcenia się czemuś większemu niż własny los.

Viktor Frankl

Książka, którą właśnie masz w rękach, jest praktycznym poradnikiem, który pomoże ci znacząco podnieść jakość twojego życia, zdrowia i relacji, dokonywać dobrych zmian i cieszyć się pełnią szczęścia. Pisałam ją z potrzeby dzielenia się światłem świadomości, pisałam, aby więcej rozumieć, aby bardziej cenić cud życia, śmiać się głośniej, ufać głębiej, oddychać pełniej, kochać mocniej. Pisało tę książkę też moje barwne życie, które poprzez wiele różnorodnych doświadczeń uczyło mnie, aby w codzienności dostrzegać to, co piękne, aby w najtrudniejszych chwilach zachować pogodę ducha, a w tych najszczęśliwszych pielęgnować w sercu wdzięczność.

Czas, który upłynął od ukazania się jej na rynku polskim w 2000 roku, był wypełniony cennymi lekcjami, intensywną nauką i niewygodą, która inspirowała mnie do dalszego rozwoju. Były to najlepsze lata mojego dojrzałego życia; spokojnie mogę powiedzieć, że życie kobiety zaczyna się po pięćdziesiątce... Po prostu jestem szczęśliwa i wiem, że mam wpływ nie tylko na szczęście swoje, lecz także na szczęście innych. Żyję zatem tak, aby moi najbliżsi i ci, których poznaję na moich wykładach oraz zajęciach, byli silniejsi i bardziej zadowoleni. Bo trzeba pamiętać, że to wieczne narzekanie i niezadowolenie może zepsuć najwspanialsze nawet chwile...

Wierzę, że wszyscy jesteśmy studentami najlepszego uniwersytetu w galaktyce i mamy sporo szczęścia, że dostaliśmy się do szkoły na Ziemi. Wierzę też, że szczęście nie jest czymś, co się wydarza. Nie jest wynikiem uśmiechu losu ani dziełem przypadku. Nie można go kupić za pieniądze ani uzyskać dzięki władzy. Nie zależy od okoliczności zewnętrznych, ale raczej od ich interpretacji. Szczęście jest stanem istnienia, który wynika z całkowitego zaangażowania się w życie i który należy starannie pielęgnować. W takim stanie zadowolenia z każdej rzeczy umiesz kontrolować wewnętrzne doświadczenia, zarządzać swoimi przeżyciami, rozwiązywać problemy codziennego dnia, pokonywać przeszkody w drodze do spełnienia, podejmować decyzje najwyższej jakości, a dzięki temu odzyskujesz samosterowność i tworzysz bajeczną rzeczywistość.

Medytuj nad taką postawą przez kilka dni i otwórz się na cuda:

- **Moje zaangażowanie podnosi mój poziom energii.**
- **Moja energia podnosi moją zdolność do działania.**
- **Moje działanie podnosi poziom mojego sukcesu.**
- **My sukces podnosi mój poziom zaangażowania.**

> Życie każdego człowieka jest baśnią napisaną przez Boga.
>
> Hans Christian Andersen

ABY TWOJE ŻYCIE BYŁO NAJPIĘKNIEJSZĄ BAŚNIĄ, PEŁNĄ ŚWIATŁA I SZCZĘŚCIA!!

Ewa Foley,
Warszawa, luty 2005

PS. Umów się dzisiaj ze sobą, że szczęście i realizacja marzeń odgrywają w Twoim życiu większą rolę. Taka intencja sprawi, że to, co wydawało się niemożliwe, stanie się tylko nieprawdopodobne i – gdy tylko w pełni się zaangażujesz i włożysz wysiłek, spełnienie Twoich marzeń stanie się nieuchronne.

Wstęp

> Cokolwiek potrafisz lub myślisz, że potra-fisz, rozpocznij to. Odwaga ma w sobie geniusz, potęgę i magię.
>
> Johann W. Goethe

Pisanie tej książki rozpoczęłam wiele lat temu. Wtedy nie wiedziałam jeszcze, że opracowując teksty do kaset z wykładami i medytacjami, przygotowuję materiały do książki. W oprawionym w szare płótno zeszycie zaczęłam zapisywać swoje spostrzeżenia i olśnienia, przełomowe momenty w życiu, które zmieniały moje spojrzenie na świat, opowieści z podróży, sny, przemyślenia, odkrycia, modlitwy, ulubione wiersze, cytaty mądrych ludzi, aforyzmy. Od czasu do czasu pojawiały się refleksje na temat medytacji, wizualizacji czy procedur mających na celu podniesienie jakości mojego życia. Czasami były to małe kroki, a czasami ogromne. Wszystkie je zapisywałam. Wszystkie sprawdzałam w swoim życiu. Działają!

Ta książka wołała mnie od lat. *Napisz mnie. Napisz mnie* – szeptała uwodzicielsko, ilekroć siadałam przed komputerem. Ja oczywiście miałam ważniejsze rzeczy do zrobienia, a zresztą kto by chciał czytać coś, co ja napisałam...?

W roku 1994 przyszedł list od Darka Rossowskiego z łódzkiego Wydawnictwa „Ravi" z ofertą wydania mojej książki. Jakiej książki? W ogóle nie zamierzam ani pisać, ani wydawać żadnej książki! Odpisałam, dziękując za zaproszenie do współpracy. W ramach tej współpracy napisałam przedmowę do pięknej książki Christiny Thomas *Przebudzenie duszy*, bo właśnie wróciłam ze szkolenia w jej Instytucie Światła Wewnętrznego.

Parę lat później na festiwalu ezoterycznym w Krakowie wiele osób pytało mnie, gdzie można kupić moją książkę. I to zignorowałam. Ale kiedy w zeszłym roku rozentuzjazmowana młoda kobieta rzuciła mi się na szyję po wykładzie, mówiąc: *Pani książka zmieniła moje życie!*, musiałam zastosować zasadę, której uczę od lat: **do trzech razy sztuka**. CZYLI: jeżeli coś – informacja, zwrot, komentarz, osąd, opinia – przychodzi do ciebie trzy razy pod rząd, należy się tej sprawie przyjrzeć uważnie, bo wszechświat usiłuje ci coś powiedzieć...

Wszechświat przemawiał do mnie głośno i wyraźnie: „Czas na książkę. Ona już istnieje, czas sprowadzić ją na plan fizyczny". Mój opór był silniejszy. Tak samo jak lata temu zwlekałam z wydaniem pierwszej kasety audio, podobnie ten projekt pisania odkładałam na „później", na inny czas. Czyniłam jak Scarlett O'Hara: *Pomyślę o tym jutro*. Mijały miesiące i lata.

Tuż pod koniec roku 1999 w Sydney dzieliłam się refleksjami z moją australijską przyjaciółką Sandy, jaki mam z Tą Książką dylemat. Sandy cierpliwie wysłuchała moich długich wywodów, dlaczego pisanie książki jest w tej chwili dla mnie absolutnie niemożliwe, po czym uśmiechnęła się słodko i powiedziała:

– But darling, przecież ty tę książkę piszesz od lat. Tak naprawdę już ją napisałaś! Każda z twoich kaset jest rozdziałem książki. Ile kaset już wydałaś?

– Chyba osiemnaście – wymamrotałam niewyraźnie, zdumiona jej komentarzem.

– No właśnie – już masz 18 rozdziałów! – Sandy uśmiechała się promiennie. Jej piękna twarz lśniła światłem inspiracji. – Zaraz na początku stycznia roku 2000 odpraw taki rytuał: rozrzuć kasety przed sobą i poproś, by Duch Książki ustawił je w kolejności.

Wiedziałam, po prostu wiedziałam w każdej komórce mojego ciała, że TO JEST TO, że Sandy po raz kolejny w moim życiu wskazała mi coś oczywistego, czego ja – zaślepiona i uparta w swoich pomysłach na siebie i życie – nie byłam w stanie dostrzec.

Wszystko, co potrzebuję wiedzieć, przychodzi do mnie w jasny i zrozumiały sposób we właściwym czasie, z właściwego źródła.

Od razu zaczęłam pracować z „duchem" tej książki – prosiłam o przewodnictwo, o pomysły, o radę. Codziennie paliłam rytualny ogień w mojej porcelanowej piramidce i codziennie w medytacji widziałam siebie podpisującą książkę, widziałam ją na wystawach księgarń, u siebie w domu na półce. Ostatnie tygodnie roku 1999 często przebywałam w samotności. Uczyłam się ciszy. Po raz kolejny doceniłam praktykę duchową ciszy i samotności. Na sylwestra zostałam sama w domu mojej siostry. Wyłączyłam telefon. Zrezygnowałam z oglądania najbardziej spektakularnych fajerwerków na półkuli południowej nad sydneyskim Harbour Bridge z ekskluzywnej willi znajomych. Spędziłam ostatni dzień roku – do późnego wieczora – na mojej ulubionej plaży Shelly Beach, słuchając fal, medytując, czytając poezje Rumiego. Po przyjściu do domu zrobiłam sobie cudowną kąpiel w olejkach eterycznych. O północy obejrzałam w telewizji świetlny show na moście oraz taniec aborygenów pod ich świętą skałą Uluru (Ayers Rock) w centrum Australii i poszłam spać.

> Aby coś zrobić, trzeba zacząć.
>
> Horace Greely

Wcześnie rano 1 stycznia roku 2000 rozrzuciłam przed sobą kasety. Stało się! Na podłodze pojawiła się kolorowa mandala. Kasety same ułożyły się na swoich miejscach. Moja ręka przerzucała je z miejsca na miejsce. Pojawiły się 4 części. Co może nie jest takie dziwne, zważywszy, że jestem numerologiczną czwórką. Jedna kaseta, ZAKOCHAĆ SIĘ W ŻYCIU, naprawdę chciała być pierwsza. Przedstawiła mi się jako tytuł książki. Pytam więc książkę: *czym masz być?* Ona mi odpowiada: PODRĘCZNIKIEM MAŁYCH I DUŻYCH KROKÓW. *Dla kogo?* – pytam dalej. DLA POSZUKUJĄCEJ DUSZY. Zapisałam to wszystko. Korciło mnie oczywiście, żeby zapytać: *Poszukującej czego?* Ale to była tylko pokusa. A czegoż innego my, ludzie, poszukujemy, jak nie szczęścia i spełnienia???

Pracowałam z moją kasetową mandalą codziennie. Niektóre kasety zmieniały wielokrotnie kolejność. Często pojawiały się nowe pomysły. Nie podejrzewałam wtedy, że nowe rozdziały tej książki będą powstawały do dnia oddania skryptu do wydawnictwa!

Ku mojemu zdumieniu kot siostry, którym opiekowałam się w czasie jej nieobecności, nie ruszał bałaganu na podłodze. „Ruszył" go, i to skutecznie, Charles, mój szwagier. Któregoś dnia kot zapolował na ptaka i cały pokój pokryty został piórami. Charles zgarnął układankę jednym zamaszystym gestem i ułożył kasety w stertę na moim łóżku. Po czym zaczął odkurzać! Jak to zobaczyłam po powrocie do domu, wpadłam w panikę. Tyle tygodni mojej pracy! Wszystko wymieszane, wszystko stracone!

> Doświadczeniem nie jest to, co się człowiekowi przytrafia, lecz to, co on z tym robi.
>
> Aldous Huxley

Zrozpaczona usiadłam przy mojej zburzonej mandali i nagle przyszła myśl: *Przecież wiesz, dokładnie wszystko pamiętasz.* Wiedziałam, pamiętałam, zapisałam...

Jeszcze z Sydney napisałam do Wydawnictwa „Ravi", że książka, o którą pytali wiele lat temu, jest prawie gotowa. Ucieszyli się. Zainspirowało to mnie do dalszej pracy. Pisanie książki to niewiarygodnie trudna praca, zwłaszcza jeżeli robi się to po raz pierwszy. Wymaga to długich lat poszukiwań i zbierania doświadczeń, a potem miesięcy ciągłego przepisywania i zmieniania. Niniejsza książka jest owocem tysięcy godzin prowadzonych przeze mnie seminariów i spotkań. Chciałabym podziękować wszystkim wspaniałym ludziom, którzy przez lata uczestniczyli w prowadzonych przeze mnie seminariach. Od nich nauczyłam się najwięcej!

Większość autorów najpierw pisze książki, a potem nagrywa je swoim głosem na kasety audio. Bardzo lubię słuchać takich książek. Ja zrobiłam odwrotnie. Wiele rozdziałów z tej książki jest dostępnych na kasecie audio, co zaznaczone jest na końcu rozdziału. W tym miejscu polecam też książki, które warto przeczytać i które pomogą ci w głębszym studiowaniu danego tematu.

Informacje zawarte w tej książce pochodzą z tak wielu źródeł, że nie zawsze byłam w stanie zapamiętać, gdzie lub od kogo po raz pierwszy coś usłyszałam. Dziękuję i przepraszam tych wszystkich, których wkład nie został przeze mnie w tej pracy zaznaczony.

Dziękuję Ci, Boże,
Za zdrowie i pokarm,
Za miłość i przyjaciół,
Za wszystko, co zsyłasz mi w swojej dobroci. Dziękuję
Ci, Ojcze niebieski.

Życie pomaga mi w każdej potrzebie i zaspokaja każdy głód. Jest wciąż obok i prowadzi mnie w każdym momencie dnia. Wszystko: kim jestem, co robię i kim będę, zawdzięczam miłości Życia.

Zakochana w życiu, urodzona w roku Wodnego Smoka
Ewa Foley
Wilga, lipiec w roku Metalowego Smoka

Rok Metalowego Smoka powinien być rokiem nadziei. Przyniesie zdobycze, które okażą się doniosłe dla przyszłości, ale także znaczące ostrzeżenia dla całej ludzkości. (...) W latach smoka nie ma spraw nijakich, na małą skalę czy zachowawczych. Premiowana jest determinacja w działaniu i śmiałość w przedsięwzięciach. Nawet gdyby wszystko okazało się nieco iluzoryczne, nie zmienia to ogólnego odczucia poprawy sytuacji, co jest kolejną cechą charakterystyczną nadawaną światu przez smoki.

Jacek Kryg

Jesteś tym, czym głębokie twe pragnienie.
Jakie twe pragnienie, taka twoja wola.
Jaka twoja wola, taki czyn.

Upaniszady

Kopalnia diamentów

Są tylko dwa sposoby na życie. Jeden to życie tak, jakby nic nie było cudem. Drugi to życie tak, jakby wszystko było cudem.

Albert Einstein

Russel H. Conwell, korespondent amerykański, wygłosił wykład pod powyższym tytułem ponad 6 tysięcy razy w latach 1877–1925. Po publikacji tekst ów stał się klasyką inspirującej literatury. Gdy słuchałam tego wykładu po raz pierwszy, zrozumiałam – dlaczego.

Otóż Conwell opowiada w nim o życiu perskiego farmera Ali Hafeda. Któregoś dnia Hafed sprzedał swoją farmę, odszedł od rodziny i udał się w podróż dookoła świata w poszukiwaniu bogactwa. Szukał wszędzie diamentów, których tak bardzo pożądał. W końcu, po wielu latach tułaczki, samotny i bezdomny, w desperacji targnął się na własne życie. To poszukiwanie bogactwa go zabiło. Tymczasem farmer, który kupił ziemię od Hafeda, był wdzięczny za każde źdźbło trawy, które teraz do niego należało, i wlewał miłość i ciężką pracę w swoją nowo nabytą posiadłość. Każdego wieczora, spożywając wraz z rodziną owoce swojej ciężkiej pracy przy wspólnym stole, cieszył się tym, co ma – był zadowolony z życia. Któregoś dnia zrobił zdumiewające odkrycie. W opuszczonym przez Ali Hafeda ogrodzie odnalazł kopalnię diamentów. Prosty farmer miał bogactwo przekraczające jego najśmielsze oczekiwania.

Conwell przytaczał tę przypowieść, aby przekazać cudowne i niezwykle posłanie: w każdym z nas tkwi źródło obfitości i ziarna wielkości. W każdym z nas tkwi jakieś marzenie. Czeka, abyśmy je odkryli i zrealizowali. Kiedy pielęgnujemy swoje marzenie i potem inwestujemy w miłość, twórczą energię, upór i pasję w siebie samych, osiągamy autentyczny sukces.

Gdzie jest twoja kopalnia diamentów? Jeżeli mógłbyś robić, co tylko sobie zażyczysz – co by to było? Tak! Właśnie to, co w tej chwili wydaje Ci się niemożliwe! Czy otworzyłabyś sklep, czy zająłbyś się rodziną, czy zaprojektowałabyś sukienkę wieczorową, czy zbudowałbyś wioskę ekologiczną, czy napisałbyś scenariusz filmowy czy książkę, która zmieni ludzkie życie?

Na każdego z nas czeka kopalnia diamentów. Czeka, aż ją odkryjemy, zatroszczymy się o nią i zaczniemy kopać. Wszyscy mamy miejsce, od którego możemy zacząć. Puść wodze swojej wyobraźni, bo to ona zawiera matrycę twojej duszy na spełnione życie. Na wybranej przez siebie ścieżce rozwoju osobistego zorientujesz się, że sukces, autentyczne szczęście, finansowe zabezpieczenie są tak blisko jak twój ogród. Mam nadzieję, że książka ta przybliży Cię do własnej kopalni diamentów.

Jesteśmy tym, co robimy najczęściej. Doskonałość nie jest zatem uczynkiem, ale zwyczajem.

Arystoteles

Część I

Zakochaj się w radości

Prawdziwa radość życia jest nierozłącznie związana z samodzielnym poszukiwaniem tego, co nas satysfakcjonuje, i z chęcią służenia innym.

Uśmiechaj się, a świat będzie uśmiechał się do Ciebie!!!

Życie jest zbyt poważne, aby brać je na serio.
Oscar Wilde

W zamian za jeden uśmiech dostaniesz ich tysiąc.
powiedzenie chińskie

Teoretycznie wiemy wszyscy, że radość powinna być naturalną cząstką naszego życia, a jednak jakoś tak się dzieje, że jesteśmy oddzieleni od tej części nas, która doświadcza pokoju i zjednoczenia ze wszystkim. Często musimy uczyć się na nowo, czym jest radość – tak jakbyśmy ponownie poznawali dawno utraconego przyjaciela. Wtedy możemy zobaczyć, że życie jest piękne i że wszystko ma swój cel. Gurdżijew kiedyś powiedział, że „współczesny człowiek jest zahipnotyzowany swoim działaniem". Być może takie właśnie jest twoje życie. Żyjesz coraz szybciej, robisz coraz więcej, życie jest coraz bardziej skomplikowane i złożone, a związki, finanse, emocje odsuwają cię od prostej prawdy w twoim sercu. W końcu znajdujesz się w miejscu, w którym czujesz się zupełnie bezradny.

W codziennym życiu wpływa na nas tak wiele czynników, nad którymi nie mamy kontroli, że stajemy się bezwładnymi automatami w systemie czy – jak mawiał Gurdżijew – maszynami. Jeżeli żyjesz w takich ryzach, desperacko starając się trzymać wszystko pod kontrolą, sam wiesz, jak łatwo we współczesnym życiu stracić kontakt z miejscem prawdy w swoim wnętrzu. Miejscem, w którym doświadczamy spokoju; gdzie wszystko ma sens; gdzie związki międzyludzkie są ważne i pełne miłości, a finanse zrównoważone; gdzie rozumiesz dzięki Wyższemu Ja, które jest w tobie, że jest jakiś wyższy cel ponad tym wszystkim; że jesteś w podróży duchowej zwanej życiem.

Z czysto metafizycznego punktu widzenia my, ludzie, jesteśmy w pewnym sensie chronieni przez to, że nasze myśli nie materializują się natychmiast. Oznacza to, że jeżeli będziesz snuć same negatywne myśli przez jakiś czas, to niekoniecznie od razu doświadczysz negatywnych konsekwencji tego w swojej rzeczywistości. Mniej korzystną stroną tego jest to, że nawet piękne, wysokowibracyjne myśli też nie od razu urzeczywistniają się. **Problem pojawia się wówczas, gdy wyobraźnia wybiega do przodu, tworząc fantazje znacznie przekraczające rzeczywistość.**

Przyglądając się historii świata od końca drugiej wojny światowej zauważamy ogromne przyśpieszenie na każdym poziomie ludzkiej interakcji. Świat staje się coraz bardziej wymagający. Coraz więcej osób sięga po narkotyki w celu poszerzenia swojej świadomości i lepszego samopoczucia. Widzimy, jak cywilizacja świata wybiega swoją wyobraźnią w przyszłość, zamiast pozostawać w czasie teraźniejszym, żyć prawdą, akceptować to, co jest, wiedząc, że ekspansja i tak nastąpi.

Nasza wewnętrzna jaźń rozwija się powoli, stopniowo, w miarę możliwości radzenia sobie z kolejnymi etapami tego rozwoju. Natomiast intelektualna część nas, czyli umysł, działa o wiele szybciej niż duch. Tak więc jesteśmy świadkami świata, w którym ludzka wyobraźnia wykreowała ekspansję, pęd w przyszłość, a na poziomie zbiorowej podświadomości wiemy wszyscy, że teraz jest właśnie czas, aby się zatrzymać, wycofać z tego szalonego biegu, odkryć swoje wartości, szanować je i żyć w zgodzie z nimi.

Innymi słowy, twoje wewnętrzne ja pragnie spokoju, wzywa do stworzenia sanktuarium w twoim życiu, a zewnętrzne ja popycha cię do przodu. To ciągłe odsuwanie się od ciszy, od wewnętrznej równowagi, od swojej prawdy u większości ludzi powoduje wewnętrzny konflikt, rozlewa się on na wszystkie rejony życia. Twoje życie traci równowagę – jest w nim za dużo spraw, za dużo się dzieje, króluje dezorientacja. Twoje wewnętrzne ja poddaje się. Tracisz kontrolę nad swoimi sprawami. Wtedy przychodzi kryzys – wszystko się rozpada.

> Jedną z rzeczy występujących w mitach jest to, że nawet na dnie otchłani dobiega nas głos zbawienia. Czarną chwilą jest taka chwila, w której nadejść ma prawdziwa wiadomość o transformacji. W najciemniejszej chwili pojawia się światło.
>
> Joseph Campbell

Brak równowagi przejawia się w różny sposób. Jednym z nich jest POWAGA. Zaczynamy coraz poważniej traktować siebie i swoje sprawy. A przecież prawdziwa ludzka natura to niepoważna, wyluzowana radość – niemalże dziecięca niewinność. Jednak gdy intelekt przejmuje władzę nad twoim życiem, zaczyna w nim dominować powaga. Wtedy wszystko jest sprawą życia i śmierci. Jeżeli np. nie napiszesz tego listu teraz, NATYCHMIAST, i nie zrobisz obiadu na godzinę 16.30, to całe twoje życie będzie zrujnowane. Jeżeli praca z afirmacjami nie da ci natychmiastowego rezultatu – to nie warto żyć! Ta chorobliwa powaga powoduje, że ciągle trzeba się nakręcać. Intelekt wymaga tego pobudzania jako sposobu na zrównoważenie szalonego tempa życia.

Problem z chronicznym pobudzaniem polega na tym, że trzeba ulegać mu coraz to częściej. I wtedy, wcześniej czy później, wpadamy w błędne koło. Wypełniamy swoje życie jeszcze bardziej, żeby poradzić sobie z tym wszystkim, co ono niesie! I tak mamy telewizję, radio, narkotyki, prozak, alkohol i 1000 różnych spotkań, na których po prostu **musisz** być, i te terminy i sprawy, które trzeba załatwić. Zanim się zorientujesz, przychodzi czas spać, padasz na łóżko w stanie skrajnego wyczerpania. Twój duch pozbawiony jest jakiejkolwiek energii. A potem wstajesz rano i dziwisz się, że czujesz zmęczenie. Znowu wpadasz w ten sam kierat! Skutkiem takiego stylu życia jest utrata wrażliwości. Tracimy kontakt z tą wrażliwą, zmysłową cząstką siebie. A bez zmysłowości trudno jest docenić życie, docenić piękno, miękkość, łagodność i bogactwo swojego serca... Tak więc jeżeli w twoim sercu nie ma tej zmysłowości, bo przez lata nie była ona pielęgnowana, to gdy patrzysz na łubiankę pełną pachnących truskawek, na bukiet kwiatów lub słyszysz piękny fragment muzyki, trudno ci to piękno docenić. Ta zdolność została gdzieś po drodze utracona. Konsekwencją jest przepracowany umysł. Zaczynamy zbyt dużo myśleć, spekulować i wciąż „główkować". Powoli nasza osobowość zaczyna przesiąkać tymi nieharmonijnymi myślami i umysł zaczyna wtedy pragnąć i marzyć o rzeczach, których nie ma!

Wydaje się, że niewiele osób jest w stanie w pełni zaakceptować miejsce, w którym są właśnie teraz. Nasza wyobraźnia ciągle wybiega w przód i kiedy już znajdziemy się w miejscu, o którym marzyliśmy, to wyobraźnia ponownie wybiega do przodu. Żyjemy w społeczeństwie, które nigdy nie jest pogodzone z miejscem, w którym aktualnie się znajduje... nigdy nie jest zadowolone z tego, co ma.

Pierwszym krokiem do rozwinięcia prawdziwej, nieokiełznanej radości życia jest dotarcie do miejsca, w którym akceptujesz swoje otoczenie i to, kim jesteś TERAZ.

To miejsce cichej satysfakcji, wdzięcznego zadowolenia z siebie i z życia. Pogodzenia ze sobą. Jeżeli nie znajdziesz tego miejsca, będziesz ciągle niezadowolony i niepewny. Często pierwszym zadaniem, które daję uczestnikom moich seminariów jest: PRZESTAŃ NARZEKAĆ PRZEZ 21 DNI!

Gdybyśmy tylko mogli przestać narzekać, to wtedy naturalna miłość i dobro w naszych sercach, naturalne połączenie ze wszystkim, mogłyby naturalnie zaistnieć i doświadczalibyśmy wtedy stałej radości. Ale umysł jest sprytny – przykrywa to, co czujemy swoją wyobraźnią i zdolnością do przemyśleń, a poza tym jesteśmy zahipnotyzowani nieustającymi działaniami; trudno się dziwić, że tracimy kontakt ze sobą...

Wierzę, że powrót do tego miejsca w swoim wnętrzu jest możliwy i naprawdę prosty. To tylko sprawą przewartościowania, czyli nadania wartości temu, co już masz. Nie oznacza to wcale końca marzeń, ambicji i celów. **Prawdziwe jest to, co jest teraz.** Jeżeli to, co jest teraz, będzie dla ciebie najważniejsze, to wtedy każdy moment każdego dnia jest najważniejszy. Inaczej okaże się, że ciągle zastanawiasz się, czego potrzebujesz do szczęścia. I być może mówisz coś takiego: *Właściwie to jestem szczęśliwa, ale... Jeżeli ten doskonały związek w końcu pojawi się w moim życiu, to wtedy będę naprawdę szczęśliwa.* No i masz zapewnione – tydzień później spotykasz tego idealnego faceta, ale zamiast powiedzieć sobie: TO JEST TO, mówisz: *No tak – ten związek jest fajny, ale... gdy zacznę zarabiać 5.000 zł miesięcznie, wtedy będę szczęśliwa.*

Nigdy nie docieramy do miejsca równowagi, kiedy możemy powiedzieć sobie: ***To jest to. Jestem szczęśliwy.*** *Nie mam może jeszcze wszystkiego, czego pragnę, ale jestem szczęśliwy z tym, co mam.*

Wszystkie mistyczne filozofie światowe mówią jedno i to samo:

Zatrzymaj się. Ucichnij. Zastygnij w bezruchu.
Zaakceptuj miejsce, w którym jesteś teraz.

Przesłanie różnorakich tradycji sugeruje zaprzestanie spekulacji umysłowej na temat znaczenia życia i zadawania tego bezsensownego pytania: Dlaczego? Jeżeli uda ci się uspokoić umysł na tyle, by dotrzeć do miejsca akceptacji, to nagle te wszystkie burze wokół ciebie, te pragnienia, te niezadowolenia (w końcu umysł ma to do siebie, że jest stale niezadowolony), ta energia wypala się, uspokaja, przycicha. Wtedy możesz skontaktować się ze swoim prawdziwym wewnętrznym jestestwem i zacząć dostrzegać, co jest prawdziwe, co jest rzeczywiste. Co wymaga zmiany, a co trzeba zostawić tak jak jest. Akceptacja jest tak prosta – to przecież tylko opinia. Brak akceptacji to też tylko opinia. JEST TAK, JAK JEST. Gdy dotrzesz do miejsca akceptacji, będziesz absolutnie wolny. Możesz spokojnie patrzeć na kogoś ze swojej rodziny, kto robi bezsensowne rzeczy i zamiast próbować zmieniać tę osobę na siłę, możesz po prostu powiedzieć sobie: Ona jest taka jaka jest. On jest taki jaki jest. Wtedy mogą wydarzyć się dwie rzeczy: albo ta osoba się zmieni, albo nie. Ale bez względu na to, co się stanie – dla ciebie nie ma to znaczenia. Jeżeli jej wybór wpływa na ciebie w niepożądany sposób, to masz ten wspaniały dar od Boga – nogi: po prostu odejdź!

Filozofię, typu JEST TAK JAK JEST, możesz zastosować we wszystkich dziedzinach swojego życia. W końcu to tylko opinie powodują nasze zmartwienia. Im mniej będziesz mieć opinii, tym będziesz w większym stopniu wolny. W końcu to tylko opinia niektórych ludzi, że musisz być bogaty JEST TAK JAK JEST – albo jesteś bogaty, albo nie! To tylko opinia mówi, że musimy mieć pokój na świecie. Wolelibyśmy, żeby był pokój. Ale cóż zrobić, gdy ciągle są konflikty? Czy pozwolisz, żeby zmarnowało ci to życie? Naturalnie, że wolałbyś mieć zdrowe ciało. Ale co wtedy, jeżeli twoją karmą czy przeznaczeniem w tym życiu jest posiadanie ciała, które nie jest w pełni sprawne i mocne? Czy przez to pozwolisz, żeby życie przeszło ci koło nosa? Czy fakt, że kulejesz, powstrzyma cię od spacerowania po lesie? NIE POZWÓL NA TO! JEST TAK

JAK JEST. Jeżeli kulejesz, to kulejesz. To chodzisz na „kulawe" spacery po lesie. Ale chodzisz!

W miarę jak to miejsce akceptacji staje się twoim naturalnym stanem, zaczynasz rozumieć, że nie da się dokonać zmiany na siłę. Zmienisz się, kiedy będziesz gotów do zmiany! Twoje życie się zmieni, jak dojrzejesz do jego zmiany. Doświadczyłam tego w swoim życiu z paleniem papierosów. Pewnego dnia po prostu palenie przestało mi sprawiać przyjemność. Paliłam jeszcze przez parę tygodni, aż przyszedł TEN dzień. I przestałam! Koniec, kropka. Potem przez wiele lat, kiedy miałam na to ochotę (raz na kilka miesięcy czy lat), zapalałam papierosa, a teraz po prostu nie palę.

Przeniesienie się z miejsca ciągłej konfuzji w miejsce spokojnej prostoty, w miejsce zmysłowości życia jest naprawdę proste.

Zakochanie się w życiu
to pełna akceptacja go takim, jakie jest.

A jak możesz objąć życie bez zaakceptowania go takim, jakie jest? Jeżeli nie zaakceptujesz życia, wtedy ciągłe zamartwianie się nie pozwoli ci w pełni wszystkimi zmysłami doceniać życia. Co ci po zaproszeniu na to niezwykłe przyjęcie, skoro jesteś tak zaaferowany tym, że jesteś na tym przyjęciu, iż zapominasz o tym, żeby jeść?

Dzisiaj

- **Po pierwsze:** zaakceptuj dobroć swojego serca i miejsce, w którym jesteś w życiu.
- **Po drugie:** zaproś z powrotem do swojego życia naturalną dziecięcą prostotę. „Pożycz" małe dziecko od siostry, kuzynów, znajomych, sąsiadów i spędź z nim 24 godziny. Obserwuj to dziecko. Niech ono będzie twoim nauczycielem na tym seminarium z dziecięcej niewinności.

- **Po trzecie:** zrezygnuj świadomie z nadaktywności w życiu i w głowie.
- **Po czwarte:** zrezygnuj z powagi. Pozwól sobie na bycie radosnym lekkoduchem. To nie jest takie trudne – przejrzyj swoje życie i sprawdź, które rejony są zbyt poważne, zbyt nadęte, zbyt skomplikowane. Wróć do magicznego momentu tu i teraz, w którym doświadczasz pełni swojej mocy.

Życie jest radosne. Życie jest piękne

W miarę jak rozwijasz w sobie wolne od trosk i zmartwień podejście do życia, stajesz się wędrowcem, który jest jednocześnie zorganizowany i niezorganizowany. Który przybywa na czas, a czasami się spóźnia. Na którym można polegać, a czasami nie... Wtedy wyzwolisz się z rutyny i staniesz wolną osobą. Osobą, która chciałaby, żeby wydarzyło się tak, ale jak wydarza się coś innego, to też jest szczęśliwa, też się uśmiecha.

Jeżeli nie sprzedajesz światu jakiegoś wymyślonego wizerunku siebie, jeżeli nie musisz utrzymywać jakiejś specjalnie ważnej pozycji czy jakiejś nieprawdziwej cechy, możesz stopniowo wrócić do tego, kim naprawdę jesteś. Możesz autentycznie być sobą, nie musząc nikomu z niczego się tłumaczyć, niczego udowadniać. Albo akceptujesz siebie w pełni takim, jakim jesteś, albo nie.

Jeżeli akceptujesz siebie, to do czego ci potrzebna akceptacja innych

Wtedy jesteś w tej komfortowej sytuacji, że albo ciebie lubią, albo nie, albo ciebie wspierają, albo nie, albo są po twojej stronie, albo nie. Dla ciebie nie ma to żadnego znaczenia, bo ty w pełni akceptujesz siebie. Jesteś na cudownej i mocnej pozycji, z której nigdy nie musisz się tłumaczyć, wyjaśniać, nigdy też nie musisz przepraszać i kombinować. JEST TAK JAK JEST. Piękno takiej postawy tkwi w tym, że nie musisz trzymać się kurczowo niczego, co jest sztuczne i nieprawdziwe. Po prostu daj sobie prawo do tego, że jesteś człowiekiem – że nic, co ludzkie, nie jest ci obce.

Nie tak dawno temu byłam tłumaczem na zaawansowanym seminarium metafizycznym dla ponad 600 uczestników. Temat był bardzo poważny, słuchacze bardzo zaangażowani. W pewnym momencie instruktor wyjaśniał coś bardzo ważnego... powiedział coś po angielsku w taki sposób, że dla mnie, Polki, wydało się to nieprawdopodobnie śmieszne i przywołało mnóstwo frywolnych skojarzeń. Z całej siły trzymając fason, przetłumaczyłam pierwszą cześć zdania – a potem nagle parsknęłam śmiechem... Jak już zaczęłam się śmiać, to wygięło mnie w pół. Zaczęłam rżeć... potem chichotać... a potem już nie mogłam się opanować, bo kątem oka złapałam zdumiony wyraz twarz prowadzącego. Sala na chwilę zamarła... a potem nagle gruchnął wszechogarniający śmiech. Prowadzący po chwili dezorientacji przyłączył się do nas. Po jakimś czasie otarłam łzy i byłam gotowa do tłumaczenia. Instruktor powiedział to samo zdanie i w tym samym momencie ja znowu ryknęłam śmiechem. Sala ze mną. I tak było ze trzy razy. W końcu pomiędzy wybuchami śmiechu, trzymając się za brzuch, zaczęłam prosić, żeby ktoś mnie zastąpił. Tak skończyła się moja reputacja poważnej, profesjonalnej tłumaczki, która zawsze nad sobą panuje. To było bardzo ludzkie – to był taki moment jak w komedii, który przypominał, że w całej powadze tych duchowo-metafizycznych roztrząsań często zapominamy się śmiać. Zapominamy, że jesteśmy tylko ludźmi. Zapominamy, że to wszystko jest nieprawdopodobnie śmieszne. To bardzo ważne, żeby nie traktować siebie zbyt serio. Śmiech to zdrowie! Za każdym razem, gdy się dobrze wyśmiejesz, możesz zobaczyć radość we wszystkim, co cię otacza.

I tak jak w tej scenie. Sytuacja była co najmniej żenująca, a ja po prostu pozwoliłam sobie na głupi chichot, który pociągnął za sobą rozbawienie całej sali. Śmialiśmy się przez kilkanaście minut, odpoczęliśmy i do tej pory docierają do mnie opowieści, że był to najmocniejszy punkt programu tego weekendowego seminarium. Jestem człowiekiem i daję sobie prawo do zwykłych ludzkich ułomności. Nie jestem doskonała i mam nadzieje, że nigdy nie będę. Mam za to w sobie dziecięcą ciekawość i zachwyt. Ciągle się uczę.

Nikt z nas nie przyszedł na ten plan fizyczny po to, żeby być doskonałym. Sam fakt, że nie jesteśmy doskonali, czyli całe te duchowe poszukiwania, to przecież taka wspaniała przygoda. Daruj sobie – nie musisz zmuszać wszystkich wokół siebie do bycia doskonałymi. Ta właśnie świadomość niedoskonałości pozwala obudzić się w twoim sercu potrzebie wybaczania. Sobie i całemu światu.

Pomyśl o wszystkich swoich błędach, upadkach i porażkach. Jeden z moich wielkich nauczycieli, David Neenan, który corocznie przyjeżdża do Polski we wrześniu ze swoim seminarium *Business & You – The Working Game* (Gra, która działa), powtarza wielokrotnie w czasie trzech dni tych opartych na grach edukacyjnych zajęć: MISTAKES ARE GREAT MOMENTS! Błędy to wielkie chwile. Błędy są jedynymi momentami, kiedy naprawdę możemy się uczyć.

Urodziliśmy się bez instrukcji obsługi. Nie jesteśmy urządzeniem, do którego jest ścisła instrukcja obsługi. Pojawiliśmy się na Ziemi w wymiarze fizycznym i raczkując próbujemy wykapować, o co tu chodzi, co jest grane. Nie mamy żadnych wskazówek. Nikt nas nie wziął za rękę i nie powiedział: *Słuchaj, to jest tak i tak. Idziesz w dobrą stronę*. Nie pozwól też, aby poczucie winy i wstydu przejęło panowanie nad twoim życiem. Wszystkie błędy, które popełniłeś, były ci potrzebne! Tak samo jak były potrzebne wszystkim osobom, na które twoje błędy miały wpływ!

Jeżeli nie teraz, to kiedy? Jeżeli nie ty, to kto

Zacznij uzdrawiać swoje życie. Jeżeli w przeszłości była wokół ciebie jakaś „zła energia", to co z tego? Możesz postanowić – jak tylko będziesz gotów – że ta energia jest piękna. Możesz zacząć ją postrzegać jako kolejną okazję do nauki (czyli KODN). Stopniowo, w miarę jak robisz przegląd swojego życia, możesz zrezygnować z opinii tego typu: *Nie powinnam była tego zrobić! Powinnam zrobić to!* Zrobiłam, co zrobiłam. I tu wracamy do zasadniczej sprawy – jak mamy rozwinąć w sobie tę duchową harmonię i zrównoważoną postawę, która zapewni nam stałą radość. Co jest esencją tej harmonii? Wierzę, że jest nią władza nad swoim życiem. Ma to miejsce wtedy, kiedy panujesz nad tym, co wydarza się w twoim życiu, czyli masz kontrolę nad swoją rzeczywistością.

Kiedy cisza i spokój zaczynają istnieć w twoim świecie, w naturalny sposób nawiązujesz kontakt z tą częścią siebie, którą można nazwać Wyższym Ja. To właśnie Wyższe Ja wprowadza równowagę do każdego aspektu twojego życia. W miarę jak ta duchowa energia w tobie osiąga coraz wyższą wibrację, w miarę jak coraz bardziej koncentrujesz się na pięknie, wdzięczności i radości, znikają wszystkie konflikty. Zmartwienia i walka już nie mają miejsca w twoim życiu.

> Life was not meant to be a struggle.
> (Życie nie ma być walką.)
>
> Stuart Wilde

Będą oczywiście wysiłek i intensywność, niezbędne do osiągnięcia twoich celów, lecz nie będzie to walka. To wysiłek bez emocji. To prostota w tobie, która rozumie, że ty nic nie rozumiesz, że wiesz, iż nic nie wiesz. Nie musisz wiedzieć wszystkiego, by doświadczać spokoju, czuć się bezpiecznie i cieszyć życiem. Nie musisz wiedzieć, co wydarzy się w przyszłym tygodniu. Nie musisz spekulować, czy się uda, czy nie. Albo się uda, albo nie. Albo będzie tak, albo inaczej. Niespodziewanie otoczy cię harmonia emocjonalna, a w twoją stronę zacznie płynąć tylko piękno, zmysłowość, obfitość, świeżość, poczucie wolności. Jeden z moich nauczycieli, Stuart Wilde, twierdzi, że tego stanu doświadcza mniej niż 1 procent mieszkańców Ziemi. Dlaczego? Zapytany odpowiada: *Bo umysły większości ludzi wypełnione są niezadowoleniem i konfuzją.*

> ... według mnie życie jest proste, a komplikujemy je sami, cała rzecz w tym, aby na powrót dotrzeć do jego prostoty...
>
> Brock Tully

Warto wrócić do prostoty i zmysłowości, której doświadczasz obserwując bawiące się kociaki. Warto docenić piękno smakowitego posiłku. Warto docenić piękno mniej smakowitego posiłku, bo to pozwala ci pamiętać, jak smakuje coś dobrego. Warto pozwalać ludziom robić to, co robią. Może nie zgadzasz się z ich działaniem, ale pozwalasz, by robili swoje. Wtedy wraca twoja moc. Wraca jako indywidualność, twórczy autentyzm, niewinność, które wyzwalają cię z narzuconych sobie samemu ograniczeń i dają szansę na wyrażenie swojej wyjątkowości.

Trzeba siebie zgubić, aby się odnaleźć

Gdy tylko uspokoisz swój umysł, stopniowo zaczniesz wracać do radosnego doświadczania bycia częścią wszystkiego, do poczucia bezpieczeństwa i spokoju.

A czym jest lęk? Lęk jest wyłącznie sztuczką, trikiem twojej wyobraźni, piszącej scenariusze, które mogą się wydarzyć lub nie.

Gdy czujesz się ze sobą bezpiecznie i doświadczasz równowagi wewnętrznej, to nawiązujesz naturalnie kontakt z tą cząstką siebie, która nie zna lęku. Zwierzęta nie siedzą w lesie zastanawiając się, czy za 3 i pół miesiąca będą miały co jeść. Po prostu akceptują to, co jest. Mam teraz co jeść. A jeżeli teraz mam, to dlaczego nie miałabym mieć za 3 miesiące? A jak nie będzie co jeść za 3 miesiące, to co z tego? JEST TAK JAK JEST. Wtedy naturalnie rozwijasz zdolność do kochania, do pełnego brania udziału w uczcie życia, w której wszystko przynosi radość i pomyślność... Rozkoszujesz się życiem, widzisz tylko piękno wokół siebie, słyszysz muzykę, czujesz szczęście. Obserwujesz z ciekawością subtelne zmiany energii wokół siebie. Właśnie na tym polega różnica między zaangażowanym uczestnikiem a zdystansowanym obserwatorem. Nie sugeruję oczywiście, żebyś siedział na krawężniku i w niczym nie brał udziału. Możesz być zaangażowany, możesz podejmować konsekwentne działania, możesz zaznaczyć swoją obecność w świecie, ale nie musisz podchodzić do tego tak emocjonalnie. Możesz zrobić od czasu do czasu krok w tył i pozwolić, by piękno wypełniło każdą komórkę twojego jestestwa. W takim stanie we wszystkim, co robisz – piszesz list do przyjaciela, medytujesz o zachodzie słońca, malujesz, gdy pada deszcz, bawisz się ze swoim dzieckiem zauważasz naturalny rytm, naturalne piękno. I wtedy zakochanie się w sobie – nie w egocentryczny sposób – ale pokochanie siebie, bo wybaczyłeś sobie, bo doceniasz siebie, bo wiesz, że jesteś tym wolnym od trosk wędrowcem, pozwala ci zakochać się z życiu. Możesz wtedy ze zdumieniem dojrzeć piękno we wszystkim. Możesz odkryć odwagę, od zawsze istniejącą w twoim sercu. Możesz obserwować tę odwagę idąc po mistrzowsku przez życie.

To jesteś TY – pełna radości życia, pełna piękna i zmysłowości istota w jedności ze wszystkim. Ta istota pozwala, by życie było takie, jakie jest. Jeżeli to zrobisz, to istniejąca we wszystkim wieczność stanie się częścią twojego serca. Wtedy zapanują w nim radość i miłość. Już nie musisz walczyć o szczęście. Szczęście jest naturalną konsekwencją miłości, królującej w twoim sercu. Tak oto zakochanie się w życiu jest najbardziej naturalną rzeczą. Jest darem od Boga!

Pamiętaj o tym!

Płyta CD

- Ewa Foley – *Zakochać się w życiu* (ISI, 1997).

Zakochaj się w oddechu

Każdy świadomy oddech służy Twemu wyzwoleniu. Każdy nieuświadomiony zatrzymuje Cię w więzieniu.

Paramahansa Yogananda

Od oddechu wiele zależy: wpływa on zarówno na nasze zdrowie, jak i na energię oraz nastrój, w jakim się znajdujemy. Oddech jest procesem nie tylko biologicznym, ale też emocjonalnym i duchowym. Oddech towarzyszy nam od pierwszych chwil życia. Jego rytm zmienia się pod wpływem myśli, nastrojów i uczuć, pomiędzy oddechem a psychiką istnieje ścisły związek.

Przybierające na sile zanieczyszczenie powietrza, codzienny pośpiech i stresorodne sytuacje niekorzystnie wpływają na sposób, w jaki oddychamy Narasta liczba schorzeń dróg oddechowych i płucnych. W naszych czasach na nowo odkrywana jest prastara wiedza na temat zapobiegawczych i terapeutycznych korzyści płynących z praktyk oddechowych. Zapobiegają one złym nawykom oddechowym oraz usuwają fizyczne i duchowe napięcie, przyczyniając się w ten sposób do poprawy ogólnego samopoczucia.

Świadoma praca z oddechem była przez tysiąclecia integralną częścią różnych odmian jogi. Świadoma praca z oddechem jako metoda psychofizycznego odradzania się została na nowo odkryta przez Amerykanina Leonarda Orra w latach 70. i nazwana rebirthingiem. Szybko wzbudziła zainteresowanie psychologów, którzy zaczęli włączać ją do procesu terapeutycznego jako doskonałe, proste i naturalne narzędzie oczyszczania umysłu i ciała ze zgromadzonych napięć, blokad i urazów psychicznych.

Rebirthing uzdrawia sposób oddychania oraz związane z nim schematy emocjonalne. Leonard Orr pisze:

> Rebirthing, będąc nową jogą, nie jest dyscypliną. Jest on inspiracją, aktem uczenia się oddychania od samego oddechu. Jest on połączeniem wdechu z wydechem w swobodnym intuicyjnym rytmie dotąd, aż oddech wewnętrzny, to jest Duch – samo źródło oddechu, zjednoczy się z powietrzem, z oddechem zewnętrznym.

Moje pierwsze zetknięcie z tą metodą odradzania psychofizycznego miało miejsce na początku lat 80. w Australii, w czasie prowadzonego przez Sondrę Ray Treningu Związków Miłości (LRT – Loving Relationships Training). Ta pierwsza sesja oddechowa była dla mnie wielkim duchowym przeżyciem, mistycznym doświadczeniem, które odmieniło moje życie, ciało i umysł. Postanowiłam wtedy ją zgłębić i czynię to do tej pory. Z wyjątkiem, być może, głębokiej medytacji, nie znam innego narzędzia tak przeobrażającego jak rebirthing.

Rebirthing w dosłownym tłumaczeniu oznacza „odrodzenie" czy „ponowne narodziny". Nie jest praktyką religijną (choć ja osobiście uważam, że jest święty) ani też żadną inną formą terapii (chociaż coraz częściej psychologowie posługujący się tą metodą twierdzą, że jest o wiele szybszy i efektywniejszy od wielu rodzajów psychoterapii). Jest jedną z najszybciej rozwijających się, najbardziej popularnych na świecie metod samodoskonalenia. Jest procesem rozwoju osobistego, który oparty jest na **dwóch filarach**: jednym jest prosta **technika oddychania**, której celem jest łagodne i delikatne usunięcie stresu, bloków i stłumionych emocji w sferze mentalnej, umysłowej i fizycznej, szczególnie tych, które powstały w czasie porodu i we wczesnym dzieciństwie. Drugim jest filozofia mówiąca, że **myśl ludzka jest twórcza**; poprzez myśli człowiek kreuje swoją rzeczywistość.

Większość z nas obciążona jest blokami energii negatywnej, i to w takim stopniu, że nie możemy w pełni doświadczać życia. Ponieważ bloki te tkwią wewnątrz nas od bardzo dawna, zwykle nawet nie zdajemy sobie sprawy z ich obecności. Nie wiemy, że to one powodują większość życiowych problemów. Głębokie, pełne, połączone oddychanie w czasie trwającej około godziny medytacji uzdrawia i oczyszcza z tej obciążającej ciało, umysł i emocje energii. Rezultatem jest radosna integracja, co pozwala nam pełniej kochać i bardziej cieszyć się życiem. Rebirthing jest nauką o radości, prowadzoną przez całe życie. Jest sztuką świadomego oddechu.

Natychmiastowe korzyści z sesji oddechowych są następujące:

- redukcja stresu poprzez głęboką relaksację
- lepsze zdrowie i doskonałe samopoczucie
- więcej młodzieńczej witalności i energii
- stabilizacja emocjonalna
- efektywniejsze rozwiązywanie problemów
- zwiększenie zdolności postrzegania i dokonywaniapozytywnych zmian
- jasność umysłu
- poprawniejsze i łatwiejsze stosunki międzyludzkie
- spokój wewnętrzny, zdolność do współodczuwania i empatii
- poczucie trwałego szczęścia
- poszerzenie świadomości
- wyższe poczucie własnej wartości
- poczucie wypełnienia energią, stan równowagi wewnętrznej, odczucie połączenia ze źródłem energii kosmicznej
- głębokie poczucie celu i sensu życia.

Zanim opowiem, jak działa metoda świadomego połączonego oddychania, chciałabym wyjaśnić, dlaczego działa. Działa, ponieważ zmienia nasze negatywne, destrukcyjne podejście i skłonności w życiu na pozytywne oraz usuwa fizyczne, mentalne i emocjonalne bloki przechowywane w ciele jako stres. Często przyczyną tych bloków jest negatywne myślenie. Uważam, że ze wszystkich badań, które mogą być przeprowadzane na świecie, najważniejsze dotyczą tego, w jaki sposób myśli, przekonania i podejścia kształtują ludzkie doświadczenia. Chciałabym poświęcić temu zagadnieniu trochę czasu w nadziei, że zainspiruję cię do dalszych przemyśleń.

Jestem pewna, że wiesz już, iż samo życzenie sobie, żeby coś się zmieniło w twoim życiu, nie wystarcza. Nawet gdyby pojawiła się wróżka, pomachała magiczną różdżką i natychmiast wszystko by się zmieniło – zapewniam cię, że w niedługim czasie twoje życie stałoby się znowu takim samym odbiciem twoich własnych wewnętrznych uczuć, przekonań, myśli i obrazów o nim.

Wyobraź sobie, że siedzisz w kinie i oglądasz film. Odwróć się w stronę projektora. Co widzisz? Po prostu biały snop światła. Gdybyś wstał i podszedł do ekranu, przekonałbyś się, że jest to po prostu biała powierzchnia. A przecież w czasie filmu pokazuje się na nim tyle dramatycznych wydarzeń, tyle intensywnych przeżyć. Skąd one się biorą? Cały ten dramat zawarty jest na taśmie filmowej włożonej do projektora. Gdybyśmy bliżej przyjrzeli się tej taśmie, zobaczylibyśmy, że składa się ona z nieruchomych klatek fotograficznych. Ale gdy włożysz ją do projektora filmowego i zaczniesz wyświetlać, sprawia wrażenie ruchu, wydaje się być rzeczywista. Wygląda prawdziwie, brzmi prawdziwie, odbiera się ją prawdziwie. Te właśnie obrazki na taśmie filmowej można porównać do przechowywanych przez ciebie myśli i przekonań. Neutralne białe światło, które przepływa przez ten film tworzy na białym, neutralnym ekranie dramat, który bynajmniej nie jest neutralny. I tak samo jak w kinie: jeżeli chcesz oglądać inny film – bez sensu byłoby obwiniać to, co jest już na ekranie – **jeżeli chcesz zobaczyć coś innego, musisz zmienić film!**

Kiedy podejmujesz świadomą pracę nad sobą, jaką proponuje rebirthing, to tak jakbyś zwalniał tempo wyświetlania filmu, abyś mógł się lepiej przyjrzeć pojedynczym obrazom i w ten sposób odkryć zniekształcenie, którego nie mogłeś dostrzec przy większej szybkości wyświetlania.

Aby doświadczyć innego świata, nie możesz zaczynać od zmiany tegoż świata, lecz od zmiany siebie i swoich wewnętrznych filtrów, bo dopiero wtedy będziesz mógł oglądać świat przez czysty filtr i w pełni podziwiać jego piękno. Odkrycie, że nasz filtr jest lekko przybrudzony czy zanieczyszczony doświadczeniami z przeszłości, jest często już pierwszym krokiem w kierunku uzdrowienia. Możemy wtedy świadomie zacząć pracę w przekonaniu, że nasze życie zależy od nas, że możemy podnieść jego jakość, dokonać pozytywnych zmian poprzez zmianę myśli, przekonań i decyzji, które podjęliśmy w przeszłości. Dla mnie było to jednym z najważniejszych odkryć. Do tego czasu żyłam przekonana, że dzieje mi się krzywda, że życie jest niesprawiedliwe, że jestem ofiarą otaczającego mnie świata i okoliczności, mojego męża, mojego szefa. Dzisiaj wierzę, że **nie ma ofiar – wszyscy jesteśmy tu na ochotnika.** Wierzę, że to my kreujemy swoją rzeczywistość tak, aby się w końcu przebudzić i jak najwięcej nauczyć.

Pewnie sam fakt, że teraz czytasz te słowa, świadczy o tym, że jesteś gotów się przebudzić i żyć świadomie. Podobno nauczyciel pojawia się wtedy, gdy uczeń jest gotów. Nauczycielem może być przeczytana książka, „przypadkowo" (piszę w cudzysłowie, bo zapewne wiesz, że nie ma przypadków...) usłyszana audycja w radio, tekst z reklamy telewizyjnej czy napis na samochodzie. Wiele lat temu, jadąc do Sydney w bardzo nieciekawym nastroju, bo oto mój kolejny związek się rozpadał, zobaczyłam na jadącym przede mną samochodzie napis: EXPECT A MIRACLE, czyli SPODZIEWAJ

SIĘ CUDU. Tego samego wieczoru moja koleżanka zaprosiła mnie na wykład wprowadzający do... *Kursu Cudów* – i w ten sposób pojawiło się w moim życiu dzieło-nauczyciel *Kurs Cudów*!!! Inny przykład: wiosna 1995 roku, w księgarni we Wrocławiu mój przyjaciel dosłownie włożył mi do ręki książkę *Tajemnice* Christiny Thomas. Przeszły mnie dreszcze, lecz widocznie nie byłam gotowa, bo ją odłożyłam. Po powrocie do Warszawy znalazłam *Tajemnice* na moim biurku. Inna bliska osoba postanowiła mi ją podarować. Ufajmy swoim przyjaciołom! Często są to nasi przewodnicy duchowi w ciele fizycznym. To wielkie błogosławieństwo mieć ich w swoim życiu. Otworzyłam książkę na stronie 70 i mój wzrok padł na zdanie: **Oddech jest brakującym ogniwem!**

Czytając czułam czystość i piękno duszy Christiny. Tak bardzo chciałam ją poznać. Po kilku dniach z Anglii przyszła gazetka Brytyjskiego Stowarzyszenia Rebirtherów „Breathe" (Oddychaj), a w niej ulotka o treningu Christiny Thomas w Anglii. Niestety, widocznie znowu nie byłam gotowa na spotkanie z nią, bo daty pokrywały się z moimi uprzednio potwierdzonymi zajęciami, których nie mogłam odwołać. Dałam tę ulotkę mojej znajomej, która natychmiast zarezerwowała samolot i pojechała na ten trening, biorąc ze sobą mój list do Christiny, zapraszający ją do Polski. W trakcie treningu Christina nagle zaczęła opowiadać, jak bardzo bliska jest jej Polska, że od kilku lat ma wizje związane z Polską i Polakami i że bardzo kocha nasz kraj, mimo że nigdy w nim nie była, bo nie miała od nikogo zaproszenia... W tym momencie wstaje moja „kurierka" i wręczając Christinie list, mówi: *Oto zaproszenie. Właśnie je przywiozłam!*

Christina była tak poruszona, że popłynęły jej łzy. Tak samo jak ja płakałam ze wzruszenia, trzymając ją za ręce i patrząc w jej piękne, czyste, szmaragdowe oczy, kiedy w końcu spotkałyśmy się kilka miesięcy później. Christina w odpowiedzi na mój list zaprosiła mnie na prowadzoną corocznie dwutygodniową intensywną międzynarodową szkołę rebirthingu w założonym przez nią Inner

Light Institute (Instytut Światła Wewnętrznego) w stanie Wirginia w USA. Natychmiast zarezerwowałam bilet. Bardzo się bałam, ale wiedziałam, że muszę tam jechać. Wyruszyłam w drogę zbierając całą odwagę, jaką miałam, bo wiedziałam, że jest to skok w nieznane. I przeczucia mnie nie myliły – w czasie tych dwóch tygodni skoczyłam w przepaść nieznanego, spotkałam się z moim cieniem, ze swoim „terrorystą" – jak Christina nazywa te wyparte, głęboko ukryte w każdym z nas energie. I przeżyłam! Teraz cień ów jest moim sprzymierzeńcem.

Jestem przekonana, że oddech jest faktycznie brakującym ogniwem między duchem (duszą) i materią (ciałem). Twój oddech jest pomostem między światem widzialnym a niewidzialnym, jest punktem wymiany między tym, co przyjmujesz, a tym, co wydalasz, punktem, w którym myśl daje formę duchowi. **Oddech to życie, to energia życiowa.**

W Indiach jest ona nazywana „praną", w Japonii „ki", w Chinach „chi", w Egipcie zwana była „ka". Oddychanie zaczyna się w chwili urodzenia, a kończy w momencie śmierci. Mówi się, że ludzie mogą żyć tygodniami bez jedzenia, całe dnie bez wody, ale tylko około trzech minut bez oddychania. Przyjrzyjmy się bliżej oddychaniu i spróbujmy zrozumieć, jak i dlaczego jest ono tak mocno wplecione w nasze życie.

Jakość twojego oddychania odzwierciedla jakość twojego życia. Sposób, w jaki oddychasz, odsłania twoje zasadnicze nastawienie do życia; w trakcie rebirthingu twój oddech zostaje w sposób naturalny przywrócony równowadze i harmonii, którą znałbyś cały czas, gdyby nie trauma pierwszego oddechu. Wróćmy więc do początków. Do pierwszego oddechu noworodka. Kiedy rodzi się dziecko, jego pierwszy oddech często jest związany z uczuciem bólu (szczególnie gdy pępowina przecięta jest zbyt szybko), strachu, zimna, oddzielenia od matki, głośnych hałasów i brania na ręce przez obcych. Dziecko, które dotychczas żyło w przyjaznym mu łonie matki, w stałej temperaturze, teraz nagle zostaje wyrwane na świat. Na przerażający, nieprzyjazny świat. I tak jak ty zapewne kojarzysz uczucia i doświadczenia z przeszłości z pewną melodią lub zapachem, tak dziecko może kojarzyć wiele negatywnych odczuć z oddychaniem.

To kojarzenie oddychania z negatywnymi uczuciami w momencie narodzin często powoduje, że boimy się samego słowa rebirthing, czujemy niechęć do tej metody, unikamy jej – no i oczywiście wstrzymujemy oddech za każdym razem, gdy przeżywamy jakiś stres. Jest to podświadomy mechanizm unikania bólu przeżytego wraz z tym pierwszym oddechem. W konsekwencji oddychamy płynnie i swobodnie tylko wtedy, kiedy jesteśmy odprężeni i czujemy się bezpiecznie.

Dzisiaj

Napisz sprawozdanie ze swoich narodzin (zwane skryptem porodowym) zawierające następujące dane: wiek rodziców (w czasie twoich narodzin), wiek sióstr i (lub) braci. Czy było cesarskie cięcie, czy był to poród przedwczesny, pośladkowy, wywoływany, czy byłeś w inkubatorze, czy urodziłeś się po czasie, czy z pępowiną owiniętą dookoła szyi, czy zaszły jakieś inne niezwyczajne okoliczności?

Jeżeli nie pamiętasz bądź nie możesz zdobyć takiej informacji, nie martw się. Często wspomnienia pojawiają się w czasie sesji rebirthingu, a czasem uwalniają się z ciała bez udziału umysłu. Każde narodziny są oczywiście indywidualną sprawą, niepowtarzalną i nieporównywalną. Specyficzne fizyczne i emocjonalne okoliczności twych narodzin skłoniły cię do wyciągnięcia wniosków, które stanowią tworzywo twoich zasadniczych nastawień wobec siebie samego i życia.

Dr Eve Jones, jedna z moich wspaniałych nauczycielek, mawiała: *Przetrwałeś swoje narodziny, czyli największy i najtrudniejszy test swojego życia masz za sobą. Reszta to pestka.* No właśnie – i tu mam dla ciebie pytanie: Może nadszedł czas, by wszystko szło łatwiej, by zrzucić warstwę opancerzenia i poddać się łagodniejszemu i bardziej kochającemu sposobowi istnienia? Właśnie w tym pomaga rebirthing.

Ponieważ nasz skrypt porodowy często jest scenariuszem, który powtarzamy w życiu, po napisaniu tego skryptu warto skontaktować się z profesjonalnym rebirtherem, czyli terapeutą oddechu, by przedyskutować swoje narodziny i sprawdzić, czy ta metoda rozwoju osobistego jest odpowiednia dla ciebie. Rebirthing nie jest dla wszystkich. Na pewno nie można go pogodzić z narkotykami. Pełne, świadome oddychanie łączy cię z energią życiową, a narkotyki odcinają cię od niej. Także jeżeli jesteś pod opieką psychiatryczną czy zażywasz leki przepisane przez lekarza, które silnie oddziałują na psychikę, jak np. środki antydepresyjne, psychotropowe, wszelkiego rodzaju środki uspokajające itp., powinieneś – oczywiście po uzyskaniu na to zgody swojego lekarza – zaprzestać przyjmowania leku, odczekać jakiś czas, aż lek będzie usunięty z organizmu (około 6 miesięcy), i wtedy przystąpić do rebirthingu. Ja zwykle nie przyjmuję na sesje (indywidualne czy grupowe) osób, które biorą jakiekolwiek leki działające na psychikę, ponieważ uważam, że przyniosłoby to odwrotne skutki. Leki wpływają hamująco na emocje, a świadome, pełne oddychanie wprowadza cię w kontakt z emocjami stłumionymi w podświadomości i integruje je z twoją psychiką. Czasami są od tego wyjątki, np. gdy zaaplikowany lek ma przeciwdziałać depresji o podłożu przede wszystkim fizycznym. To wszystko trzeba przedyskutować z rebirtherem.

To samo dotyczy osób uzależnionych od alkoholu. Zwykle dobrze jest prowadzić kurację odwykową przez co najmniej 6 miesięcy, zanim przystąpi się do ćwiczeń oddechowych. Dla osób uzależnionych Anonimowi Alkoholicy stanowią cudowną pomoc. Rebirthing nie zastępuje tych wspaniałych organizacji wraz z ich doskonałymi programami i oddanymi ludźmi. Często je uzupełnia.

Co dzieje się w czasie sesji oddechowej

Podczas sesji oddechowej uwalniasz się od paniki pierwszego oddechu. W rezultacie doświadczasz oddychania jako spontanicznego oczyszczającego rytmu, zamiast wylęknionej, sztywnej maszyny. W stresujących sytuacjach zamiast wstrzymanego oddechu spontanicznie pojawi się głębokie, wyzwalające westchnienie. A związki tak często opanowane podświadomym lękiem przed separacją (wspomnieniem opuszczenia łona) stają się łatwiejsze, bezpieczniejsze, przyjemniejsze i trwalsze.

Bob Mandel w książce *Terapia otwartego serca* mówi tak:

> Puls Wszechświata staje się pulsem twego oddechu i twego serca. Gdy otwiera się twój oddech, otwiera się twoje serce. Rebirthing jest szczytowym doświadczeniem życia i miłości, osiąganym minimalnym wysiłkiem i stosunkowo niedrogim. Co więcej, jego rezultaty są trwałe. Rebirthing jest niewidzialnym kluczem do twego serca.

Teraz o samej technice oddechowej wykonywanej w sposób prawidłowy, czyli o tym, jak ten klucz przekręcić. Oddychamy albo przez nos – to znaczy wdech i wydech – albo przez usta. Aby zapoznać się z tego typu oddechem, możesz teraz wraz ze mną wziąć kilka takich świadomych oddechów, najlepiej przez usta. Otwórz usta dość szeroko i wciągnij powietrze, koncentrując uwagę i siłę woli na wdechu, kierując je w górną część klatki piersiowej – w ten rejon płuc, który zazwyczaj nie jest wykorzystywany, a potem od razu, bez żadnej przerwy na wstrzymanie oddechu, swobodnie wypuść powietrze, pozwalając mu po prostu ujść z płuc. Nie przedłużaj wydechu, nie wstrzymuj go, nie wypychaj. Po prostu oddychaj i pozwól, aby powietrze samo uszło z ciebie, tak jak papierowa chusteczka wypuszczona z ręki opada na podłogę. To jest bardzo ważne!!! Wydech jest krótkotrwały i bez wysiłku, będąc tylko uwolnieniem oddechu, gdyż nie jest już utrzymywane napięcie w mięśniach unoszących klatkę piersiową. Wszystkie mięśnie opadają i pierś energicznie wypuszcza oddech. Wiele osób próbuje kierować wydechem tak samo, jak prawdopodobnie próbuje kierować swoim własnym życiem. Gdy wydech jest w JAKIKOLWIEK SPOSÓB kontrolowany, nie jest to oddychanie rebirthingowe i może prowadzić do hiperwentylacji.

Dochodzimy tu do jednego z największych nieporozumień związanych z tą wspaniałą metodą. Chciałabym to wyjaśnić cytując raz jeszcze dr Eve Jones, posiadającą stopnie naukowe w dziedzinie chemii, fizjologii i psychologii; przez 25 lat była psychoanalitykiem, następnie przez 7 lat prowadziła terapię Primal Scream (Pierwotnego Krzyku Janova), zanim przeszła na rebirthing i całkowicie poświęciła się badaniom tej metody.

„Hiperwentylacja zachodzi przy nadmiernym wydmuchiwaniu CO_2, czyli przy wypychanym wydechu; wtedy poziom CO_2 we krwi płynącej do pnia mózgu jest tak niski, że jest poniżej progu stymulacji ośrodka oddechu, znajdującego się w pniu mózgowym. Ośrodek ten nie uruchamia następnego wdechu, dopóki poziom CO_2 nie wzrośnie tak, żeby przekroczyć wartość graniczną. Gdy osoba, która gwałtownie wydychała, czuje brak tchu podczas długiej pauzy, zanim poziom CO_2 wzrośnie, doświadcza stanu psychologicznego, który nazywamy paniką. Będąc w stanie paniki, spieszy się, aby wziąć następny wdech, a potem jeszcze bardziej napiera na wydech, powiększając w ten sposób problem. Równowaga kwasowa we krwi dostosowuje się do obniżonego ciśnienia CO_2 i rozwija się stan zwany alkalozą – zasadniczo charakteryzujący się tężyczką i skurczem mięśni, często aż do pojawienia się silnego bólu w napiętych mięśniach i stawach. (...) Przeprowadzono tysiące doskonałych sesji rb bez takich objawów. Lecz prawdą jest, że ludzie, którzy boją się swoich uczuć i myśli, zaczynają wypychać wydech, jak gdyby pozbywali się z ciała czegoś złego. Im uczestnik sesji jest na mniejszym luzie w stosunku do całego procesu, tym bardziej prawdopodobne, że może doznać tych nieprzyjemnych objawów. W końcu wydarzy się jedno z dwóch: 1) będzie oddychał dalej, idąc za poleceniem swojego rebirthera, i bezpiecznie wydobędzie się z nieprzyjemnego stanu lub 2) będzie wstrzymywał swój oddech i dokończy sesję dopiero po odzyskaniu połączonego rytmu oddechu. W każdym przypadku zjawisko to nie przynosi żadnych długotrwałych ujemnych skutków. Ponadto można się nauczyć tego, aby podczas przechodzenia przez fazę skurczów poddać się i wtedy w razie stresu nie wchodzi się w stan hiperwentylacji."

Leonard Orr uważa oddech za naturalny mechanizm uzdrawiający, ponieważ gdy oddychamy swobodnie przez godzinę, nasza świadomość wymyka się ze stanu „tu i teraz" i rozpoznajemy dawne obrazy i dawne uczucia, jakie pojawiały się w naszym umyśle. Jeśli kontynuujemy oddychanie w sposób połączony, opuszczają one (te obrazy i uczucia) świadomość i nie mają już ładunku psychologicznego. Możemy postawić hipotezę, że ten naturalny mechanizm uzdrawiający jest na tyle efektywny, na ile jest wykorzystywany. Znaczy to, że skoro większość ludzi przez większą część czasu nie oddycha świadomie w sposób połączony, to przez ten czas ich oddychanie nie jest wykorzystywane do uzdrawiania. Mechanizm właściwego oddychania jest w zasięgu ręki zawsze wtedy, kiedy dana osoba pokona u siebie jakąś niechęć do korzystania z niego.

To jest właśnie główny problem – mówi dr Eve Jones. – *Nie oddychamy w sposób połączony ciągle, jak to robią zadowolone zwierzęta, małe dzieci i ludzie w głębokim śnie dlatego, że czepiamy się naszego przywiązania do emocjonalnych, obciążonych reakcji i boimy się z nich zrezygnować. Trzymamy się takich starych emocjonalnych reakcji dlatego, że łączymy je z przetrwaniem, co jest konsekwencją okoliczności naszego przyjścia na świat. I tu koło się zamyka.*

Nowozelandzki nauczyciel, autor i mistyk, Colin P. Sisson, w swojej metodzie samodoskonalenia, zwanej *Breath Integration*

(Integracja oddechem), wprowadza pojęcie pięciu składników. Są one podporządkowane zwiększeniu efektywności tego procesu i upewnieniu się, że jest on łagodny i przyjemny. Składnikami tymi są:

1. Świadomy, połączony oddech
2. Pełna świadomość
3. Pełna akceptacja
4. Relaks
5. Uznawanie wszystkiego, cokolwiek się wydarza, za dobre dla nas.

O pierwszym składniku, czyli **oddechu**, już wiele mówiłam. Drugi składnik, czyli **pełna świadomość**, oznacza skupienie całej uwagi na przepływającej przez ciało energii. Może ona przejawiać się jako myśli, uczucia lub odczucia fizyczne typu mrowienie w rękach, stopach i twarzy. Skupienie uwagi na wzbudzonej energii przyspiesza proces integracji, czyli scalenia ze świadomością wypartej w przeszłości energii jakiegoś negatywnego, bolesnego wydarzenia. Integracja czyni cię bardziej dojrzałym i rozszerza świadomość. Wiemy, że energia została zintegrowana, jeżeli coś, co było nieprzyjemne, stanie się przyjemne, a ból po prostu przestaje istnieć. Pozwala nam to na pełne doświadczenie chwili obecnej. Tu i Teraz jest zawsze doskonałe. Nie można cierpieć ani być nieszczęśliwym w czasie teraźniejszym. Pomyśl o tym. Colin mówi: *Następnym razem, gdy będziesz czuł się nieszczęśliwy – przyjrzyj się temu bliżej, a zauważysz, że jest to połączone z czymś, co się wydarzyło w przeszłości albo z czymś, co myślisz, że się wydarzy w przyszłości. Jeżeli coś ci się nie podoba teraz – to dlatego, że porównujesz to z przyjemniejszym wydarzeniem z przeszłości lub z pełnym nadziei oczekiwaniem czegoś, co ma się wydarzyć w przyszłości.* Colin twierdzi też, że podłożem większości chorób psychosomatycznych jest stres związany z życiem poza czasem teraźniejszym. Świadomość energii przepływającej przez nasze ciało sprowadza nas do momentu teraźniejszego, co otwiera przepływ miłości, a to z kolei prowadzi do trzeciego elementu.

Pełna akceptacja to zaakceptowanie doświadczanej czasami bardzo intensywnie energii, np. takich emocji jak złość czy strach. Energie, które zwykliśmy nazywać „negatywnymi", w rzeczywistości nie są ani negatywne, ani pozytywne, one po prostu istnieją. Jednakże często presja rodziny, kultury czy religii nie pozwala na ujawnianie pewnych emocji, np. złości. Potępianie tych emocji jest głównym powodem ich tłumienia. Gdyby je akceptowano, byłyby one „przeżywane" w czasie ich powstawania. Należy zatem teraz zaakceptować je i „przeżyć" po to, aby się od nich uwolnić. Pełna akceptacja oznacza kochanie wszystkiego, czego doświadczamy. Decyzja, żeby kochać, jest zawsze zdrowsza od decyzji, żeby nienawidzić. A akceptacja prowadzi do **relaksu**, czyli czwartego składnika.

Trudno się zrelaksować nienawidząc kogoś lub coś. Oddychanie uaktywnia naszą zdolność do odprężenia, która z kolei umożliwia prawdziwą integrację. Należy uświadomić sobie, że relaks nie jest czymś, co robimy – jest czymś, czego nie robimy: przestajemy napinać mięśnie. Z tego, co wiem na temat metod redukcji stresu, wyzwolenie ciała z napięć i stresu może nastąpić tylko wtedy, kiedy ciało to jest w pełni odprężone. W rebirthingu nie musimy uczyć się relaksu – to po prostu wydarza się automatycznie. Jeżeli zastosujemy trzy poprzednie składniki: oddech, skupienie uwagi, akceptację, automatycznie pojawi się relaks. Colin często określa relaks słowem „poddanie się". Mówi, że prawdziwe poddanie się pozwala na nawiązanie kontaktu ze swoją prawdziwą wewnętrzną mocą. Tak więc im bardziej poddajemy się przepływającej w ciele i umyśle energii, tym szybciej jest ona zintegrowana. Może ci to zająć jedną minutę lub jedną godzinę. Wybór należy do ciebie. Składnik ten jest szczególnie istotny dla wszystkich, którzy są przekonani, że życie jest walką i że muszą ją prowadzić.

Piąty składnik: **uznanie wszystkiego, cokolwiek się wydarza, za dobre dla nas**, może niewiele dla ciebie znaczy, ale zapewniam, że jest najważniejszy. Złe oddychanie jest prawie niemożliwe. Jednym ze sposobów utrudnienia sobie sesji jest staranie się oddychać prawidłowo. Warto przestać starać się o właściwe wyniki czy integrację. O nic się nie staraj, po prostu oddychaj, bądź uważny, zaakceptuj to, co się dzieje, poddaj się... Lepiej także nie mieć żadnych konkretnych oczekiwań, prowadzą one bowiem do wysiłku, wysiłek do starania się, staranie się do walki, a walka do bólu. Brak oczekiwań jest zatem najlepszym rozwiązaniem. Zresztą każda sesja jest inna – niepodobna do drugiej.

Otwarty umysł jest kluczem do otwartego serca.

Gdy twój umysł jest zamknięty, takież jest twoje serce. Celem twojego umysłu jest myślenie i im bardziej zdolny jesteś postrzegać swoje myśli, tym bardziej jesteś świadomy. Warto wiedzieć, że myśli będące twymi najsilniejszymi wierzeniami, stają się rezultatami w świecie fizycznym. Sondra Ray twierdzi, że „rezultaty są twoim guru". Pozwól, aby rezultaty były twoimi nauczycielami.

Powszechnie teraz wiadomo, że pozytywne nastawienie jest wielkim skarbem w życiu. Wiara w coś sprawia, iż to, w co wierzysz, natychmiast nabiera mocy! Dlatego właśnie wiara w siebie jest tak ważna. Daje ci ona moc bycia główną siłą stwórczą w twoim życiu. A czy świadom jesteś tego, czy nie, tworzysz poprzez jakość swoich myśli. **Myśli wysokiej jakości produkują wysokiej jakości rezultaty. Myśli niskiej jakości produkują rezultaty niskiej jakości**. Oczywiście, większość myśli jest podświadoma, a więc rezultaty, które otrzymujesz w życiu, są zawsze odbiciem podświadomej części twojego umysłu. W co wierzysz w swoim sercu – tego doświadczasz w swoim życiu. Wierzę, że każdy z nas jest w 100 procentach odpowiedzialny za każdy aspekt swego życia. Nie ma ofiar, są tylko ochotnicy! W rzeczywistości doświadczenie jest po prostu fizycznym rezultatem.

Każdy ma zawsze rację, ponieważ każdy urzeczywistnia to, w co wierzy, że jest prawdą. Jeżeli wierzysz, że życie jest ciężkie, masz rację. Zbierzesz wszystkie dowody, które są ci potrzebne, by przekonać siebie i innych, jaką ciężką walką jest życie. Jeżeli wierzysz, że życie jest lekkie, także masz rację. Zbierzesz wszystkie argumenty, aby czuć, że życie jest lekkie. To wyjaśnia, dlaczego całkowicie sprzeczne systemy wierzeń można równie dobrze udokumentować. Kwestia, kto ma rację, a kto się myli, **staje się absurdalna z chwilą, gdy zrozumiesz, że każdy ma rację w swoim własnym umyśle.**

Poczytaj, jeżeli chcesz dowiedzieć się więcej

- Frederick Leboyer – *Narodziny bez przemocy* (PAX, 1986).
- James Morningstar – *Rebirthing, oddech światła i miłości* (Ravi, 1997).
- Michel Odent – *Odrodzone narodziny – czym poród może i powinien być* (Niezależna Oficyna Wydawnicza, 1997) oraz cała seria wydawnicza RODZIĆ PO LUDZKU, która prezentuje tytuły o najbardziej istotnych aspektach zjawiska narodzin.
- Leonard Orr – *Świadome oddychanie w codzien- nym życiu* (Source, 1996).
- Colin P. Sisson – *Wewnętrzne przebudzenie. Podróż w głąb siebie* (Medium, 1998).
- Christina Thomas – *Tajemnice* (Ravi, 1993).

ZAKOCHAJ SIĘ W MUZYCE

Myślę, że nie miałbym żadnych innych ziemskich potrzeb, gdybym tylko mógł wciąż słuchać muzyki. Muzyka wlewa moc w moje kończyny i pomysły do mózgu. Życie wydaje się płynąć bez wysi-łku, kiedy jestem wypełniony muzyką.

George Elliot

Muzyka to przestrzeń pomiędzy dźwiękami.

Claude Debussy

Dźwięk i muzyka posiadają niezwykłe właściwości, o których wiedzieli już starożytni. Muzykoterapia ma długą tradycję w dziejach ludzkości. Od dawien dawna uzdrowiciele duchowi, zwani szamanami, używali bębnów, dzwonków i grzechotek do wypędzania choroby z ciała, depresji z umysłu, desperacji z duszy. Do dziś niepodważalny jest grecki pogląd, że muzyka ma wpływ na etykę i że można ją wyrazić w kategoriach abstrakcyjnych jako odzwierciedlenie pewnego wyższego źródła. Pitagorejczycy uważali to za przejaw „pokrewieństwa wszystkich istot". Pitagoras twierdził, że jest zdolny do przypomnienia sobie swoich poprzednich wcieleń i że dzięki temu wie więcej od innych. Stosował muzykę jako narzędzie służące do oczyszczania ducha w dążności do osiągnięcia stanów wyższej świadomości. „Stać się podobnym do swojego mistrza" i „zbliżyć się do bogów" – oto cele, jakie stawiał przed swoimi uczniami. Zbawienie było więc osiągalne poprzez zjednoczenie się z boskim kosmosem i studiowanie kosmicznego porządku poprzez muzykę sfer.

Badacze muzyki starożytnej Mezopotamii i Egiptu odkryli, że pod koniec czwartego tysiąclecia przed naszą erą istniała już określona muzyczna struktura rytmicznej i metodycznej tradycji, opracowana pod kierunkiem kapłanów.

Dzisiaj wszyscy wiemy, że muzyka może być cudownym źródłem przyjemności i rozrywki. Wierzę, że muzyka może być także żarliwą modlitwą i medytacją, przynoszącą uzdrowienie.

Swój kontakt ze światem dźwięków rozpoczynamy jeszcze przed urodzeniem. Ucho wewnętrzne jest jedynym organem człowieka, który w łonie matki osiąga swoją docelową wielkość. Po 4–5 miesiącach w pełni wykształca się u płodu błędnik i ślimak. Muzyka, z którą styka się człowiek w życiu łonowym, oddziałuje na jego późniejsze życie. Znany jest przypadek pacjenta, którego udało się wyleczyć z migreny i stanów depresyjnych przy pomocy *Sonaty Kreutzerowskiej* Beethovena i *Pieśni o ziemi* Mahlera. Okazało się, że były to ulubione płyty jego matki, których słuchała będąc w ciąży!

Amerykański lekarz neurolog Oliver Sacks, autor książki *Przebudzenie*, wierzy, że muzyka sięga poza bariery naszego świadomego umysłu i może być kluczem do otworzenia jaźni. Nawet chorzy na Alzheimera, którzy stracili poczucie siebie, reagują na muzykę, chociaż wszystkie inne metody już zawiodły. Na bazie książki Sacksa powstał film, w którym lekarz (gra go Robin Williams) budzi swoich uśpionych w tajemniczym śnie pacjentów muzyką. To bardzo piękna historia.

Zapamiętaj

Znalezienie właściwej dla siebie muzyki, która autentycznie będzie do nas przemawiała, może być ogromnie wzmacniające i rozwijające naszą kreatywność.

Mam ogromną kolekcję nagrań muzycznych. Od lat wyszukuję w czasie moich podróży po świecie nowe nagrania, leczące dźwięki i rytmy. Do mojej płytoteki zbieram muzykę klasyczną, etniczną, instrumentalną, relaksacyjną, New Age, inspirującą, filmową, dźwięków natury... Stosuję ją aktywnie w swoim życiu osobistym i zawodowym. Muzyka pomogła mi w najtrudniejszych momentach życia. Album *Acid Jazz* ukazał się w sklepach muzycznych dokładnie wtedy, kiedy go najbardziej potrzebowałam – byłam na dnie rozpaczy, opuszczenia i desperacji. Słuchałam tej muzyki całymi miesiącami non stop – tańcząc do lustra mój ból i rozpacz. Ta muzyka dawała mi siłę do każdego następnego dnia, przynosiła ukojenie.

Gdy zbieram materiały do artykułu, słucham muzyki klasycznej; gdy się uczę – barokowej; gdy piszę, lubię słuchać inspirującej muzyki Andreasa Vollenweidera, Kitaro i moich ulubionych saksofonistów Davida Sanborna i Kenny G. Kocham saksofon i moja kolekcja nagrań tego typu ciągle się powiększa. Annais Nin wierzyła, że w procesie twórczym *muzyka jest stymulantem najwyższego rzędu, dużo skuteczniejszym niż wino.* Wielu pisarzy twierdzi, że słucha tej samej muzyki w czasie pisania powieści, bo to pozwala im podjąć dalej ten sam wątek. To działa oczywiście i w innych twórczych poczynaniach, które zaczynamy i podejmujemy później w malarstwie, rzeźbie, robieniu na drutach, garncarstwie.

W czasie redagowania tej książki nieodmiennie towarzyszyła mi przepiękna muzyka Olivera Shanti oraz album z muzyką medytacyjną *Twin Flame* (Bliźniaczy płomień), przekazany metodą channelingu przez Archanioła Michała. Gdy piszę ten rozdział, z pokoju obok dochodzi romantyczna muzyka mojego „mężczyzny z harmonijką". Właśnie skomponował nowy utwór na gitarę i harmonijkę. Mam wrażenie, że napisał to specjalnie dla mnie! Już wkrótce wydana zostanie jego pierwsza płyta. W ciągu dnia, siedząc pod lipą w przepięknym ogrodzie Halinki, słuchałam dźwięków harfy akustycznej Ani Faber, przygotowującej się do jutrzejszego koncertu. Harfa od dawna jest balsamem dla mojej duszy – uwielbiam połączenie harfy z fletem.

Gdy potrzebuję się skupić, słucham Mozarta, bo jego muzyka rozjaśnia umysł; polecana też jest w czasie przygotowywania się do egzaminów oraz burzy mózgów. Biorąc pod uwagę, że Mozart był absolutnym geniuszem (polecam film *Amadeusz*) nie powinno nas dziwić, iż jego aranżacje mają pozytywny wpływ na nasz mózg. Amerykański muzykoterapeuta Don Campbell, założyciel The Institute of Music, Health and Education (Instytut Muzyki, Zdrowia i Edukacji), poświęcił kilkanaście lat swojego życia na badanie wpływu muzyki Mozarta na ludzki mózg i zdrowie. Opisał swoje badania w książce *The Mozart Effect* (Efekt Mozarta). Twierdzi, że tysiące jego pacjentów na całym świecie tak samo korzystnie reagowało na muzykę Mozarta, odzyskując harmonię ciała i umysłu. Ponoć trudno jest określić, dlaczego akurat muzyka Mozarta ma takie oddziaływanie. Campbell sugeruje, że to czystość i prostota rytmów oraz melodii Mozarta – połączone z optymalnie wysokimi częstotliwościami – dają idealną atmosferę, w której może zachodzić uzdrowienie. Nie można tego osiągnąć posługując się być może piękniejszymi, ale bardziej skomplikowanymi kompozycjami innych mistrzów muzyki klasycznej. Na początku lat 90. ciekawe badania na temat skutków muzyki Mozarta były przeprowadzane przez dział Neurobiologii Uczenia się i Pamięci Uniwersytetu Stanowego w Kalifornii. Okazało się, że 36 studentów Wydziału Psychologii uzyskało od 8 do 9 punktów więcej rozwiązując test na inteligencję, przeprowadzony po dziesięciu minutach słuchania przez nich *Sonaty D-dur* na dwa fortepiany. Badacze doszli do wniosku, że między muzyką a umiejętnością myślenia przestrzennego istnieje bardzo ścisły związek. Późniejsze eksperymenty potwierdziły te wyniki. Wszystko wskazuje na to, że słuchanie muzyki Mozarta pomaga w „organizowaniu" funkcjonowania mózgu, szczególnie twórczych procesów myślenia przestrzenno-czasowego, zachodzących w prawej półkuli. Rezultatem jest udoskonalona umiejętność koncentrowania się na zadaniu.

Badacze z Uniwersytetu Kalifornijskiego potwierdzili wyniki francuskiego lekarza dra Alfreda Tomatisa. Przez wiele lat stosował on muzykę Mozarta odnośnie do pacjentów z trudnościami uczenia i komunikowania się, co pozwalało im na lepszą ekspresję siebie i rozwijało umiejętności interpersonalne. Dr Tomatis zasłynął na świecie jako odkrywca zjawiska, że tylko głos może wydać dźwięki wykrywalne przez ucho (efekt Tomatisa). W ponad 200 centrach Tomatisa na świecie ludzie młodzi i starzy poddawani są z doskonałym skutkiem leczeniu przez specjalnie filtrowaną muzykę Mozarta i chórów gregoriańskich.

> Podczas słuchania filtrowanej muzyki Mozarta w czasie mojego własnego programu stymulacji dźwiękiem oraz dwudziestu lat praktyki, kiedy używałem tej muzyki, by pomóc tysiącom pacjentów z bardzo różnorodnymi problemami, ciągle jestem zadziwiony jej uniwersalnością.
>
> dr Paul Madaule,
> uczeń Tomatisa

Muzykoterapia wszędzie na świecie zdobywa coraz to nowych zwolenników, a w rezultacie przybywa grono zadowolonych, odstresowanych pacjentów. W Polsce mamy doskonałego muzykoterapeutę, też lekarza, dra Macieja Kieryła. Jego praca w szpitalach dziecięcych pomaga w bólu i cierpieniu małym pacjentom.

Nokturny – romantyczne, rezonujące, iluminujące kompozycje fortepianowe – są dosłownie apteką muzyczną. Każda kobieta powinna mieć łagodzącą płytę z nokturnami na stresujące okresy w życiu. Jedna z moich koleżanek puszcza płytę z nokturnami swoim kotom, kiedy zostawia je same w domu na dłuższy czas! Cudowne nokturny Szopena mogą odbudować zmęczoną duszę, a nawet skleić złamane serce! Następnym razem, kiedy będziesz spięta i zdenerwowana, zamiast sięgnąć po papierosa czy drinka, spróbuj posłuchać Camille Saint-Saënsa, Roberta Schumanna, Erika Satie czy współczesnych nokturnów Stephena Sondheima z musicalu *Mała nocna muzyka* (A Little Night Music). Kiedy hormony wpływają na twoje poczucie humoru, posłuchaj muzyki Haydna. Preludia Bacha są balsamem na depresję. Boogie-woogie czy rock-and-roll wytrzęsą z ciebie wszystkie niepokoje.

Gotując, lubię słuchać pełnej pasji muzyki operowej. Gdy zdarza mi się sprzątać, włączam muzykę rockową, co pomaga mi dokończyć to nudne zadanie. Gdy jadę w długą trasę samochodem, zabieram swoją kolekcję, a w niej ballady Johna Denvera i Johna Austina, albumy Paula Vodouros oraz muzykę Johna Ashera. Zawsze są przy mnie płyty Deep Forrest i Halinki Frąckowiak!

Zapamiętaj

Muzyka słuchana w czasie twórczego procesu odpręża świadomy umysł, a tym samym daje pierwszeństwo podświadomości.

Gdy szukam inspiracji, gdy pracuję późno w nocy, słucham mantr i energetyzującej mnie **muzyki ducha**. Moim ulubionym kompozytorem tego typu muzyki jest Turkantam. Urodził się on w Salerno, na południu Włoch. To prawdziwy trubadur, a jego sceną jest cały świat. Gra na wielu instrumentach, komponuje, pisze teksty i śpiewa mocnym, trochę chropawym głosem (w hindi i sanskrycie, po angielsku, po włosku i po francusku). Zawsze ubrany na czarno, bo bardzo lubi boginię Kali. Powiada, że *kto kocha Kali, wydobywa miłość z mroku, zagląda w przepaść i dotykiem rozjaśnia i ożywia ciemności.*

Historia Turkantama i jego muzyki jest fascynująca. W listopadzie 1981 roku pojechał do Indii, aby odwiedzić aśram w wiosce Haidakhan u podnóża gór Kumaon w indyjskich Himalajach. Spotkał tam Śri Herakhan Wale Babę (Mahavatar Babadżi, 1970-1984), znanego milionom ludzi na całym świecie dzięki książce Paramahansy Joganandy *Autobiografia jogina*. Mistrz ten nauczał uniwersalnej religii opartej na PRAWDZIE, PROSTOCIE i MIŁOŚCI oraz praktyki *dżapa*, czyli powtarzania mantry *om nama siwaja*. Turkantama zainspirowało to proste posłanie miłości, zafascynowały badżany i magiczne dźwięki mantr. Został bardem Babadżiego. Po odejściu swojego mistrza zamieszkał we Francji z żoną i dziećmi. Podróżuje po świecie koncertując i prowadząc warsztaty z *nada-jogi* (uzdrawianie muzyką). Dwukrotnie odwiedził Polskę. Byłam na jego koncercie we Wrocławiu, gdzie Turkantam po mistrzowsku stworzył atmosferę *kirtanu*. Pokochałam jego muzykę całym sercem. Jest w niej żywiołowa radość i tęsknota, trochę indyjskiego słońca, trochę powagi Himalajów, trochę legendy, trochę wielkiej prawdy i jej drobnych ziaren, jak to w śpiewie bardów.

> Muzyka jest nektarem życia. Pijmy go razem u lotosowych stóp boskiej energii w PRAWDZIE, PROSTOCIE i MIŁOŚCI.
>
> Turkantam

Ta muzyka towarzyszy mi od lat – to uzdrawiający nektar dla mojej duszy. Marzyłam, aby te dźwięki mocy, nauczane od tysięcy lat przez świętych i joginów, brzmiały także w polskich domach. Do tej pory wydałam cztery kasety z muzyką oddającą ducha Turkantama.

Znaczenie pojęć

Awatar – zstąpienie bóstwa albo jego wcielenie (od sanskryckiego *ava* – „zejść")

aśram – miejsce przeznaczone do duchowych praktyk i odnowy

Baba – przewodnik duchowy lub guru

badżany – w ogólnym znaczeniu: hymny do Boga, śpiewy religijne, nabożne pieśni

dżapa – ciągłe powtarzanie mantry (werbalne lub mentalne), które otwiera serce i umysł na Boga

-dżi – przyrostek oznaczający szacunek i miłość. Stąd *Babadżi* w sanskrycie znaczy „Czcigodny Ojciec"

kirtan – pieśni religijne śpiewane tradycyjnie o wschodzie słońca; mantry śpiewane bez przerwy na różne melodie

Mahavatar – (sanskr. *maha* – „wielki") – Wielki Awatar; istota zesłana na ziemię, niezrodzona z kobiety

mantra – (sanskr. *man* – „umysł", *tra* – „panowanie") – Mantra jest „wyjściowym dźwiękiem", sposobem opanowania umysłu; słowem lub zdaniem sanskryckim, stosowanym do uspokojenia umysłu

Om mama siwaja – najstarsza mantra, którą można przetłumaczyć następująco: *Kłaniam się (poddaję się, przyjmuję schronienie w) Siwie, Bądź wola Twoja, Kłaniam się każdemu Dobru, jakie się teraz zdarza, i każdemu, kto jest jego sprawcą.* Imieniem Boga, jakiego używa się w tej mantrze, jest imię Pana Siwy, który jest hinduską koncepcją najwyższego Boga.

Siwa – Czyniący Dobro, najpotężniejszy oczyszczający aspekt hinduistycznej Trójcy

Śri Babadżi – pojawił się w czerwcu 1970 roku, u podnóża góry Kajlasz, w jaskini, która jest uznawana za świętą od tysięcy lat, jako młodzieniec z wyglądu mający około osiemnastu lat. Od samego początku odznaczał się boską mocą. Jego przyjście zostało przepowiedziane zarówno w pismach starożytnych, jak i w naukach i przepowiedniach indyjskiego świętego XX wieku Mahendry Baby. Głównym celem zamanifestowania się Babadżiego w ludzkiej postaci było dokonanie przemiany w sercach i umysłach ludzi. Przyszedł, by *wyplenić z ludzkości zło i zamęt*. Często przypominał swoim uczniom, że *cała ludzkość jest jedną rodziną – Rodziną Boga. Idź za religią, która jest w twoim sercu* – mawiał. Powtarzał ciągle, że karma joga – bezinteresowna praca – oraz dżapa są w tej pełnej chaosu i zamętu erze zmian najpewniejszą, najłatwiejszą, najlepiej wynagradzaną i najszybszą drogą do Boga. *Podążanie i pokazywanie drogi Prawdy, Prostoty i Miłości jest najwyższym obowiązkiem człowieka i najwyższą jogą. Cechą tej drogi jest pilna praca, ponieważ lenistwo jest tu, na ziemi, śmiercią... Służba ludzkości to pierwszy obowiązek. Bądźcie odważni, bądźcie pracowici.* Śri Babadżi opuścił swoje ciało w dniu świętego Walentego – 14 lutego 1984 roku. Przyszedł, wypowiedział swoje posłanie, żył według jego zasad. Jego nauki zostały opublikowane, a on, zakończywszy swoją misję, odszedł. **Bhole Baba ki dżej!** Chwała Prostemu Ojcu!

Muzyka leczy nie tylko duszę człowieka, uwielbiają ją też zwierzęta i rośliny! Warto chyba wspomnieć o metodzie Sonic Bloom (rozkwit pod wpływem dźwięku) opracowanej przez Amerykanina Dana Carlsona na początku lat osiemdziesiątych. Carlson był studentem wydziału rolnego na uniwersytecie stanowym w Minnesocie. W czasie studiów koncentrował się przede wszystkim na badaniu absorpcji środków odżywczych przez liście roślin, a nie korzenie. Wierzył także, że pewne częstotliwości drgań fali dźwiękowej wspomagają absorpcję, czyli że rośliny lepiej wówczas oddychają. Z pomocą pewnego muzykologa udało mu się wydzielić częstotliwość od 3000 do 5000 kHz korzystną dla większości roślin. Dźwięki te w połączeniu z opracowaną przezeń odżywką zaczęły przynosić niespodziewane efekty. Pierwszym sukcesem Carlsona był owoc czerwonego winogrona o długości 60 cm! Jego winna latorośl osiągnęła długość 400 m – co zostało odnotowane w *Księdze rekordów* Guinnessa. Zachęcony Carlson zaczął sprzedawać farmerom kasetę magnetofonową z muzyką klasyczną i rozpylacze z odżywką dla liści roślin. Wielu z nich zebrało ponad 500 pomidorów z jednego krzaka i 55 owoców papryki zamiast pięciu. Owoce były pyszne i soczyste, a wyhodowane w ten sposób na Florydzie pomarańcze zawierały 121 procent więcej witaminy C. Metoda ta znalazła entuzjastów, nadających na swoich farmach muzykę, w kilkunastu krajach świata. W Anglii sam książę Karol, stosując metodę Carlsona, wyhodował w swoim ogrodzie krzew róży, który ma na swojej gałązce nie pięć, a 65 kwiatów, co stało się atrakcją turystyczną. Róża zakochała się w muzyce!

Jeżeli potrzebujesz czegoś więcej niż dźwięk ciszy, pamiętaj, że jest muzyka na każdy nastrój. Wierzę, że uznanie zmian swoich nastrojów oraz szanowanie ich poprzez odpowiednią muzykę jest troską o duszę. Zbuduj stopniowo swoją własną kolekcję muzyczną, żeby móc przy muzyce odpocząć, uspokoić się, zebrać myśli, otworzyć się na przepływ twórczej energii czy wezwać swoje dary i talenty.

Myślę, że muzyka przyszłości będzie rodzajem medytacji nad wpływającymi w głąb duszy dźwiękami. Będą one służyć do wywoływania głębokich przeżyć wewnętrznych, osiągania odmiennych stanów świadomości i rozwijania zdolności parapsychicznych. Do takich dźwięków zalicza się dziś alikwoty, których zadziwiający mechanizm oddziaływania na człowieka nie do końca został zbadany.

Alikwoty, czyli tony harmoniczne, są składowymi tonami dźwięku o różnej częstotliwości, przy czym ich częstotliwości drgań są wielokrotnościami liczby drgań najniższego składnika dźwięku powodującego słyszalną jego wysokość. Kolejne alikwoty są wyższe od tonu podstawowego i układają się w ciągi dźwięków. Bezpośrednie wydobycie brzmienia tych dźwięków jest możliwe na niektórych instrumentach dętych i strunowych. Alikwotowe chorały gregoriańskie, śpiewy rytualne buddyzmu oraz mongolska technika śpiewania zawierają te niezwykłe dźwięki, trafiające do najgłębszych pokładów psychiki odbiorcy, jak również stymulują strefę emocjonalną i duchową człowieka. Amerykańcy terapeuci wiele lat temu zaczęli wykorzystywać oddziaływanie alikwotów do leczenia dolegliwości na tle nerwowym.

Snując rozważania o muzyce przyszłości, przychodzi na myśl to, co laureat literackiej nagrody Nobla Hermann Hesse opisał w swojej książce *Gra szklanych paciorków*. Pisarz ten stworzył w swojej wizji literackiej muzykę, która jest rodzajem medytacji i działalności intelektualnej wyrażającej w sposób bezsłowny myśli, emocje i przeżycia duchowe człowieka, a także wymyślił instrument „penetrujący cały duchowy kosmos i zdolny odtworzyć intelektualną treść całego wszechświata".

Od dzisiaj

Zakochaj się w muzyce i przyznaj jej większą rolę w swoim życiu. Zacznij tworzyć swoją kolekcję muzyczną.

Polecam

- Anna Faber – *Uzdrawiające dźwięki harfy.*
- *Muzyka Australii* (ISI) – szum fal oceanu orazdźwięki buszu australijskiego o wschodzie słońca z rytualnymi instrumentami aborygeńskimi w tle.
- *Muzyka do relaksu, uczenia się i oddychania* – Pachelbel, Cannon w D; dostępna także wersja z dźwiękami australijskiego buszu w tle (ISI, 1999).
- Turkantam – *Om Nama Siwaja, Nektar Życia, Powrót do jaskini, Shiva Shakti* (ISI).

Zakochaj się w kwiatach

O esencjach kwiatowych z australijskiego buszu

Kilka uwag o historii terapii kwiatowej

Esencje kwiatowe mają bardzo długą historię przeplatającą się przez wiele kultur. Stosowane były jeszcze przed naszą erą w celu utrzymania i odzyskania zdrowia. W literaturze ezoterycznej znajdujemy informację, że esencje kwiatowe były bardzo popularne w cywilizacjach znanych nam dzisiaj jako Lemuria i Atlantyda.

Również aborygeni australijscy przez tysiąclecia używali kwiatów z buszu w celu odzyskania równowagi emocjonalnej i leczenia dolegliwości fizycznych. Zwykle zjadali cały kwiat, przyjmując wraz z nim esencję w formie rosy naenergetyzowanej przez słońce. Jeżeli roślina była niejadalna, mieli zwyczaj siadania przy niej, aby w ten sposób przyjąć jej uzdrawiającą wibrację.

Esencje kwiatowe stosowane były w starożytnym Egipcie, Azji, Ameryce Południowej. Podobno tradycja leczenia przy pomocy kwiatów w Europie wzięła początek w średniowieczu, lecz pierwsze dane na ten temat pochodzą z XVI wieku. Wtedy to wielki uzdrowiciel i mistyk Paracelsus zbierał rosę z kwiatów i podawał ją swoim pacjentom w celu zrównoważenia ciała emocjonalnego.

Jak oddziałują esencje kwiatowe

Esencje kwiatowe oddziałują na umysł, ciało emocjonalne i ducha. Zawierają uzdrawiającą wibrację z najbardziej rozwiniętej części rośliny, czyli kwiatów. Działają na płaszczyźnie emocjonalnej, harmonizują negatywne uczucia. Pomagają w przekraczaniu nieświadomych wzorców i negatywnych, ograniczających przekonań.

Terapia kwiatowa zaliczana jest do „subtelnych" metod leczenia, zbliżonych do klasycznej homeopatii Samuela Hahnemanna, prastarej medycyny naturalnej oraz medycyny ziołowej. Ten system uzdrawiania holistycznego został ponownie odkryty i spopularyzowany ponad 60 lat temu przez brytyjskiego lekarza, dra Edwarda Bacha (1886–1936). Mawiał on:

> Choroba jest całkowicie i faktycznie uleczalna; nie jest ona z natury ani złośliwa, ani okrutna, ale sygnalizuje tylko organizmowi jego usterki, zapobiegając dalszym nieobliczalnym skutkom. Wprowadza nas ona z powrotem na drogę Prawdy i Światła, z której nie powinniśmy nigdy schodzić.

Tak brzmiało przesłanie Bacha. Zwany był „lekarzem duszy". Zanim opracował swoją kwiatową terapię, odnosił sukcesy jako bakteriolog i homeopata w Londynie. Był związany duchowo z Hipokratesem, Paracelsusem oraz Hahnemannem, podzielając ich pogląd, że nie istnieją choroby, są tylko chorzy ludzie. W 1930 roku czterdziestoletni dr Bach zrezygnował z intratnej praktyki przy Harley Street, poświęcając ostatnie 6 lat swojego życia na poszukiwania prostszej i bardziej naturalnej metody leczenia, która niczego „nie niszczy i nie zmienia". Była to koncepcja wybiegająca pod wieloma względami poza poglądy i cele Hahnemanna. Według dra Bacha, każda choroba bierze początek w negatywnych stanach umysłu. Wyróżnił on siedem typów osobowości podatnych na owe stany: lękową, niezdecydowaną i niepewną, zobojętniałą na świat, samotniczą, nadwrażliwą na wpływy i idee, zrezygnowaną i zrozpaczoną oraz nadmiernie troszczącą się o dobro innych. Terapia kwiatowa jest nieszkodliwa w pełnym tego słowa znaczeniu. Nie można w niej przedawkować i nie przynosi żadnych skutków ubocznych. Jeżeli kwiat jest niewłaściwie dobrany, po prostu nie uzyskujemy odpowiednich rezultatów. Wspaniałe jest i to, że skuteczne stosowanie terapii kwiatowej nie wymaga praktyki medycznej i psychologicznej, lecz jedynie zdolności myślenia i wyciągania wniosków, a przede wszystkim wrażliwości i „odczuwania" drugiego człowieka.

Moja przygoda z esencjami kwiatowymi

Po raz pierwszy zetknęłam się z terapią kwiatową dra Bacha na początku lat 70. w Anglii, gdzie mieszkałam przez kilka lat. Praktycznie w każdym sklepie ze zdrową żywnością była specjalna półka z charakterystycznymi brązowymi buteleczkami, a nad nią wielki plakat opisujący poszczególne kwiaty. Wtedy nękały mnie ciągłe poczucie winy, niepewność i niezdecydowanie oraz nadmierna tusza. Zaczęłam zażywać odpowiednie esencje (4 krople pod język 4 razy dziennie), no i zaczęłam się zmieniać. Ale to długa opowieść. Nie wątpię jednak, że kwiaty odegrały wielkie znaczenie w moim życiu. Wielokrotnie pomogły mi w trudnych, przełomowych momentach, o których dzisiaj żartobliwie mówię „testy" czy też „lekcje".

Potem, w połowie lat 80., podczas studiowania medycyny holistycznej w Australii dowiedziałam się, że praca dra Bacha po jego śmierci jest kontynuowana nie tylko w Anglii, gdzie jego rolę w przygotowywaniu esencji przejęła będąca z nim w stałym kontakcie mentalnym Anna Flora, ale też w Ameryce Północnej (szczególnie prężny był ośrodek w Boulder, Colorado, kwiaty pustynne) i Południowej, Azji i różnych krajach Europy. Obecnie za następcę dra Bacha uważa się Andreasa Korte.

Jego uczeń, lekarz Eugeniusz Drzymulski, Polak od 15 lat pracujący w Niemczech, na swoich seminariach w Polsce uczy stosowania esencji roślinnych (m. in. z róż i orchidei), kamieni szlachetnych i półszlachetnych, metali, planet i delfinów. Specyfiki szwajcarskiej firmy Andreasa Korte otrzymuje się z roślin i minerałów pochodzących z ekologicznie czystych terenów, takich jak puszcza nad Amazonką, tereny buszu afrykańskiego, chronione parki dziewiczej natury.

A w Australii...

Okazało się, że Australia też miała swojego kontynuatora terapii kwiatowej dra Bacha. Coraz częściej czytałam artykuły o esencjach z australijskiego buszu, o ich skuteczności i szybkości działania. Stanowiły nową generację specyfików kwiatowych szczególnie przystosowanych do czasów, w których obecnie żyjemy, kiedy to rozwój świadomości podlega wielkiemu przyspieszeniu, w związku z czym potrzebujemy wszystkiego co możliwe do pomocy. Ojciec tej metody, młody australijski psycholog, zielarz w piątym pokoleniu i homeopata Ian White „przez przypadek" mieszkał dosyć blisko nas. Zanim poznałam go osobiście, któregoś dnia, kiedy byłam w chwilowym dołku energetycznym – z bardzo niskim ciśnieniem i całkowitą utratą entuzjazmu i motywacji – robiąc zakupy w lokalnym sklepie ekologicznym natknęłam się na półkę pełną buteleczek z kolorowymi nalepkami. Ręka moja sama sięgnęła po esencję DYNAMIS, głównie dlatego, że nalepka była czerwona, a ja potrzebowałam energii życiowej. Przeczytałam na niej: przywraca entuzjazm i radość życia; dla tych, którzy są chwilowo zniechęceni, osłabieni i zmęczeni. Dawkowanie: 7 kropli pod język dwa razy dziennie. Postanowiłam spróbować! No i rzeczywiście. Już po dwóch dawkach byłam jak zwykle pełna entuzjazmu i radości życia. Zresztą ostatnio znowu tego doświadczyłam. Nie najlepiej znoszę zmiany pór roku. Dopadło mnie jakieś jesienne osłabienie i zniechęcenie. Sięgnęłam po zestawy kwiatów DYNAMIS, który w Polsce znany jest jako esencja pasji życia i entuzjazmu – no i nie tylko skończyło się przeziębienie i ból gardła, ale też wróciły entuzjazm i motywacja do twórczej pracy...

Pierwszy raz spotkałam Iana White'a wiele, wiele lat temu na wykładzie znanego amerykańskiego naukowca i wynalazcy, specjalisty od leczenia kryształami Marcela Vogela. Marcel był znanym na całym świecie propagatorem medycyny wibracyjnej, posiadał wielką wiedzę, był jednym z czołowych badaczy IBM-owskich w słynnej Silicon Valley, czyli Dolinie Krzemowej. Po przejściu na emeryturę całkowicie oddał się studiowaniu energii kryształów kwarcowych. Wynalazł słynny *Vogel's healing crystal*, czyli uzdrawiający kryształ Vogla o specyficznym kształcie, pieczołowicie szlifowanym przez najlepszych rzemieślników wg projektu Marcela. Spotkanie go i przebywanie z nim było wielkim zaszczytem i doświadczeniem.

Wróćmy do Australii początku lat 80. Ian i jego żona Kristin byli szczęśliwą parą, całkowicie oddaną tworzeniu nowego systemu uzdrawiania za pomocą kwiatów z buszu. Australia jest najstarszym i najmniej zanieczyszczonym kontynentem. Mówi się, że reprezentuje bardzo mądrą, starą energię. Do dzisiejszego dnia rosną tam najstarsze na świecie rośliny o wspaniałych formach i uderzających kolorach.

Państwo White przez lata podróżowali po całej Australii otrzymując w medytacjach przekazy dotyczące uzdrawiających właściwości kolejnych kwiatów i rozpracowując tzw. sygnaturę kwiatu, czyli jego umiejscowienie w środowisku, przystosowanie, wygląd, funkcję i wynikające z tego właściwości. Podróżowali czasami w bardzo ciężkich warunkach, by zebrać kwiat w odpowiedniej porze kwitnienia, chcąc otrzymać koncentrat „matkę". Potem z tego koncentratu w laboratorium w Sydney powstawała rozcieńczona, gotowa do użycia esencja kwiatowa.

Do tej pory Ian White stworzył 67 koncentratów kwiatowych. Esencje te przepełnione są mocą i witalnością Australii, co czyni je unikalnymi. Działają bardzo szybko. Ian twierdzi, że w większości przypadków wystarczy brać esencję do 2 tygodni (7 kropli dwa razy dziennie), aby uzyskać pożądane rezultaty. W niektórych przypadkach, szczególnie w chronicznych problemach psychofizycznych, mogą być stosowane do 2 miesięcy. Esencje są z sukcesem używane na całym świecie.

Po wielu latach praktyki terapeutycznej Ian opracował kilkanaście gotowych zestawów stosowanych w najczęściej powtarzających się problemach. W Polsce zestawy te są dostępne pod następującymi nazwami: Pasja życia i entuzjazmu, Pewność siebie, Klarowność/Jasność umysłu, Obfitość/Pomyślność, Pieśń serca, Wewnętrzne dziecko, Dla nastolatków, Związki, Kobiecość, Seksualność, Zmysłowość, Spokój wewnętrzny (antystresowa), Pierwsza pomoc, Medytacja, Oczyszczenie emocjonalne i fizyczne/Detox, Do podróży, Solaris, Odejście.

Pomost Australia–Polska

Na początku roku 1997 przebywałam przez kilka miesięcy w Australii. Przede wszystkim tytułem eksperymentu natychmiast zaczęłam stosować najnowszy zestaw esencji pt. KOBIECOŚĆ, który wspaniałe wyregulował mi drobne zaburzenia hormonalne i pomógł ostatecznie pojednać się ze swoim ciałem. Tomahawk zakopany, walka skończona. Tylko trochę żal, że przez tyle lat katowałam swoje ciało, zamiast je po prostu kochać. Kobiety! Bądźcie szybsze i mądrzejsze niż ja. Zawrzyjcie pokój ze swoim ciałem TERAZ! Nie czekajcie!

Wielokrotnie odwiedzałam biuro Australian Bush Flower Essences i w końcu udało mi się umówić z Ianem na wywiad. Mówił bardzo pięknie o swojej przygodzie z australijskim buszem i szczegółowo odpowiadał na moje pytania. Wywiad ten jest dostępny na kasecie audio.

Ian mówi:

> Esencje z buszu mają niezwykłą uzdrawiającą moc, mają też do odegrania bardzo ważną rolę w uzdrowieniu naszej planety i podniesienia poziomu świadomości jej mieszkańców. Rolą esencji jest podniesienie naszych wibracji i otworzenie kanałów przekazu na przyjęcie naszego Ducha, obdarzenie naszej natury specyficznymi cnotami i wykrycie wszystkich usterek, które powodują chorobę. Esencje są w stanie, tak jak piękna muzyka czy jakakolwiek podnosząca na duchu rzecz, która nas inspiruje, rozwinąć naszą esencję duchową i przybliżyć nas do siebie samych, a poprzez to przynieść nam spokój i wyzwolić od cierpienia. Nie leczą choroby, lecz zalewają nasze ciała pięknymi wibracjami naszej Wyższej Natury, w obecności której choroba topi się tak jak śnieg na słońcu.

Chciałabym zakończyć moją opowieść cytując Annę Florę:

> Esencje kwiatowe pomagają ludziom stać się bardziej podobnymi do aniołów.

Płyty CD

- Ewa Foley – *Medycyna wibracyjna, wywiad z Ianem White* (ISI, 1998).

Zakochaj się w programowaniu neurolingwistycznym (NLP)

NLP stanowi wartościowe i interesujące podejście do zagadnień uczenia się i komunikacji.

Tony Buzan

Programowanie neurolingwistyczne jest sztuką i nauką o doskonałości. Jest swoistą strategią sukcesu. Stworzone zostało przez specjalistów z różnych dziedzin. Zajmuje się badaniem reguł, którymi posługują się wybitni ludzie odnoszący wspaniałe rezultaty, oraz pokazuje, jak uczyć się tych reguł, aby także osiągać wyznaczone cele. Zajmuje się procesami percepcji (spostrzegania) i ich zapisem w mózgu (stąd człon **neuro-** w nazwie), sposobami komunikacji (stąd część **lingwistyczne**) i sposobami organizacji informacji, z których potem korzystamy, zachowując się w dany sposób (stąd **programowanie**). „Programowanie" oznacza także, że możemy zmienić własne myśli czy programy z takich, jakie są, na takie, jakie chcemy, by były.

NLP jest prostą techniką osobistej transformacji. Jest praktycznym podejściem do zmiany. Stanowi zbiór wzorców, umiejętności i technik służących skutecznemu myśleniu i działaniu.

Jeżeli chcesz, by w twoim życiu było coraz więcej pozytywnych i skutecznych zachowań, zastosuj NLP-owską metodę „krok po kroku". Po pierwsze: to, czego chcesz i o czym myślisz, przedstaw w formie pozytywnych stwierdzeń. Po drugie: rozbuduj i ożyw obraz tego, co chcesz zrobić, aby zwiększyć jego atrakcyjność. Po trzecie: zasocjuj się z tymi skutecznymi zachowaniami i przećwicz je w wyobraźni, aby wydały się naturalne. Nie mam cienia wątpliwości, że NLP jest jedną z najszybszych istniejących metod terapii i rozwoju.

Według zasad NLP, **każdy z nas ma swój własny świat i inaczej spostrzega rzeczywistość, a wszystkie te światy są równie prawdziwe.** Ponadto teoria ta zakłada, że każdy człowiek ma mnóstwo zasobów i umiejętności, możliwości rozwoju, energii itp. NLP zajmuje się odkrywaniem i rozwijaniem tych indywidualnych, naturalnych zdolności każdego z nas. **Pomaga w odkryciu tego, co w nas najlepsze.** Ukazuje, jak osiągać cele, których pragniemy, i jak samemu kierować swoim życiem. NLP jest bardzo wszechstronne – można stosować tę metodę w pracy z niepożądanymi zachowaniami, kłopotami emocjonalnymi, poznawczymi i fizjologicznymi; można wręcz przebudować wszystkie poziomy osobowości.

Zapamiętaj

Stosując NLP do rozwoju osobistego nie trzeba wracać do dzieciństwa i opowiadać o dawnych zdarzeniach, by się zmienić.

Programowanie neurolingwistyczne oferuje wiele ćwiczeń dotyczących teraźniejszości i przyszłości, które są bardzo skuteczne bez cofania się w czasie. Oferuje nieograniczone możliwości zmiany siebie. Procedury NLP mogą doprowadzić do trwałych zmian w naszym zachowaniu dosłownie w ciągu kilku minut. NLP nie daje gotowych odpowiedzi. Jego twórcy i teoretycy wychodzą bowiem z założenia, że nie istnieją odpowiedzi uniwersalne – każdy musi uzyskać je sam, gdyż tylko on może wiedzieć, co jest dla niego najlepsze. Innym optymistycznym aksjomatem NLP jest to, że w każdym z nas są wszelkie możliwości pozwalające na dowolną zmianę, której sobie życzymy. Istotą NLP jest zatem ułatwienie każdemu, niezależnie od płci, wieku, przekonań i potencjału intelektualnego, dostępu do drzemiących w nim możliwości.

Zapamiętaj

Podstawowe założenie NLP jest następujące: twoje doświadczenia zależą tylko od ciebie, a orientacja na cel zapewnia lepsze efekty niż orientacja na problem.

Z początku NLP wydawało mi się błyszczącą gwiazdką; później myślałem o nim jak o bardzo tajemniczym, wielkim magu; teraz jest jak lojalny, godny zaufania przyjaciel i nie mam pojęcia, jak mogłem bez niego żyć.

Getry Smith, trener NLP

TEZY NLP

1. Mapa nie jest terytorium.
2. Doświadczenie ma swoją strukturę.
3. Jeżeli jedna osoba potrafi coś zrobić, każdy może się tego nauczyć.
4. Umysł i ciało są elementami tego samego systemu.
5. Ludzie posiadają cały potencjał, jakiego potrzebują.
6. Nie można się NIE komunikować.
7. Znaczenie twego komunikatu to odpowiedź, jaką uzyskujesz.
8. W każdym zachowaniu tkwią dobre intencje.

9. Ludzie zawsze dokonują najlepszych z dostępnych im wyborów.
10. Jeżeli nie udaje się to, co robisz, rób coś innego. Rób cokolwiek innego.

Presupozycje NLP

1. Najważniejszą informacją o osobie jest jej zachowanie.
2. Zachowanie to nie człowiek – człowiek nie jest zachowaniem.
3. Każde zachowanie jest w danym momencie najlepszym z możliwych wyborów.
4. Każdy jest odpowiedzialny za swoje myśli, a w związku z tym za rezultaty, jakie osiąga.
5. Ludzie posiadają wszelkie zasoby wewnętrzne, żeby móc odnieść sukces.

Presupozycje NLP na temat zmian

1. Podstawą jest szacunek dla modelu świata, który stworzyła inna osoba.
2. Opór jest tylko brakiem dopasowania.
3. Jednostka bardziej elastyczna kontroluje system.
4. Każda informacja zwrotna ma na celu poprawę jakości.
5. Błąd (pomyłka) to wydarzenie, z którego nie umiałeś dotąd czerpać wszystkich korzyści.
6. Zmiana musi być oszacowana w stosunku do kontekstu i ekologii.

NLP jest o

- zmianach
- ludziach

- duszy
- odpowiedzialności.

Trzyminutowe seminarium NLP

Wchodzi prezenter i mówi:

Panie i panowie, aby odnosić w życiu sukcesy, musicie pamiętać tylko o trzech rzeczach: po pierwsze, wiedzieć, czego chcecie, mieć klarowną ideę swoich celów w każdej sytuacji; po drugie, być czujnym i mieć otwarte zmysły, tak aby zauważać, co otrzymujecie; po trzecie, utrzymywać elastyczność i zmieniać to, co robicie, dopóki nie otrzymacie tego, co chcieliście. Po czym pisze na tablicy:

Cel
Ostrość postrzegania
Elastyczność

NLP ułatwia komunikację na tej samej płaszczyźnie. Już po dwutygodniowym treningu możemy powiedzieć jednym zdaniem, w jaki sposób dana osoba myśli (nie **co** myśli, tylko **w jaki sposób**!). Dostosowując się do sposobu myślenia tej osoby, możemy nawiązać z nią komunikację na jednym poziomie. Warto pamiętać, że to my jesteśmy odpowiedzialni za wynik swoich kontaktów z ludźmi, a nie oni. Wierzę, że każda szanująca siebie, pragnąca żyć zdrowo i szczęśliwie osoba MUSI zdobyć podstawową wiedzę z zakresu programowania neurolingiwstycznego. Kwestią nie jest **CZY**, tylko **KIEDY**? **Kiedy** będziesz w końcu gotowa do spełnionego życia, w którym realizujesz swoje cele, a twoje marzenia się spełniają? Kiedy będziesz gotów do świadomego życia najwyższej jakości? Jeżeli nie dzisiaj, to kiedy? Jeżeli nie ty, to kto? Zachęcam cię do zdobycia umiejętności NLP i do wykorzystywania ich uczciwie i z szacunkiem dla siebie samego i innych, do kreowania większych możliwości wyboru, poczucia większego szczęścia w twoim życiu osobistym i zawodowym oraz w życiu innych ludzi. NLP najlepiej testuje się bowiem w życiu.

> Wiedza sama w sobie nie jest potęgą, staje się nią dopiero wiedza stosowana.
>
> Bodo Schafer

Poczytaj, jeśli chcesz dowiedzieć się więcej

- Harry Adler, *NLP – umiejętność realizowania marzeń* (Ravi, 1997).
- Connirae i Steve Andreas, *Serce umysłu* (GWP, 1998).
- Richard Bandler, *Umysł. Jak z niego wreszcie skorzystać* (GWP, 1997).
- Richard Bandler, John Grinder, *Z żab w księżniczki* (GWP, 1997).
- Diana Beaver, *Jak uaktywnić umysł – NLP dla uczących się* (Medium, 1999).
- Leslie Cameron-Bandler, *Ku harmonii w miłości; Know how; W niewoli uczuć.*
- Joseph O'Connor, John Seymour, *NLP – wprowadzenie do programowania neurolingwistycznego* (Zysk i S-ka, 1998).
- James Eicher, *Sztuka komunikowania się* (Ravi, 1996).
- Katarzyna Gozdek-Michaelis, *Rozwiń swój genialny umysł* (J&BF, 1999).
- Sue Knight, *NLP w działaniu* (Studio Emka, 1998).
- Praca zbiorowa, *Programowanie Neurolingwistyczne* (Medium, 1998).
- Jerry Richardson, *Magia porozumienia.*
- Anthony Robbins, *Obudź w sobie olbrzyma; Olbrzymie kroki; Nasza moc bez granic* (Studio Emka, 1997-1998).

Zakochaj się w zdrowiu

> Zdrowie jest zbyt poważną sprawą, by pozostawić je tylko w rękach lekarzy.
>
> Marek Rymuszko

Oto sugestie, które mogą ci pomóc w utrzymaniu dobrej kondycji fizycznej lub w powrocie do zdrowia.

1. Odkryj cel swego życia

> Prawo dharmy, czyli celu życia, mówi, że każdy z nas ma cel w życiu... specjalny dar albo wyjątkowy talent po to, by obdarzać nim bliźnich. Kiedy oddamy ten talent służbie ludziom, doznamy ekstazy i wyniesienia swego własnego ducha, co jest celem najwyższym.
>
> Deepak Chopra

Jednym z najlepszych powodów utrzymania dobrego stanu zdrowia jest potrzeba realizacji swojego życiowego celu. Jeżeli nie wiesz, co masz do zrobienia w tym życiu – twoja motywacja, aby być zdrowym, może być osłabiona. Brak jasności celu jest jak podróżowanie po obcym kraju bez mapy – nawet gdy dotrzesz do miejsca swojego przeznaczenia, prawdopodobnie nie będziesz o tym wiedział. Zacznij zatem określać swój wielki, wspaniały cel. Będzie on działał jak magnes, który przyciąga cię do siebie, nadając cel wszystkiemu, co robisz. Aby odkryć własny cel:

a) Przesłuchaj wielokrotnie medytację poczęcia na mojej kasecie *Wdzięczność.*
b) Zrób listę twoich wyjątkowych talentów.
c) Wypisz 10 cech charakteru, które najbardziej lubisz u siebie.
d) Sporządź listę 10 czynności, które bardzo lubisz i w których wyrażają się twoje niepowtarzalne uzdolnienia.
e) Opisz w pozytywny sposób kilkoma zdaniami swoją koncepcję świata doskonałego.
f) Napisz zdanie stosując 2–3 wyrażenia z punktów c, d, e. To jest twój cel życiowy!

Wypisz ten cel na kartkach i porozwieszaj je w miejscach na tyle widocznych, byś mógł je często czytać. Wyobrażaj sobie, że cel ten prowadzi cię do swego urzeczywistnienia. Ciesz się na myśl, że chętnie poświęcisz swe życie na jego spełnienie.

Prawdziwe uzdrowienie jest czymś znacznie większym niż poradzenie sobie z symptomami choroby. To powrót do swojej prawdziwej tożsamości i uświadomienie sobie misji własnego życia. Oznacza uznanie i podjęcie zadania, którego zobowiązałeś się wykonać.

> Jeżeli jakieś marzenie sprawia, że czujesz się szczęśliwy, twoim obowiązkiem wobec Boga i natury jest bezzwłoczne przystąpienie do jego realizacji.
>
> Stewart Brand

2. Określ swoje cele życia

> Aby czegokolwiek dokonać, należy zacząć. Aby zacząć, trzeba podzielić swój cel na mniejsze, wykonalne cele, i zacząć od pierwszego z nich.
>
> Mark Twain

Celem życia jest życie z celem. Istnieją tylko dwie możliwości: albo sam planujesz swoje życie, albo inni robią to za ciebie. Cele to coś innego niż misja. Misję można porównać do drogi, którą podróżujesz, a cele są drogowskazami na tej drodze. Cele są częścią naszej natury. Nie możemy bez nich żyć.

Jakie są twoje cele życia

- Co pragniesz osiągnąć?
- Co zamierzasz robić?
- Co chciałbyś mieć?
- Kim chcesz być?
- Jaki chcesz być?
- Jakie umiejętności pragniesz zdobyć?
- Jakie cechy charakteru rozwinąć?

Wypisz swoje cele. Uczyń to już dzisiaj.

Marzenia stanowią podstawę do formułowania celów. Potrzebna jest jedynie świadoma decyzja. Twoje marzenia i twoje cele muszą harmonizować z przekonaniami. Dlatego tak ważne jest dopasowanie przekonań do stawianych sobie celów. Jeżeli marzenia, cele i przekonania są ze sobą zgodne – następnym krokiem jest opracowanie kilku posunięć strategicznych, niezbędnych do osiągnięcia tych celów.

Jeżeli potrzebujesz nowej wiedzy dotyczącej właściwego formułowania celów, pracy z przekonaniami i stosowania odpowiedniej strategii, szukaj jej na końcu książki w literaturze dotyczącej NLP i u praktyków tej sztuki.

Buckminster Fuller, uznany za jeden z najbardziej twórczych umysłów tego stulecia, napisał o **prawie precesji**, jako o części procesu osiągania celów. Chodzi o to, że zmierzając do obranego celu, odnosimy wiele dodatkowych korzyści. Właściwie najważniejszą rzeczą jest nie osiągnięcie celu, ale to, czego się po drodze uczymy i jak się rozwijamy. W drodze ku osiąganiu celów możesz rozwinąć większą odwagę i zdecydowanie, wytrzymałość, osiągnąć większą pewność siebie i samodyscyplinę, nauczyć się języków obcych, spotkać partnera życiowego lub nauczyć się gotować!

Zapamiętaj

1. Co zdobędziesz, realizując swoje cele, jest mniej ważne, niż KIM SIĘ STANIESZ.
2. W każdym pragnieniu i celu zawiera się mechanizm ich spełnienia.

> Cele są środkami, dzięki którym możemy stać się doskonalsi niż jesteśmy. Potrzebujemy celów nie dlatego, co nam dają, ale dla tego, co możemy osiągnąć dzięki temu, że w ogóle je sobie wyznaczyliśmy.
>
> Andrew Matthews

> Jeżeli zdecydujesz się i wybierzesz cel, a potem sporzą-dzisz plan, to osiągnąłeś już swój cel w pięćdziesięciu procentach!
>
> Bodo Schafer

3. Określ swoje wartości i żyj zgodnie z nimi

> Najważniejszą rzeczą w życiu jest określenie tego, co jest najważniejsze.

Wartości uosabiają to, co dla nas istotne. Wartości związane są z naszą tożsamością, tworzą fundamentalne zasady, według których żyjemy. Są absolutną podstawą zdrowego życia – dostarczają nam motywacji i ukierunkowania, są ważnymi punktami odniesienia. Wartości zazwyczaj pozostają nieświadome i rzadko kiedy otwarcie je analizujemy.

Dzisiaj

Sporządź listę dziesięciu najważniejszych uznawanych przez siebie wartości. Odpowiedz na następujące pytania:

- Co jest dla mnie ważne?
- Co naprawdę mnie motywuje?
- Co musi być dla mnie prawdziwe?

Mogą ci w tym pomóc KARTY INTUICJI I WARTOŚCI (Wyd. ISI) lub zaufany przyjaciel. Oddychaj głęboko i zdecyduj, co jest dla ciebie ważne w życiu. Poprzez określenie hierarchii swoich wartości stworzysz spójność pomiędzy tym, kim jesteś, a tym, jak żyjesz. Życie bez szacunku dla uznawanych przez siebie wartości jest przyczyną ogromnego stresu i szkodzi twojemu zdrowiu.

> Jeżeli coś ma wartość, noś to w sercu. Nie wolno nam porzucać pragnień. To one ożywiają naszą kreatywność, miłość, zapewniają zdrowie i długie życie.
>
> Aleksander Bogomolec

> Nic nie ma znaczenia dla człowieka, dla którego wszystko jest bez znaczenia.

4. Przebaczenie

> Spokój ducha uzyskuję jedynie wtedy, gdy przebaczam, zamiast osądzać.
>
> Gerald Jampolsky

Wybaczaj sobie i wybaczaj innym! Jeśli pragniemy zdrowia, poczucia bezpieczeństwa i pokoju, czy to w kontaktach interpersonalnych, czy międzynarodowych, musimy zmienić sposób myślenia i zrezygnować z ataku i obrony na rzecz przebaczenia. Wymaga ono subtelnej zmiany percepcyjnej: przesunięcia uwagi z różnic między nami na podobieństwa. Przebaczenie jest jak czysty deszcz, zmywający złe wspomnienia. Przebaczenie jest selektywnym pamiętaniem – pamiętaniem tylko dobra, którego doświadczyliśmy. W procesie przebaczania może ci pomóc wizualizacja na mojej kasecie *Wybaczanie*. W czasie tego wewnętrznego procesu wybaczysz sobie, swoim rodzicom i rodzeństwu, Bogu, współpracownikom, znajomym, a na końcu spotkasz się ze swoim Wyższym Ja. Przeczytaj uważnie rozdział *Moc przebaczenia*. Robert Coon, mistyk i uzdrowiciel brytyjski, w czasie wizyty w Polsce kiedyś powiedział: *Jak ja to robię? Jak chcę wybaczyć, po prostu wybaczam...*

Po prostu wybacz!

5. Praca z cieniem

Zaryzykuj i postanów nawiązać kontakt z tą cząstką siebie, która została wyparta, odsunięta, stłumiona i zapomniana. Z aspektem siebie zwanym cieniem. Czy jestem gotów doświadczać zdrowia, miłości, szczęścia i radości? Wierzę, że prowadzi do tego zintegrowanie energii cienia. Przyjrzyj się swoim ciemnym kątom. Zobacz, czego się bałeś i na co nie chciałeś patrzeć w przeszłości. Idź tam z miłością i z poczuciem humoru – jest to esencja uzdrowienia.

6. POZWÓL, BY ZIEMIA I PRZYRODA UZDRAWIAŁY CIĘ I UCZYŁY

To nie natura ma się dostosować do człowieka, to człowiek powinien postępować zgodnie z jej nakazami.

Dzisiaj zwrócę więcej uwagi na prawa natury.

Podejmij świadomą pracę z żywiołami – z ogniem, wodą, powietrzem i ziemią. Im większą równowagę osiągamy z otaczającymi nas żywiołami, tym łatwiej jest nam słuchać siebie i ufać sobie, a poprzez to uzdrowić się. Ogień wspaniale oczyszcza. Podaruj sobie noc przesiedzianą w milczeniu przy ognisku.

Zacznij bardziej świadomie odczuwać swój związek z roślinami, drzewami i zwierzętami. W tradycji szamańskiej każdy z nas ma swojego opiekuna w świecie zwierząt – swoje zwierzę mocy. Zapisz się na warsztat szamański, by odkryć tradycje i mądrość rdzennych kultur związanych z Ziemią. Zacznij chodzić na bosaka po lesie, pływać nago w jeziorze, wpatrywać się w falujące morze, tańczyć lub medytować przy ogniu, słuchać muzyki etnicznej, grać na bębnie... Odkryj rytuały i ceremonie. Powróć do korzeni.

> Wspólną cechą wszystkich ludów pierwotnych jest uwielbienie i szacunek dla dającej życie ziemi. Przekonanie takie było zawsze częścią elementarnej etyki Indian amerykańskich: ziemia to istota żywa, którą kochają, a oni sami, jej dzieci, są braćmi całego stworzenia.
>
> Stewart Lee Udall

Niemiecki przyrodnik Manfred Himmel od 20 lat zajmuje się „drzewoterapią". Jego zdaniem, każdy człowiek może poprzez dotyk (gołymi dłońmi) połączyć się z uzdrawiającym promieniowaniem drzewa, w ten sposób znajdując ukojenie swoich bólów i dolegliwości zarówno fizycznych, jak i psychicznych. Drzewo można objąć rękoma, stojąc twarzą do niego, i dotknąć czołem, można oprzeć się o nie plecami i tyłem głowy, można też położyć się przed drzewem na plecach i bosymi stopami wesprzeć o jego pień. Buk oferuje nam prawdziwą kąpiel w czystej energii; brzoza redukuje ból i stany depresyjne; dąb dodaje sił; jarzębina wzmacnia naszą wolę i pomaga w pozbywaniu się nałogów; energia kasztana oddala od nas wewnętrzne niepokoje i leczy rany duszy; spotkanie z lipą to kontakt z czystą miłością – łagodzi zatwardziałe serca i rozwiązuje węzły uczuciowe, równoważy i wzmacnia; czereśnia wyzwala i zwiększa erotyczną aktywność; czarny bez nastraja pogodnie i wesoło; w polu promieniowania sosny można znaleźć wewnętrzną równowagę i odzyskać spokój; kiedy regularnie obejmujemy jodłę, całe nasze życie może się obrócić ku lepszemu; wierzba stymuluje dążenie do szczęścia i psychiczny rozwój dziecka.

Dzisiaj

Wybierz sobie jedno drzewo w swojej okolicy i regularnie je odwiedzaj na 20–30 minut, zwłaszcza w okresie od kwietnia do października – poprawi to twoje zdrowie psychiczne i fizyczne.

7. Żyj z pasją i entuzjazmem

Mój wybór na dzisiaj to dać z siebie i zyskać to, co najlepsze. Śmiej się! Płacz! Odczuwaj! Śmiech uzdrawia. Kiedy się śmiejesz, w twoim mózgu i ciele dochodzi do cudownych, korzystnych zmian. W mózgu wydzielane są endorfiny, które powodują naturalny „haj", a układ oddechowy poddawany jest „jogingowi". Śmiech uwalnia od bólu i choroby. Norman Cousins w swojej książce *Anatomia choroby* opowiada, w jaki sposób wydźwignął się z choroby zagrażającej kalectwem i wrócił do normalnego, zdrowego życia. Jego głównym lekarstwem były olbrzymie dawki śmiechu. Cousins doszedł do wniosku, że jego poważne podejście do życia znacznie przyczyniło się do powstania choroby, toteż założył, że śmiechem odwróci ten stan rzeczy. Dopóty oglądał filmy z braćmi Marx i sytuacje filmowane ukrytą kamerą, dopóki ból i inne objawy nie ustąpiły. Jego powrót do zdrowia udowodnił prawdziwość powiedzenia: *Śmiech jest najlepszym lekarstwem.*

> Sztuka bycia szczęśliwym polega między innymi
> na umiejętności śmiania się ze swoich problemów.
>
> Andrew Matthews

Poznaj swoje zdolności – rozwijaj swoje talenty – uwierz w siebie. Pozytywne czynniki emocjonalne, takie jak silne pragnienie życia, entuzjazm i pasja, wzmacniają twój układ odpornościowy. Bez względu na to, czy jesteś chory, czy zdrowy – żyj tak jakbyś za chwilę miał umrzeć.

Jak wyglądałby ten dzień, gdybyś wiedział,
że to ostatni dzień twojego życia?

Żyj tak codziennie! Żyj w pełni! Kochaj w pełni! Zakochaj sięw życiu!

8. Uznaj, że masz w swoim wnętrzu przewodnika

Przewodnika, któremu możesz całkowicie zaufać. Ten wewnętrzny doradca, Wyższe Ja, może przybierać różną postać: starego mędrca, staruszki, mnicha, ducha natury, zwierzęcia, rośliny, rzeki czy oceanu. Postać, w jakiej ci się ukazuje, jest bez znaczenia. Zawsze jednak reprezentuje coś kochającego i mądrego.

Wyobraź sobie, że masz w sobie wewnętrznego lekarza, wewnętrznego uzdrowiciela, przewodnika–uzdrowiciela. Nawiąż z nim kontakt w najbardziej właściwy dla siebie sposób. Pomóc ci w tym może wizualizacja z programu na płytach CD *Jak być zdrowym?* Słuchaj tej medytacji regularnie. Idź za radą swojego wewnętrznego uzdrowiciela. Zaufaj mu. Posłuchaj jego rady. Ta mądra istota w naszym wnętrzu wie o nas wszystko, zna odpowiedzi na *wszystkie nasze pytania, wie, co jest dla nas najlepsze i co może nas uzdrowić.*

9. Rozwijaj swoją intuicję

Poświęć trochę czasu na rozpoznanie swoich wewnętrznych głosów, szczególnie głosu wewnętrznego dziecka. Rozpoznaj też głosy swoich wewnętrznych rodziców, wewnętrznego krytyka, nauczycieli, przyjaciół, głos, który mówi, co powinieneś zrobić, i głos buntownika, który radzi, by zrobić coś zupełnie odwrotnego.

Znajdź swój głos. Głos swojej intuicji. Głos swojej duszy. Pięknie na temat słuchania głosu duszy mówi Christina Thomas w książce *Przebudzenie duszy*. Tekst ten uświadamia nam też, że dzięki wyciszeniu, wewnętrznej równowadze i medytacji posuwamy się nie tylko na drodze własnego duchowego rozwoju, lecz stajemy się również aktywną cząstką rozwoju wielkiego organizmu planety i całego kosmosu – energetycznego systemu, którym rządzi prawo ewolucji.

Szanuj wszystkie swoje wewnętrzne głosy. Wszystkie są potrzebne, rozwinęły się, aby cię chronić i troszczyć się o ciebie, mimo że niektóre z ich rad są już nieaktualne.

Uparcie szukaj swojego wewnętrznego głosu.

10. Służ innym! dawaj!

Jesteśmy tu po to, by wzajemnie sobie pomagać w podróży zwanej życiem.

William J. Bennett

Dawanie i otrzymywanie to różne aspekty przepływu energii we wszechświecie. Z chęcią dając to, czego sami poszukujemy, sprawiamy, że obfitość wszechświata przepływa przez nasze życie.

Deepak Chopra

Nie można pomóc wszystkim, ale każdy może pomóc komuś.

Komu mogę dzisiaj pomóc?

Wspieraj swoich bliskich i dalszych znajomych. Służ im bezinteresownie. Dawaj – niczego w zamian nie oczekując. W jodze zwane jest to karma jogą. Badania wykazują, że ludzie pracujący charytatywnie z potrzeby serca są dużo zdrowsi.

Dawaj, a będziesz coraz to zdrowszy, szczęśliwszy i bogatszy. Dawanie zapewnia dobre samopoczucie oraz uczucie żywotności i energii. Stary Testament mówi, że zwyczajem Izraelitów było oddawanie na rzecz innych dziesiątej części wszystkich swoich dochodów. Zwyczajem ludzi, którzy osiągnęli sukces, jest oddawanie 10 procent swoich zarobków tym, którzy mają mniej! Jeżeli zaczniesz to robić, będziesz nie tylko bogaty, ale i szczęśliwy oraz zdrowy. Poza tym ten, kto ofiarowuje pieniądze, ma więcej pieniędzy. Takie działanie jest sygnałem dla wszechświata: *Dziękuję. Mam więcej, niż potrzebuję. Dlatego mogę oddać.* Ta myśl o przesycie pozwoli ci rozwinąć naturalny stosunek do pieniędzy. Przestaną one być ZBYT ważne. Zrozumiesz, że pieniądze są formą energii, która płynie przez życie. Im więcej będziesz dawał, tym więcej będzie wpływało do twojego życia. Najlepszym sposobem wyleczenia się z obojętności i odzyskania szacunku dla siebie jest po prostu zaopiekowanie się kimś innym. Kto się koncentruje na niesieniu pomocy innym, odwraca uwagę od swoich problemów i zmartwień. Dlatego pomagając innym, pomaga się zawsze samemu sobie.

Zapamiętaj

> Kto przewiezie swoją łodzią innego człowieka na drugi brzeg, sam też dobija do tego brzegu.

Kto pomaga, ten rozumie, że żyjemy w świecie połączonym siecią. Każdemu z osobna wiedzie się lepiej, jeżeli wszystkim wiedzie się lepiej.

> W dzisiejszym świecie połączonym siecią nie mogą poszczególne jednostki i nawet narody same rozwiązywać swoich problemów. Jesteśmy sobie nawzajem potrzebni. Musimy rozwinąć poczucie uniwersalnej odpowiedzial-ności. Jest naszym indywidualnym i kolektywnym obowiązkiem ochranianie na tej planecie rodziny ludzkiej i pomaganie jej słabym członkom.
>
> XIV Dalajlama

11. KOCHAJ!

> Kochać z rozmachem, znaczy żyć z rozmachem.
> Kochać zawsze, znaczy żyć na zawsze.
>
> Henry Dmmond

W jaki sposób mogę okazać dzisiaj komuś miłość?

Miłość jest największym uzdrowicielem. Bez miłości usychamy jak kwiaty pozbawione wody. Miłość w moim pojęciu jest bezwarunkową akceptacją tego, co jest. Pokochaj siebie. Oznacza to po prostu akceptowanie siebie takim, jakim jesteś. Większość z nas ma długie listy rzeczy, które musimy zrobić, zanim będziemy mogli siebie pokochać. Często rozdaję uczestnikom moich seminariów inną listę pt. *Jak siebie pokochać* – znajdziesz ją w dalszej części książki.

Pokochanie i bezwarunkowe zaakceptowanie siebie nie oznacza, że nie będziemy się zmieniać. Przeciwnie, akceptacja siebie i rezygnacja ze zmiany paradoksalnie czynią zmianę możliwą. Mądrzy ludzie mawiają, że ponoć to paradoks rządzi światem. Zaufaj ich mądrości.

Kochaj! Po prostu kochaj! Codziennie. Głęboko i z całej siły. **Pamiętaj, że miłość to jedyna wartość, która się mnoży, jeśli się ją dzieli!**

> Miłość jest jak rtęć trzymana w ręku. Otwórz dłoń, a ona tam pozostanie. Zaciśnij palce, a wtedy natychmiast przecieknie.
>
> Dorothy Parker

> Miłość wymaga witalności, ciągłej gotowości i bogactwa zainteresowań, które mogą być jedynie efektem aktywności w innych sferach życia. Jeśli ktoś nie jest aktywny w innych sferach życia, nie jest też aktywny w miłości.
>
> Erich Fromm

> Miłość to działanie, gotowość do działania na rzecz rozwinięcia całego potencjału drugiej osoby.
>
> Paul Hauck

> Miłość to szanowanie ludzkich uczuć, a nie wystawianie ich na próbę.
>
> Wojtek

> Miłość to dawanie bez pamiętania i otrzymywanie bez zapominania. (*Love is giving without remembering, receiving without forgetting*).
>
> Marianne Wiliamson

12. Poznaj swoje ciało i zatroszcz się o nie

Czy wiesz, że ciało wpływa na stan umysłu, a umysł na ciało?

- Dowiedz się, jak funkcjonują poszczególne narządy, organy i gruczoły. Poznaj anatomię i fizjologię ludzkiego ciała.
- Dowiedz się, jakich ziół, witamin, mikroelementów, soli tkankowych, aminokwasów, nienasyconych kwasów tłuszczowych potrzebuje twój organizm, by dobrze funkcjonować.
- Przeczytaj dostępną literaturę na temat skuteczności i różnorodności działania ekstraktu z grejpfruta. Siła drzemiąca w tym owocu od lat zaskakuje badaczy i autorytety medyczne.
- Zrób test na obecność w swoim organizmie cichego mordercy, grzyba *Candida albicans*. Bez względu na wyniki przeprowadź trzydziestodniową profilaktyczną kurację z ekstraktu grejpfruta, oczyszczającą i wzmacniającą organizm.
- Przestudiuj różne szkoły odżywiania – makrobiotykę, wegetarianizm, weganizm, odżywianie wg grupy krwi, kuchnię chińską wg 5 przemian. Ja od wielu lat łączę te dwie ostatnie metody. Krystyna Ojrowska nauczyła mnie metody pięciu przemian, a dr Peter d'Adamo odżywiania i gotowania wg grupy krwi. Pamiętaj, że to, co dla jednego człowieka jest pożywieniem, dla innego może okazać się trucizną. Sprawdź swoją grupę krwi i przez 3 miesiące odżywiaj się ściśle wg tej metody.
- Zadbaj o jakość wody, którą pijesz. Warto zacząć ją „ożywiać".
- Utrzymuj swoje jelito grube w czystości i dobrym stanie. Pij dziennie co najmniej 4 do 8 szklanek czystej wody. Raz w tygodniu zrób lewatywę. Raz w roku przeprowadź najstarszą terapię znaną ludzkości, czyli post. Jest to metoda leczenia wielu chorób, która oprócz usuwania zaburzeń zdrowotnych wskazuje także człowiekowi drogę do osiągnięcia wyższego poziomu rozumienia samego siebie i postępu duchowego.

Raz w roku w marcu prowadzę 10-dniowy program „wiosennych porządków" w ciele – oczyszczanie i odtruwanie organizmu zwane „detoks". Takie wiosenne porządki w organizmie są bezcennym darem dla siebie i swojego zdrowia.

- Doskonałe rezultaty zdrowotne daje picie glinki zielonej lub bentonitu, pradawnego eliksiru zdrowia. Glinka działa inteligentnie – odnajduje źródło choroby. Przypuszcza się, że glinka nacechowana jest siłą magnetyczną ogromnego pola magnetycznego ziemi. To niezwykle silne promieniowanie działa na organizm i pomaga odbudować potencjał witalny przez uwolnienie związanej energii. Podobnie działają też naturalne minerały Schindele z kamieniołomów w Austrii.
- Codziennie masuj na sucho swoje ciało szczotką z naturalnego włosia. Może być zwykła szczotka ryżowa albo dostępne na rynku doskonałe szczotki do masażu. Masuj ciało ruchami okrężnymi, począwszy od stóp w kierunku górnych części ciała, zawsze do serca. Szczotka taka delikatnie oczyszcza pory skóry, usuwając martwe komórki z powierzchni ciała. Jest to doskonały naturalny peeling. Masaż tego rodzaju pobudza krążenie i powoduje wyszczuplenie poprzez rozbicie cząsteczek tłuszczu.
- Naprzemienny gorący i zimny prysznic czyni cuda. Szczególnie wątroba uwielbia zimną wodę rano! Wpływa to pobudzająco, toteż nie polecam takich pryszniców przed pójściem spać.
- Głęboko oddychaj. Codzienna praktyka dwudziestu połączonych świadomych oddechów w powiązaniu z samoobserwacją przynosi natychmiastowy relaks i oczyszczenie emocjonalne.
- Kilkakrotnie przeczytaj rozdział *Zakochaj się w oddechu,* który opisuje rebirthing, metodę samodoskonalenia opartą na świadomym myśleniu i prostej technice świadomego połączone-

go oddychania. Umów się na sesję oddechową z profesjonalnym rebirtherem (lista gabinetów dostępna w biurze ISI).

- Codziennie wykonuj medytację *Złote zwierciadło* w czasie monitoringu, czyli rachunku sumienia; powodujesz głębsze oddychanie w swoim zwierciadlanym odbiciu.
- W moich letnich tygodniowych warsztatach centralnym punktem programu jest opracowana przeze mnie technika świadomego oddychania *Transformujący oddech wdzięczności.*
- Zacznij praktykować ćwiczenia, które ci odpowiadają i sprawiają przyjemność – jazdę na rowerze, tai chi, pływanie, chi gong, sztuki walki (np. aikido), spacery mocy i intencji, hatha-jogę, rytuały tybetańskie, Surya Namaskara, medytację dynamiczną wg Osho. Moim ukochanym holistycznym programem dla ciała jest hatha-joga, którą praktykuję od prawie dwudziestu lat. Przygotowałam płyty DVD z dwoma różnymi lekcjami jogi dla początkujących, którzy nie mają w swoim miejscu zamieszkania nauczyciela jogi, a chcą zacząć ćwiczyć.
- Co najmniej dwa razy w miesiącu idź na masaż. Poddaj się uzdrawiającej sile dotyku. Preferowanymi przeze mnie formami pracy z ciałem są: holistyczna terapia pulsacyjna (opisana w rozdziale *Zakochaj się w pulsie życia*), rolting, masaż Yumeiho, Mauri i Rosenberga. Bardzo też chwalę metody reedukacji psychofizycznej: Technikę Aleksandra, metodę Feldenkraisa oraz terapię czaszkowo-krzyżową. Chętnie polecę kwalifikowanych terapeutów w tych metodach.
- Sięgnij po aromaterapię, która jest naturalnym sposobem leczenia, wykorzystującym olejki eteryczne do poprawy samopoczucia fizycznego, emocjonalnego i umysłowego. Spróbuj wybrać kilka olejków odpowiednich dla siebie.
- Sprawdź swój kręgosłup. Wiedza na temat kręgosłupa i jego leczenia nazywana jest chiropraktyką. Nie mam cienia wątpliwości, że w kręgosłupie zaklęta jest tajemnica naszego rozwo-

ju duchowego i że odblokowanie stawów oznacza nowe życie dla tkanek. Dopiero dr Wiesław Orłowski z Krakowa, absolutny fenomen polskiej rehabilitacji, „odczarował" odcinki szyjny i piersiowy mojego kręgosłupa. Jego niezwykły sposób oceny i technika leczenia zaburzeń w obrębie kręgosłupa są absolutnie unikalne w dziedzinie terapii manualnej. W czasie kilku sesji zlikwidował on chroniczne przemieszczenia w moim kręgosłupie, co wyzwoliło energię życiową, niezbędną do ruszenia dalej w moim życiu, i zlikwidowało wiele uciążliwych dolegliwości. Ugrzęzłam na lata, tak jak ugrzęzły przemieszczone kręgi, i nawet o tym nie wiedziałam!

- Kolejny milowy krok w swoim rozwoju uczyniłam niedawno po systematycznym, kręg po kręgu, odblokowaniu kręgosłupa nową metodą opracowaną przez australijskiego chiropraktyka Erica McNelly w Sydney. Jego metoda jest absolutnie unikalna – twierdzi, że otrzymał ją od Boga, kiedy bliski był śmierci. W swoich klinikach w Sydney od 30 lat skutecznie leczy najtrudniejsze dolegliwości Australijczyków i przyjeżdżających do niego ze świata cudzoziemców.
- Olejoterapia. W swojej długoletniej praktyce naturoterapeutycznej nie spotkałam bardziej uniwersalnego leku naturalnego niż olej rycynowy (*Palma Christi*, czyli Dłoń Chrystusa). Olejek ten był kiedyś bardzo cennym lekiem, o którym ludzie zapomnieli. Smarując nim chore miejsca lub po prostu stopy pomagamy w przeniknięciu do wnętrza organizmu uzdrawiającej energii. Stosując kompresy na wybrane części ciała (głównie dolną część brzucha i klatkę piersiową), terapeuci amerykańscy od lat osiągają rewelacyjne rezultaty w leczeniu wielu schorzeń.

Najlepszym sposobem zerwania z nawykiem
jest wyrobienie sobie innego.

13. Afirmacje, wizualizacje, medytacje

Wyobraźnia jest potężniejsza niż intelekt.

Albert Einstein

Wykorzystaj potęgę swojego umysłu i ujrzyj siebie w doskonałym zdrowiu. Świadomie połącz się ze źródłem uzdrawiania i naucz się wizualizacji, które zapewnią ci doskonały stan zdrowia.

Zacznij pracować z **afirmacjami**, czyli pozytywnymi stwierdzeniami, które świadomie chcesz zaszczepić w swojej podświadomości. Mów afirmacje na głos, mów je do siebie przed lustrem, pisz je wielokrotnie w ciągu dnia, rozpisz je na kartkach i poprzyklejaj w widocznych miejscach w swoim mieszkaniu – na lustrze, na lodówce itp. Słuchaj pozytywnych afirmacji budujących twoje poczucie własnej wartości. Nagraj je swoim głosem albo słuchaj kaset audio z afirmacjami nagranymi przez narratora, którego głos ci odpowiada.

W swoich **wizualizacjach** używaj żywych kolorów i dynamicznego ruchu. Myśl zdrowo, wyobrażaj sobie siebie w doskonałym zdrowiu, tak się stanie.

Wierzę, że regularna **medytacja** jest niezbędna do zachowania dobrej kondycji psychofizycznej. Najlepiej jest medytować rano – zaraz po przebudzeniu, albo wieczorem – przed pójściem spać. Znajdź dobrego nauczyciela medytacji i po prostu praktykuj, aż stanie się ona twoim codziennym odruchem, takim samym jak mycie zębów. Wierzę, że pierwsza godzina dnia powinna być spędzona w ciszy i w kontakcie z Bogiem, czyli na medytacji. Przeczytaj rozdziały *Moc afirmacji, Moc wizualizacji, O medytacji.*

14. Poproś o pomoc!

Proście, a będzie wam dane.

Proszenie jest ważne dla zdrowia. Proszenie oznacza uznanie własnej wartości i szacunek dla samego siebie. Proszenie rozbudza nadzieję, że spełnią się twoje oczekiwania.

Poproś o pomoc i uzdrowienie swój najwyższy autorytet duchowy. Skierowanie myśli w stronę Źródła, zwanego tradycyjnie Bogiem, może przywrócić równowagę nawet najbardziej schorowanemu ciału. Wielkie uzdrowienia miały miejsce po złożeniu problemu w ręce Ducha Świętego.

Poproś ludzi o pomoc. Chętnie ci pomogą, jeżeli im powiesz, że potrzebujesz pomocy. Wielu ludzi marzy o tym, żeby ci pomóc, lecz nie chce się narzucać. Prośba to pierwszy krok w przedstawieniu swoich potrzeb Bogu, rodzinie, szefowi i przyjaciołom. Oni nie są jasnowidzami! Jeżeli lubisz pomagać innym, daj im tę samą szansę. Nie pozbawiaj ich przyjemności udzielenia ci pomocy!

15. Zakochaj się w życiu... i zdrowiu

Codziennie zadawaj sobie pytanie:
Co mogę dzisiaj zrobić dla swojego zdrowia?

Przyszedł czas na osobiste i planetarne uzdrowienie. Postanów, że utrzymasz wokół siebie tak wysoko wibrujące, ekscytujące pole energii, jak tylko to możliwe. Twój system odpornościowy dostosuje się do tego pola. Takie nastawienie jest ważne nie tylko dla nas, ale i dla naszej pięknej planety. Jeżeli przyjmujesz postawę obronną, to traktujesz każdego, kto się z tobą nie zgadza, jak wroga. Tacy ludzie po dojściu do władzy wydają większą część dochodu narodowego na zbrojenia i przygotowania do wojny. Jednym z najwspanialszych aspektów zdrowienia jest uświadomienie sobie, że jeżeli przestaniemy się bronić, nie będziemy atakowani; że to obrona zaprasza atak. Nie mamy przed czym się bronić. Im więcej z nas przestanie się bronić, tym większa będzie korzyść dla naszej planety w postaci globalnego uzdrowienia, którego tak bardzo potrzebujemy i pragniemy. Nie możemy już oddzielać uzdrowienia pojedynczej osoby od uzdrowienia Ziemi. Jesteśmy jednością, zbiorową nieświadomością, wszyscy jesteśmy częścią siebie nawzajem. Wszystko jest częścią całości. Każdy z nas podjął zobowiązanie ocalenia przed zagładą planety, na której wybraliśmy życie. **Uzdrów siebie, abyś mógł uzdrowić Matkę–Ziemię i zapewnić jej przetrwanie w dobrej kondycji dla następnych pokoleń.**

Teraz jest ten czas. Nie czekaj! Nie zwlekaj! Nie odkładaj! Zrób to teraz! To jedyny moment.

> By przeżyć, trzeba nam czterech uścisków dziennie. By zachować zdrowie – trzeba ośmiu uścisków dziennie. By się rozwijać, trzeba dwunastu uścisków dziennie.
>
> Virginia Satir

Codziennie

Uściskaj 6 osób i codziennie poproś o 6 uścisków, bo 6 + 6 = 12!

Jeżeli chcesz wiedzieć więcej

W podanej na końcu bibliografii sprawdź, proszę, przede wszystkim tytuły dotyczące zdrowia, ale także medytacji i wizualizacji, NLP oraz rozwoju osobistego. Szczególnie polecam:

- Anna Ciesielska – *Filozofia zdrowia* (Anna, 1998).
- Dr Gerald Epstein – *Uzdrowienie przez wizualizację – wyobraźnia kluczem do zdrowia* (Zysk i S-ka, 1996).

- Ewa Foley – *Pudełko inspiracji – 144 afirmacje na kartkach, Karty intuicji i wartości* (ISI, 1997).
- Daniel Reid – *Tao zdrowia* (Dom Wydawniczy Rebis).
- Christina Thomas – *Tajemnice* (Ravi, 1995).
- Christina Thomas – *Przebudzenie duszy* (Ravi, 1996).
- Michał Tombak – *Droga do zdrowia* (Galaktyka, 1999).

Polecam płyty CD:

- Ewa Foley – *Doskonałe zdrowie, piękne ciało; Twórcza wizualizacja; Uzdrawiająca moc kolorów – czakroterapia; Bądź mistrzem swojego życia – afirmacje budujące poczucie własnej wartości; Niebo na ziemi – modlitwy i medytacje; Wybaczanie; Zakochać się w życiu – wykład o radości i akceptacji oraz afirmacje.*
- dr Bożena Figarska –*Leczące afirmacje* (Instytut Rozwoju Umysłu, 1998).
- Dorota Kędzior – *Technika Alexandra* (wyd. autor, 1997).
- Zbigniew Królicki –*Kontrola procesu starzenia* (Wyd. Metoda Silvy, 1998).
- Osho – *Medytacja dynamiczna* (Samira, 1999).
- Jacek Santorski – *Spotkanie z mędrcem* – na kasecie *Bliżej siebie w stresie* (Desiderata, 1997).
- Ewa M. Tęczowska – *Pomoc i wzmocnienie dla chorych* (wyd. autor, 1998).
- Andrzej Wójcikiewicz –*Programowanie swojej przyszłości* (Metoda Silvy, 1998).

oraz

- Ewa Foley – *Wewnętrzny uzdrowiciel. Jak być zdrowym?*

Od Ewy:

Wierzę, że ciało i umysł są dwoma aspektami jednego organizmu. Dolegliwości fizyczne mogą być dla nas wielkim darem, a choroba sprzymierzeńcem, jeżeli tylko będziemy chcieli zrozumieć przesłanie, które przychodzi do nas w ten sposób. *Pokochaj swoją chorobę – ona może utrzymać cię w zdrowiu* to tytuł książki australijskiego lekarza Johna Harrisona, z którym pracowała Louise Hay w czasie swojego procesu zdrowienia. Wierzę, że nasze ciało jest naszym najlepszym nauczycielem. Fizyczne wyzwania, których doświadczamy, mogą uzdrawiać i równoważyć nas w inny, nieuświadomiony do końca sposób. Ten program nagrałam dla tych, którzy chcą świadomie podejść do swojego życia i zdrowia.

Płytę CD Ewy Foley *Wewnętrzny uzdrowiciel* polecam chorym, smutnym i zdesperowanym. Pacjenci stwierdzają, że działa on uzdrawiająco, obniża ciśnienie krwi, regeneruje i uspokaja oraz – co najważniejsze – zmienia ich spojrzenie na chorobę. Uważam, że systematyczne słuchanie tego programu może wzmocnić siły witalne, dać poczucie wewnętrznej harmonii, radości życia. Medytacja spotkania Wewnętrznego Uzdrowiciela była dla mnie wielkim przeżyciem i osobistym doświadczeniem.

lek. med. Ewa Lorek,
Kraków

Zakochaj się w aniołach

Anioł uosabia przeniknięcie do świadomości czegoś nowego, co wyrasta z głębokiej podświadomości.

Carl Gustaw Jung

Anielskie afirmacje z PUDEŁKA INSPIRACJI: „Mój Anioł Stróż jest zawsze przy mnie. Nieskończona mądrość mnie prowadzi. Boska miłość mnie wspiera. Jestem pod boską ochroną. Mam swojego Anioła Stróża. Działam rozważnie i mądrze pod jego przewodnictwem."

Wierzę, że każdy z nas ma swojego Anioła Stróża. Anioły opiekują się nami, uzdrawiają nas, pocieszają lekkim dotykiem niewidzialnych rąk... Jak je wzywać? Prośbą o pomoc. Podziękowaniem płynącym z serca.

Czy pamiętasz radość z posiadania niewidzialnego przyjaciela czy przyjaciółki w dzieciństwie? To, że nikt inny poza tobą nie widział twojego towarzysza zabaw, nie czyniło go wcale mniej prawdziwym. Twój Anioł Stróż jest cały czas blisko ciebie – prowadząc cię, chroniąc, strzegąc, inspirując, kochając... Anioły są dowodem miłości Boga. Ich obecność przy nas przypomina, że nie jesteśmy sami, że czuwają w pełnej gotowości niesienia ludziom pomocy.

Prawie każdy z nas doświadczył uratowania z niebezpiecznej sytuacji przez jakąś niewidzialną siłę. Kilka dni temu po raz kolejny doznałam tego na własnej skórze. Zainspirowało mnie to do włączenia tego eseju do książki.

Rzecz dzieje się w Australii. Jedziemy z Isabel, Polką urodzoną w Argentynie, w odwiedziny do naszej koleżanki, Elżbiety, do Hawks Nest, około 250 km na południe od Sydney. Prowadząca swój samochód Isabel jest zmęczona i rozdrażniona. Jest potwornie gorąco, w samochodzie zepsuła się klimatyzacja. Jak zwykle przed wyruszeniem w trasę, zakładam moją złotą piramidę na samochód, na kierowcę i wszystkich pasażerów – na tylnym siedzeniu siedzi 11-letni synek Isabel – Konrad. Proszę anioły o opiekę w podróży nad nami oraz nad mechanizmem samochodu. Jednak po kilku godzinach jazdy ciągle nie czuję się w pełni odprężona. Coś wisi w powietrzu. Więc proszę moje Anioły o rozpostarcie nad nami skrzydeł.

I nagle na kolejnym rondzie Isabel waha się, zwalnia i zatrzymuje samochód na środku drogi!!! Słyszę pisk opon, przeraźliwy zgrzyt hamulców... i coś uderza w tył naszego samochodu. Oglądam się za siebie i włosy stają mi dęba na głowie. To coś to ogromna cysterna. Uff!! W tym momencie poczułam, że niebiosa naprawdę nade mną czuwają. Samochód nie jest poważnie uszkodzony, zjeżdżamy powoli z ronda. Isabel i kierowca wychodzą zza kierownic swoich pojazdów i... przepraszają siebie nawzajem; pytają się wielce uprzejmie i z prawdziwą troską najpierw o to, czy im się nic nie stało, a potem dopiero o szkody. Oboje są w szoku. Zdumiony kierowca mówi, że nie wie, jak to się stało, iż udało mu się wyhamować swoją 19-tonową cysternę, wiozącą 40 ton litrów benzyny! JA NATOMIAST WIEM. Podczas gdy oni wymieniają swoje dane, ja odchodzę na bok i dziękuję, dziękuję, dziękuję.

Gdy do nich wracam, zastaję uśmiechnięte i rozbawione twarze. Okazuje się, że urodzili się tego samego dnia i miesiąca, on kilka lat wcześniej. Aniołowie musieli dojść do wniosku, że „bliźniacze dusze" nie mogą sobie zrobić krzywdy, że Isabel i Konrad są zbyt cenni dla tej planety, a ja widocznie też jeszcze mam co nieco do zrobienia...

> Aniołowie manifestują swą obecność na bardzo wiele sposobów. Najczęściej komunikują się z nami poprzez nasz wewnętrzny głos, w wizjach i snach lub pod postacią tajemniczych, nieznanych nam ludzi.

Tego samego dnia, już na plaży, w tej przepięknej miejscowości ma miejsce inne wydarzenie. Postanawiam iść poskakać na falach. Patrzę w ocean i wiem, że akurat w tym miejscu jest niebezpiecznie. Fale są bardzo wysokie, ostre, zawracające. Mimo to wchodzę do wody. Zupełnie ignoruję szept anioła, że trzeba pójść około 50 metrów w lewo. Przecież jestem bezpieczna i żyję w bezpiecznym świecie! Ale ocean nie lubi arogancji i głupoty. Prąd błyskawicznie podcina mi nogi i tracę grunt. Niesie mnie na otwarty ocean. Zaczynam się modlić. Błagam o pomoc. Boję się okropnie. Walczę, mimo że wiem, czego uczą od małego we wszystkich szkołach australijskich: nie walcz z prądem, poddaj się i płyń albo idź w poprzek!! Ja oczywiście walczę. Walczę o życie. Jestem przerażona. Modlę się o siłę. Modlę się o życie. Modlę się o cud! I dzieje się cud: czuję lekkie pchnięcie w plecy (jestem przekonana, że to muśnięcie skrzydeł anioła) i łapię grunt pod nogami. Zaczynam iść w poprzek i wychodzę spłakana i wykończona na brzeg. Siadam na brzegu zadyszana obok mojej koleżanki, która nie bardzo uświadamia sobie, co się właściwie wydarzyło, i pogrążam się w modlitwie i zadumie. W tym momencie widzę przed sobą stado delfinów. Dokładnie w miejscu, gdzie przed chwilą walczyłam o życie... Może to one mnie popchnęły? W końcu **delfiny to też anioły.**

Gdybym krzyczał, kto usłyszałby mnie wśród zastępów anielskich?

Reiner Maria Rilke

Jeszcze inne wydarzenie miało miejsce pewnej bardzo wczesnej wiosny w Tatrach. Poszłam samotnie w Dolinę Białego, potem postanowiłam iść dalej, do Doliny Strążyskiej. Duża trasa, ale świetnie się czuję, więc idę. Mam wodę, trochę czekolady i suchary. Jest ślisko i nie mam kolców. Nagle, gdy jestem już dość wysoko, słyszę tupot stóp i zadyszany chłopięcy głos woła: *Proszę pani, proszę pani..!* Zatrzymuję się i patrzę, jak podbiega do mnie mniej więcej 9-letni chłopiec. Jest zdyszany i przejęty. *My z babcią się zgubiliśmy. Babcia została w tyle. Gdzie jesteśmy? Nie mamy map.* Ja mam, więc wracam z nim do babci. Na pieńku drzewa siedzi blada starsza pani. Uśmiecha się na mój widok: *Ja to sobie panią wymodliłam. Bo wie pani, anioły nie zawsze mają skrzydła, anioły to po prostu inni ludzie.* Wzruszona częstuję ją sucharami, czekoladą i wodą. Pozostałą część trasy idziemy razem. Opowiada niezwykle ciekawą historię swojego życia. W schronisku kupuje mi herbatę z sokiem malinowym – wypijamy ją w milczeniu i zadumie. Potem ściskamy się na pożegnanie. Obydwie wiemy, że nasze drogi skrzyżowały się tylko na chwilę i że czas się rozstać. Obydwie mamy poczucie, że wyszłyśmy sobie naprzeciw. W głowie słyszę melodię znanej piosenki: *Idź, zawsze idź w stronę słońca...* i śpiewam do siebie: *Idź, zawsze idź w stronę ludzi...* Do końca życia będę pamiętać, że skrzydła aniołów nie zawsze są widoczne...

Każdy z nas jest aniołem, który ma tylko jedno skrzydło. Jeżeli chcemy wzbić się ponad ziemię, musimy się wziąć w objęcia.

Luciano de Crescenzo

Odkąd tylko pamiętam, mam przy sobie na stałe dwóch opiekunów – jednego z lewej, drugiego z prawej strony. Nazywam ich „chłopakami". Rozmawiam z nimi, proszę o pomoc, daję im „zadania", mówiąc: „Chłopaki, weźcie się do roboty – to przekracza moje możliwości, sama sobie z tym nie dam rady". A oni tylko czekają, zawsze są w pogotowiu. Zwykle odpowiadają: „już się robi". Mają ogromne poczucie humoru. Jest też obok mnie inny Anioł. Nazywa się Zaria. Ona często przypomina mi, że prawdziwe życie to nie jednoaktowy monolog kobiety uwielbiającej melodramat. Jakoś ciągle mam tendencję do pisania podobnych skryptów. Zaria często do mnie przemawia, czasami przeze mnie, lecz nigdy jej nie widziałam. Jest przy mnie od lat – zawsze obecna, zawsze gotowa do pomocy.

> Albowiem każdej duszy pilnuje strażnik.
>
> **Koran**

Anioły nie ukazują się na polecenie, nie lubią się popisywać. Możemy jednak zawsze zwracać się do nich po pomoc, przewodnictwo i inspirację. Na wiele sposobów możemy prosić je o wsparcie. Czasami robimy to nieświadomie poprzez swoje Wyższe Ja, czasami przez świadomą modlitwę czy medytację. Możemy prosić dla siebie, lecz wierzę, że osiągniemy znacznie więcej prosząc dla innych. Dopuść ich obecność do swojej świadomości i spodziewaj się cudów!

> Nasze anioły znają nas bliżej niż nasi rodzice czy partnerzy. Z pasją troszczą się o nasz dobrostan i o to, co robimy, o co się modlimy, co widzimy i co mówimy. Opiekują się życiem i śmiercią każdej komórki, i kochają nas, ponieważ są istotami, które pochodzą od Boga, a Bóg jest miłością.
>
> **Eileen Freeman**

W książkach swoich autorka ta wysuwa tezę, że głębokie osobiste kontakty z aniołami są możliwe tylko wtedy, gdy uświadomimy sobie, że tak naprawdę szukamy głębszego związku z Duchem. **Możemy kochać przesłanie czy posłańca, ale nigdy nie powinniśmy zapominać, kto go wysłał.**

Inna entuzjastka aniołów, Amerykanka Jane Howard, autorka książki *Commune with the Angels – A Havenly Handbook* (Komunia z aniołami. Podręcznik niebiański) pracuje nad ustanowieniem „Dnia Anioła" – który miałby być obchodzony co roku 22 sierpnia.

Niniejszym ogłaszam 22 sierpnia „Dniem Anioła"!

Liczba 22 znana jest w numerologii jako liczba mistrza architekta, mistrza budowlanego. Jane mówi: „Aniołowie wybierają dwudziesty drugi, ponieważ staramy się zbudować coś na ogromną skalę. Obchodzenie tego dnia to budowa mostu między królestwami ludzkości i aniołów. Wybrano sierpień, bo to miesiąc ósmy, a w numerologii liczba osiem to symbol powodzenia i spełnienia, osiągnięcia celu i sukcesu. Anioły wybierają ósmy miesiąc, ponieważ zamierzamy osiągnąć coś na poziomie mistrzowskim. Według aniołów, nadchodzi teraz czas współpracy między królestwem aniołów a królestwem ludzi – żeby ludzie przekonali się, że mogą być ziemskimi aniołami. Jeżeli jakimś słowem można scharakteryzować anioła, to jest nim „służba". My także możemy stać się aniołami w życiu drugiego człowieka: wykonując drobną przysługę, po prostu wyciągając do kogoś rękę".

Motto obchodów „Dnia Anioła":

CHOCIAŻ RAZ KOMUŚ USŁUŻ! BĄDŹ DOBRODZIEJSTWEM W CZYIMŚ ŻYCIU!

Dzisiaj

Bezinteresownie wykonaj jakąś drobną przysługę dla drugiego człowieka. Usłuż komuś. Zrób coś dobrego dla bliskiej osoby.

Popularność aniołów rośnie i coraz więcej ludzi doświadcza ich obecności. Pomagają nam przejść przez czas próby, są źródłem naszej siły. Wydaje się, że czujemy wielką zbiorową potrzebę duchowego przewodnictwa, które jest intymne i bezpośrednie. Nie oczekujmy jednak wiele wsparcia, jeżeli chodzi o anioły, ze strony religii. Świat duchowy odrzuca zasadniczo istnienie tych istot, uważając je za rodzaj literackiej metafory. Nie możemy też liczyć na wiedzę. Anioły zdecydowanie znajdują się poza światem nauki. Każdy z nas musi określić swoje nastawienie do aniołów. Ja wiem, że one istnieją.

Zaproszenie

Zachęcam do uczestnictwa w forum zdobywania wiedzy oraz wymiany myśli na temat aniołów. Napisz do mnie o swoich przemyśleniach i doświadczeniach z aniołami. Jeżeli się zgodzisz, umieszczę twoją opowieść na mojej stronie internetowej i w następnej książce.

Po napisaniu tego tekstu zwróciłam się z krótką modlitwą do Anioła tego rozdziału. Poprosiłam go o przewodnictwo i radę, czy powinnam jeszcze coś napisać o aniołach. Kilka dni później do mojego biura weszła siwa starsza pani, którą od lat uważam za anioła w przebraniu. To Krystyna Ojrowska, legenda polskich uzdrowicieli. Wiele razy zwracałam się do niej o pomoc, gdy chorowałam. Ona robiła mi wtedy zabieg „polarity" i kanapki pięciu przemian. Zawsze po jednym zabiegu byłam zdrowa!

Trochę się śpieszę i nie czas na pogawędki, ale coś nakazuje mi przyciągnąć krzesło i usiąść przy Krysi. Otwiera teczkę leżącą na kolanach i wręcza mi stronę maszynopisu. Mówi, że właśnie to napisała i pomyślała sobie, że może warto, bym to miała. Usta otwierają mi się ze zdumienia i śmieję się głośno, gdy czytam napisany przez nią tekst:

Anioł stróż

Któż Go nie zna? Od dziecka Go znamy, matki uczyły nas modlitwy do Niego od wczesnego dzieciństwa. Ale czy pamiętamy o tym, aby ciągle być z Nim w kontakcie, pytać Go o radę, prosić o ochronę i za Jego pośrednictwem rozwiązywać wszystkie sporne sprawy, rozwiązywać konflikty, pomagać tym, którzy proszą nas o radę?

Moje doświadczenia z Aniołem Stróżem:

Na początku lat 80. jechałam do Żyrardowa. Kiedy siedziałam w poczekalni dworca Warszawa – Śródmieście, zostałam okradziona z torebki, w której znajdowały się dokumenty, pieniądze i bilet kolejowy. Zostałam bez niczego, a w Żyrardowie czekało na mnie wiele osób. Zmartwiona poszłam na milicję, ale powiedzieli mi, że poza sporządzeniem protokołu nie mogą mi pomóc. Zrezygnowałam ze składania doniesienia i prosiłam mojego Anioła Stróża, aby porozumiał się z Aniołami Stróżami wszystkich osób, które zamieszane będą w historię kradzieży, aby nie uczyniły nic złego z moją torebką, nie zniszczyły dokumentów, nie użyły niczego w złych celach. Poszłam do kasy, uprosiłam kasjerkę, aby mi wydała bilet bez pieniędzy, pojechałam do Żyrardowa. Tam wygłosiłam prelekcję, otrzymałam za nią pieniądze i wróciłam do domu. Klucze do domu miałam na szczęście przy sobie.

Ku mojemu zdziwieniu w dziurce od klucza zastałam zwitek papieru, na którym jeden z moich bliskich kolegów poinformował mnie o miejscu znajdowania się mojej zguby. Zatelefonowałam pod wskazany adres, pojechałam z mężem do Pruszkowa i tego samego dnia odzyskałam torebkę z dokumentami i notesem z licznymi adresami. Zabrakło tylko pieniędzy i cenniejszych przedmiotów. Wielka to była dla mnie radość, zaoszczędzono mi wielu kłopotów, wydatków i czasu. Ale najciekawsza była opowieść znalazcy. Moją torebkę znalazł zawieszoną... na uchwycie windy wielopiętrowego budynku, który zamieszkiwał, przyniósł ją do domu, obejrzał dokumenty, znalazł notes z adresami i spośród tysiąca adresów wybrał nabazgrany telefon kolegi, z którym wówczas codziennie się kontaktowałam. Dlatego to on właśnie niezwłocznie przyniósł mi wiadomość. Gdy zastanawiał się, jak mi dać znać o zgubie, jego żona, widząc to, doradzała mu, aby torebkę wyrzucił na śmietnik, gdyż może być posądzony o kradzież i narobi sobie kłopotu. On jednak oglądając moje zdjęcie w dowodzie odrzekł jej: *Nie można tego zrobić tej miłej starszej pani.*

Po upływie tygodnia od tego wydarzenia znów miało miejsce zdarzenie z tą torebką. Czekając na tramwaj, na skrzyżowaniu ulic Broniewskiego i Reymonta obok postoju taksówek, siedziałam na powalonym drzewie czytając; nagle podjechał oczekiwany tramwaj, a ponieważ oprócz torebki miałam torbę na zakupy, chwyciłam ją, zostawiwszy torebkę leżącą na ziemi, i wskoczyłam do tramwaju. Po chwili zorientowałam się, co zaszło, ale nie mogłam zrobić nic innego, tylko wrócić z najbliższego przystanku. Wiedziałam, że jeśli ktoś zaopiekuje się moją zgubą, trudno ją będzie odnaleźć w milionowym mieście. Poprosiłam mego Anioła Stróża, aby załatwił sprawę z Aniołami Stróżami wszystkich osób, które tam będą się znajdować, aby nie ruszyły jej. Wysiadłam z tramwaju na pierwszym przystanku i czekałam na tramwaj w powrotnym kierunku. Trwało to 15 minut, ale byłam spokojna i ufałam; wróciłam i dochodząc już z daleka widziałam leżącą na ziemi torebkę. Stojący nie opodal taksówkarz żartował, co to ja niby mam w głowie, i powiedział: *Już chciałem podejść i wziąć tę torebkę, aby się nią zaopiekować, ale coś mi mówiło: nie bierz tej torebki, nie bierz tej torebki, więc posłuchałem,* a ja odnalazłam zgubę. Od tamtej pory nigdy nie noszę torebki na ramieniu, tylko przewieszoną przez piersi.

O tych zdarzeniach nigdy nie zapomniałam, ale też nie korzystałam z pomocy mego Opiekuna.

Minęło kilkanaście lat i znalazłam się w rozlicznych potrzebach. Wiele spraw się gmatwało, trudno je było pozałatwiać. Dziwne przeszkody nie pozwalały mi na uporządkowanie spraw majątkowych, rodzinnych, właściwie nie wiadomo z jakich powodów. Wiele osób zwracało się do mnie ze swoimi problemami, absorbowało mój czas i uwagę; traciłam energię, a rezultatów nie było. Sama czułam się przytłoczona jakimś ciężarem nie do udźwignięcia. I na spotkaniu przyjaciół zwierzyłam się z tego jednej przyjaciółce, a ona mi na to: Nie załatwiaj tego z pozycji świadomości, ale wszystkie problemy powierzaj swojemu Aniołowi Stróżowi. I własnoręcznie napisała mi w notesie tekst do stosowania we wszelkich problemach:

Mój Aniele Stróżu, pójdź do Anioła Stróża......... i przekaż mu pozdrowienie miłości i pokoju.

Stosuj to ciągle – mówiła dalej – we wszystkich trudnych sprawach własnych i swych bliźnich, nie bierz sobie do serca ich zmartwień i kłopotów, opowieści o chorobach, wypadkach i zmartwieniach, tylko w każdej potrzebie to czyń, a przekonasz się w ciągu krótkiego czasu jak odmieni się twoje życie i tych, z którymi cię los zetknie.

Posłuchałam jej i od tygodnia robię to systematycznie i rzeczywiście przekonałam się, że mówiła prawdę.

Wczoraj załatwiona została sprawa, której mimo wielu trudów nie mogłam ugryźć od 10 lat. Poprawiły się relacje międzyosobowe, a wiele spraw rozwiązuje się bezkolizyjnie. Teraz, gdy jadę tramwajem, autobusem, czy idę ulicą mówię: Mój Aniele Stróżu, pójdź do Aniołów Stróżów wszystkich osób, które się tu znajdują, i przekaż im pozdrowienie miłości i pokoju.

Można ten tekst rozszerzać, modyfikować o całe grupy osób czy narodów, potrzebujących; wiadomo, że otrzymają one pomoc dla nich najbardziej właściwą, bo na wyższym duchowym planie wszystko jest widziane z wyższej duchowej perspektywy. Ten kontakt działa na nas bardzo pozytywnie, uspokaja i nastawia nas przyjaźnie do otoczenia, a to od razu wraca do nadawcy jako nagroda. Nawet nie chce się psioczyć, krytykować i złościć, a świat reaguje na to tym samym. Tak oto można od razu znaleźć Królestwo Boże, które jest w nas.

Spróbuj, a przekonasz się.

Krystyna Ojrowska

Skończyłam czytać i wzruszona ucałowałam ją serdecznie, pytając, czy zgodzi się, by ten tekst został włączony do mojej książki, bo właśnie kilka dni temu poprosiłam anioły o pomoc w dokończeniu rozdziału. Oczywiście, że się zgadzam. Im więcej ludzi, zacznie to stosować, tym lepiej! – powiedziała Krystyna.

Kilka dni później anonimowy Anioł przysłał mi pocztą elektroniczną taką opowieść:

Anioły w podróży – opowieść o tym, jak widzimy Rzeczywistość!

Dwaj podróżujący aniołowie zatrzymali się, aby spędzić noc w domu bogatej rodziny. Ta jednak odmówiła noclegu w gościnnym pokoju swojej rezydencji. Dano aniołom miejsce w zimnej piwnicy. Kiedy już przygotowali sobie posłanie na twardej podłodze, starszy anioł zobaczył dziurę w ścianie i ją naprawił. Kiedy młodszy anioł zapytał, dlaczego to zrobił, starszy odpowiedział: *Rzeczy nie zawsze są takie, jak się wydają.*

Następnej nocy aniołom przyszło nocować w bardzo biednym domu gościnnego farmera i jego żony. Po podzieleniu się niewielką ilością jedzenia małżeństwo pozwoliło aniołom spać w swoim łóżku, gdzie mogły wygodnie odpocząć. Nazajutrz, kiedy wzeszło słońce, aniołowie zobaczyli małżeństwo farmerów we łzach. Ich jedyna krowa, której mleko było jedynym źródłem utrzymania, leżała martwa na polu. Młodszy anioł był wzburzony i zapytał starszego anioła: *Jak mogłeś na to pozwolić!? Pierwszy mężczyzna miał wszystko, a ty mu pomogłeś* – biadolił. – *Ta druga rodzina miała mało, ale chętnie podzieliła się wszystkim, a ty pozwoliłeś ich krowie zdechnąć!*

Rzeczy nie zawsze są takie, jak się nam wydają – odpowiedział starszy anioł. – *Kiedy byliśmy w piwnicy rezydencji, zauważyłem, że w tej dziurze w ścianie schowane było złoto. Jego właściciel był obsesyjnie chciwy i niechętny, by dzielić się swoją fortuną, więc naprawiłem ścianę tak, by nie mógł znaleźć schowka. Kiedy spaliśmy w łóżku farmera, przyszedł anioł śmierci po jego żonę. Ja dałem mu w zamian krowę. Rzeczy nie zawsze są takie, jak się wydają.*

Czasami dzieje się dokładnie tak, kiedy rzeczy nie idą po naszej myśli. Tak jest z losem; musisz zaufać, że wszystko, co cię spotyka, jest zawsze dla twojego najwyższego dobra. Często możesz się o tym przekonać dopiero po pewnym czasie.

Pomyśl

Jeśli było ci bardzo niewygodnie spać dzisiejszej nocy, pamiętaj o bezdomnych rodzinach, które nie mają własnego łóżka.

Nie panikuj, jeśli utknąłeś w korku ulicznym. Są ludzie, którzy nie znają przywileju prowadzenia samochodu.

Jeśli miałeś zły dzień w pracy, pomyśl o ludziach, którzy nie mają pracy od trzech miesięcy.

Jeśli rozpaczasz, że twój związek nie układa się najlepiej, pomyśl o tym, kto nigdy nie zaznał miłości i nie wie, co to znaczy kochać i być kochanym.

Jeśli żałujesz, że znowu minął kolejny weekend, pomyśl o kobiecie w skrajnej nędzy, pracującej dwanaście godzin dziennie przez siedem dni w tygodniu za małe pieniądze, aby nakarmić rodzinę.

Jeśli twój samochód się zepsuł daleko od punktu pomocy drogowej, pomyśl o tych, którzy nie mogą chodzić i marzą, by mieć sposobność pospacerować.

Jeśli zauważysz siwe włosy w lustrze, pomyśl o chorych na raka, ich chemioterapii i pragnieniu, by mieć włosy na głowie. Kiedy dumasz i zastanawiasz się nad tym, czym jest życie, pytając: jaki jest mój cel, bądź wdzięczny, bo są tacy, którzy nie dożyją tak długo, by mieć sposobność o to zapytać.

Jeśli czujesz się ofiarą ludzkiej szorstkości, ignorancji, małości i zaczepności, pomyśl, że mogłoby być gorzej.

Ty mógłbyś przejawiać którąś z tych postaw.

Poczytaj, jeżeli chcesz wiedzieć więcej

- Julia M. Bush – *Moje spotkania z aniołami* (Limbus, 1998).
- David Connolly – *W poszukiwaniu aniołów* (Limbus, 1996).
- Eileen Freeman – *Wybrani przez Anioły; Uzdrowieni przez Anioły* (Limbus, 1995).
- Rex Hauck – *Anioły – tajemniczy posłańcy* (Amber, 1997).

Zakochaj się w książkach

> Jestem częścią wszystkiego, co kiedy-kolwiek przeczytałem.
>
> John Kieran

Czy przeczytałeś ostatnio dobrą książkę? Mam nadzieję, że tak, bo w istocie człowiek jest sumą książek, które przeczytał.

> Czytamy książki, by odkryć, kim jesteśmy. To, co inni ludzie – prawdziwi czy wymyśleni – robią i myślą, i czują, jest bezcennym przewodnikiem w zrozumieniu, kim jesteśmy i kim możemy się stać.
>
> Ursula K. LeGuin

Kocham książki. Kocham czytać. Kocham uczyć się z książek. Będąc małą dziewczynką czytałam całymi nocami z latarką pod kołdrą, bo rodzice gasili po dwudziestej drugiej światło. Nic nie było w stanie mnie powstrzymać. Do dnia dzisiejszego nie potrafię obojętnie przejść obok księgarni. Uwielbiam medytować w księgarniach, chodząc powoli po różnych działach, podnosząc książki, dotykając ich, czując, czytając kilka zdań ze środka, z końca i z początku, kontemplując zdanie, które akurat wpadło mi w oczy. Zawsze noszę przy sobie zeszyt i wpisuję do niego napotkane w moich „pielgrzymkach" po księgarniach cytaty, powiedzenia, moje wglądy, olśnienia i dialogi ze sobą.

Wczoraj spędziłam wiele godzin w mojej ulubionej księgarni ezoterycznej „Soul Life" (Życie Duszy) w jednej z najpiękniejszych dzielnic Sydney, Manly, gdzie mieszkałam przez kilkanaście lat. Mimo że sobie obiecałam, że nie kupię dziś żadnej książki – nie udało się! Niech żyją karty kredytowe! Przyszłam do domu z kilkoma nowymi przyjaciółmi:

1. Ian White, *Australian Bush Flower Healing* (Uzdrawiająca moc kwiatów z australijskiego buszu)
2. *The Art of Happiness* (Sztuka szczęścia), rozmowy dr Howardsa C. Cutlera z Dalajlamą
3. Jamie Sams i David Garson, *Medicine Cards* (Karty mocy), odkrywanie swojej mocy poprzez zwierzęta
4. Germaine Greer, *The Whole Woman* (Pełna kobieta)

Dzisiaj przyszła właśnie kolejna przesyłka z 6 kasetami *Archetypes and Sacred Contracts* (Archetypy i święte kontrakty) wspaniałej Karolinki, nagranymi w czasie jej seminarium w Brunswick w stanie Nowy Jork w roku 1999. Jej najnowsza książka na ten temat ukaże się lada moment.

W ciągu dwóch ostatnich miesięcy przebywając na wypoczynku w Australii przeczytałam:

1. James Redfield, *The Secret of Shamballa* (Tajemnica Szambali), w poszukiwaniu jedenastego wtajemniczenia
2. Richard Bach, *Out of My Mind* (Z mojego umysłu)
3. Jyanla Vanzant, *One Day My Soul Just Opened Up* (Któregoś dnia moja dusza po prostu się otworzyła)
4. Caroline Myss, *The Anatomy of Spirit* (Anatomia ducha)
5. Sarah Ban Breathnach, *Simple Abundance* (Prosta obfitość), codzienna książka zadowolenia i radości

W czasie pisania tego rozdziału codziennie rozkładam aborygeńską wyrocznię marzeń *Oracle of the Dreamtime*. Sztuki dywinacyjne zawsze były mi bliskie. Wyrocznie istniały w każdej kulturze: Chińczycy zasięgali rad *I Cing*, Indianie amerykańscy konsultowali się ze zwierzętami mocy, Celtowie i Słowianie też mieli swoje wyrocznie. Ja, „miejska szamanka", od kilkunastu lat pracuję blisko z runami. Dużo mnie nauczyły. Mądrze wykorzystane, dają dostęp do głębszej mądrości, przekazują istotne wskazówki, zapewniają przewodnictwo. Nie przynoszą one odpowiedzi na wszystkie problemy życia. Nie obdarzają nas magiczną siłą. Oferują natomiast drogowskazy kierujące nami na ścieżkach życia. Wierzę, że runiczna droga życia może wywierać na nas olbrzymi wpływ na wielu poziomach. Wiele z moich najważniejszych kroków uczyniłam zachęcona runami. A zaczęło się od... książki o runach, znalezionej w lokalnej małej księgarni w Canberrze.

Zapamiętaj

Powiedz mi, co czytasz, a powiem ci, kim jesteś.

Teraz już wiesz, kim jestem. Dla mnie książki są tak samo niezbędne jak oddychanie. Jestem wdzięczna, że na świecie jest teraz tyle wspaniałych księgarń i antykwariatów. Uwielbiam szperać w antykwariatach. Kilka dni temu znowu odwiedziłam miejscowy *second-hand bookstore* w Manly. Patrzę w wieczność, bo oto czas się zatrzymał, godziny stały się minutami, a ja jestem zawieszona gdzieś... pomiędzy czasem. Przenika mnie zapach starych książek, skóry wymieszanej ze słodkim, charakterystycznym aromatem używanych książek. Sięgam na półkę, gdzie leżą dokładnie te, których teraz potrzebuję. Siadam na podłodze obok zawsze towarzyszącego mi plecaka (nigdy przecież nie wiadomo, co trzeba będzie do niego zapakować) i znikam w innym świecie. Świecie albumów o delfinach, zamierzchłych cywilizacjach, kryształowych czaszkach, *outbacku* australijskim. Nagle czuję, jak otacza mnie Światło, i pozwalam, aby to Światło mnie prowadziło. Skrzydło Anioła delikatnie popycha mnie w stronę kąta, w którym jeszcze nie byłam. Tam znajduję *Master Your Vibration* (Stań się mistrzem swojej wibracji), klasyka ezoteryczna mistyka brytyjskiego Edmunda Harolda. Otwieram książkę na chybił trafił i patrzę na zdjęcie Jezusa, a na następnych stronach widzę innych Mistrzów, takich jak St. Germain, Kwan Yin, Sanat Kumara, Lady Portia, Djwal Khul, Maha Chohan, Hilarion, Serapis Bey, Kathumi, El Morya, Lady Nada. Jestem głęboko wzruszona, bo przecież w ostatni weekend brałam udział w seminarium australijskiej nauczycielki, mieszkającej od lat w Anglii Sandy Stevenson, która pracuje z Mistrzami. Po raz kolejny postanawiam usunąć słowo „przypadek" z mojego słownika.

W poszukiwaniu właściwej książki towarzyszą mi zwykle następujące słowa: *Boskie przewodnictwo jest moją jedyną rzeczywistością. Boskie przewodnictwo prowadzi mnie do właściwej książki. Zawsze znajduję to, czego szukam, i za to składam podziękowanie.*

Każda pora dnia jest dobra na czytanie. Każde miejsce. Każda wymówka. Czytanie jest jak uzależnienie, tylko że nie ma żadnych negatywnych skutków ubocznych!

Zapamiętaj

Są ludzie, którzy czytają, i ludzie, którzy czytają za mało.

Na końcu tej książki znajdziesz listę pozycji, które warto przeczytać. Ich lektura zmieniła mnie, moje nastawienia, moje zachowania, mój sposób myślenia, związki z ludźmi, moje życie. Do wielu z nich wracam regularnie. Proszę, napisz do mnie, która z nich szczególnie przypadła ci do gustu.

Zakochaj się w poezji

A ty mnie na wyspy szczęśliwe zawieź,
Wiatrem łagodnym włosy jak kwiaty rozwiej, zacałuj,
Ty mnie ukołysz i uśpij, snem muzykalnym zasyp, otumań,
We śnie na wyspach szczęśliwych nie przebudź ze snu.

Pokaż mi wody ogromne i wody ciche,
Rozmowy gwiazd na gałęziach pozwól mi słyszeć zielonych,
Dużo motyli mi pokaż, serca motyli przybliż i przytul,
Myśli spokojne ponad wodami pochyl miłością.

K. I. Gałczyński,
Prośba o wyspy szczęśliwe

Ten wiersz towarzyszy mi od kilkunastu lat. Noszę go w swoim sercu.

Kiedy nie mam czasu na 20-minutową medytację albo na spacer – co zdarza się częściej, niż chciałabym się do tego przyznać – biorę z półki jeden z moich tomików poezji i medytuję nad wierszem czy jedną zwrotką. Na półce mam zawsze: *Piasek i pianę* Kahlila Gibrana, tomiki wierszy Rumiego, Marii Jasnorzewskiej-Pawlikowskiej, Wisławy Szymborskiej, Sylvii Plath, Emily Dickinson, Bolesława Leśmiana, księdza Jana Twardowskiego, Konstantego Ildefonsa Gałczyńskiego. Mam też pisany od lat moją własną ręką tomik z wierszami i aforyzmami. Otwieram wtedy wybraną pozycję na dowolnej stronie i przeznaczam kilka minut na refleksje.

Oczekiwanie

Czekam na ciebie cierpliwie
Czekam radośnie, czekam niecierpliwie
Niecierpliwość serca bijącego mocno
Cierpliwość serca pełnego miłości

Niespełnionej, wyczekanej, wymarzonej
Czystej radosnej i głupiej
Dzisiaj też na ciebie czekam
We śnie obejmuję niewidzialnym uśmiechem
Na jawie podnoszę oczy ku niebu
A w nocy mówię do ciebie otwartym sercem

I czekam na ciebie cierpliwie.

Pozwól, by uzdrawiająca siła poezji oświetliła twoją ścieżkę i twoją duszę.

Zygi, mój współtowarzysz życia, napisał niedawno wiersz, który stał się tekstem piosenki o rozstaniach.

To takie trudne gdy nadchodzi dzień rozstania
Nie umiem mówić Ci jak wtedy smutno jest
Choć za każdym razem znowu jest tak samo
Nie potrafię tego zmienić choć chcę

Czekam że to Ty spakujesz mi walizkę
W drzwiach pociągu szepniesz czule kilka słów
Jak małemu chłopcu otrzesz łezkę dłonią
I z miłością powiesz czas już

Przykro mi, że zbuntowanym byłem chłopcem
I myślałem, że rozstanie boli tylko mnie
To za każdym razem znowu jest tak samo
I nie umiem tego zmienić choć chcę

Nie potrafię się znaleźć w chwili rozstania
Nie potrafię mówić jak bardzo Cię kocham
Natłok uczuć tłumi w gardle wszystkie słowa
Zachłyśnięte łzami serce tęskni już

Za każdym razem, kiedy Zygmunt śpiewa ten wiersz o naszych rozstaniach, przenoszę się na peron Dworca Centralnego w Warszawie i widzę jego smutną twarz w oknie odjeżdżającego do Rzeszowa pociągu. Taka jest moc poezji. Może nas przenieść w czasie.

Poezja zawiera tajemnice, które tylko czekają, żeby je odkrył cierpliwy poszukiwacz prawdy. Prawda tworzy swoją własną poezję. Często tuż przed snem lubię medytować nad jedną zwrotką wybranego wiersza albo proszę Zygmunta, by zaśpiewał mi jedną ze swoich pięknych ballad.

Dzisiaj

1. Udaj się do biblioteki i przynieś kilka wybranych intuicyjnie tomików poezji. Napisz swoją ulubioną zwrotkę na kartce papieru, noś ją ze sobą i naucz się jej na pamięć. To świetne ćwiczenie na wzmocnienie pamięci. (Ja staram się codziennie coś zapamiętać – numer paszportu, konta, numer samochodu rejestracyjnego mojego sąsiada itp.)
2. Napisz swój własny wiersz. Nie mów mi, że jesteś za stary, że nigdy tego nie robiłeś albo że nikt nie jest zainteresowany tym, co masz do powiedzenia.
3. Postanów, że w najbliższej przyszłości udasz się na wieczory poezji, czytanej przez aktorów w kawiarniach, teatrach, bibliotekach.

Poezja nie zna reguł.
Dla tego, kto jej nie poznał,
Śmierć nie zna reguł.

Życie jest wielkim snem bez śladu.
Dostarcza tematu do rozmów tym, którzy lubią regułę.
No trudno... Świeca.

mistrz Kaisen

Od dzisiaj

Codziennie przeczytaj jeden wiersz.
Codziennie napisz jeden wiersz.

WIERSZE AGNIESZKI ŚREDZIŃSKIEJ

A może...

A może by tak
Uwierzyć
W pięknych słów
Prostą moc

A może by tak
Przeżyć
Pełnię dnia
Czerni noc

A może by tak
Dziękować
Za dane nam
Wielkie szczęście
I wciąż i wciąż
Celebrować
duszy najświętsze
miejsce

Codziennie

Brzydnę by wypięknieć
Płaczę by się śmiać
Miotam by wyciszyć
Śpię by potem wstać

Krzyczę by móc szeptać
Łgam by prawdę znać
Wątpię by być pewną
Żyję żeby trwać

Poranek

Spijam z promieni
Wschodzącego słońca
Wiarę w swój czas

Cichą modlitwą
Proszę ogrom nieba
O rozkwit dnia

Niech dziś się uda
Mej prywatnej trójcy
W harmonii trwać

Z otwartym sercem
Świat cały dostać
I siebie dać

Zakochaj się w pulsie życia

> Dobrze widzi się tylko sercem. Najwa-żniejsze jest niewidoczne dla oczu.
>
> Antoine de Saint-Exupéry

Zanim zaczęłam prowadzić w Sydney w Australii w połowie lat 80. Klinikę Terapii Naturalnych, przez wiele lat szkoliłam się w różnych metodach pracy z ciałem, umysłem i oddechem, takich jak hatha-joga, DTMT (Deep Tissue Muscle Therapy), czyli terapia głębokomięśniowa, Body Harmony, dotyk dla zdrowia, kinezjologia edukacyjna, bioenergetyka, Gestalt, medytacja transceden- talna, programowanie neurolingwistyczne (NLP), metoda Silvy, huna, rebirthing. Jednak zawsze najbliższa mojemu sercu była holistyczna terapia pulsacyjna (Holistic Pulsing). Będąca terapią holistyczną, czyli traktującą człowieka jako całość, składającą się z ciała, umysłu i ducha, przynosi wspaniałe rezultaty, więc często stosowałam pulsing w miejsce innych metod terapeutycznych.

Moje pierwsze zetknięcie z pulsingiem miało miejsce w Nowej Zelandii w czasie prezentacji prowadzonej przez izraelską osteopatkę Tovi Browning, autorkę książki *Holistic Pulsing – Gentle Miracles* (Holistyczne Pulsowanie – cud łagodności). Tak zachwyciła mnie ta metoda, że od razu wzięłam udział w warsztatach Tovi, a potem w jej programie instruktorskim. Od tej pory pulsing stał się moją pasją i miłością. Urzekła mnie jego prostota i skuteczność.

W Polsce po raz pierwszy zaprezentowałam pulsowanie w 1990 roku podczas prowadzonych przeze mnie na zaproszenie pani Lucyny Winnickiej warsztatów w Akademii Życia w Warszawie. Terapia ta spotkała się z entuzjastycznym przyjęciem. Wiele osób otworzyło się na nią w piękny sposób i doznało uzdrawiającej mocy tych zabiegów. Kilka lat później na Festiwalu Ezoterycznym w Krakowie przedstawiłam holistyczną terapię pulsacyjną na sali estradowej w Nowohuckim Centrum Kultury. Pokochali ją wszyscy słuchacze wykładu. Odwiedziłam od tego czasu wiele miast w Polsce, ucząc podstaw pulsingu w czasie dwudniowych warsztatów, przeszkoliłam też wielu „pulsatorów". W roku 1995 Telewizja Krakowska nakręciła film pt. *Puls życia* – piękny reportaż z moich warsztatów. Cieszę się, że coraz więcej osób doświadcza przyjemności pulsowania, uczy się świadomości swojego ciała i zważania na innych, absolutnie niezbędnego w czasie sesji. Osoby zainteresowane nauczeniem się pulsowania nie muszą mieć żadnego terapeutycznego przygotowania. W czasie warsztatów uczę podstaw tej metody, przekazuję też dużo wiedzy na temat ciała, ćwiczeń i właściwego odżywiania się.

Czym jest pulsing?

Jest to cała filozofia zdrowia, sposób na życie, metoda, dzięki której odkrywamy swój związek z naturalnym rytmem życia, wodą, swoim pobytem w łonie matki. Jest to podróż, w czasie której każdy aspekt życia ukazuje się nam z perspektywy akceptacji, bezpieczeństwa i łagodności. Uczestniczenie w tym łagodnym, lecz mocnym procesie otwierania serc jest dla mnie źródłem nieustającej i czystej radości.

RYTM W TERAPII

Stosowanie rytmu w celach terapeutycznych było popularne w wielu kulturach zamierzchłej historii. Holistyczne pulsowanie opiera się na metodzie Reicha pracy z ciałem, bioenergetyce Lowena, pulsowaniu Curtisa Turchina, który z kolei był zainspirowany piękną pracą dra Tragera (twórcy trageringu) z rytmem. Podstawą pulsingu jest zasada rytmu i ruchu. Tam, gdzie jest ruch, jest życie; stagnacja to powolna śmierć. Pulsowanie zatem stymuluje życie poprzez bezpośrednią pracę z rytmem, jednocześnie łagodnie usuwając stagnację.

JAK PRZEBIEGA SESJA PULSINGU?

W czasie sesji leży się w ubraniu na łóżku do masażu lub na podłodze. Trzymając pacjenta za nogi, biodra lub ręce, pulsator kołysze ciałem w bardzo specyficzny sposób: w rytm bicia serca płodu w łonie matki (120–160 uderzeń na minutę). W ten sposób u osoby poddawanej pulsowaniu pojawia się stan „przebywania w łonie", czyli pełnego poczucia bezpieczeństwa, ochrony i wsparcia. Pulsowanie jest także jednym z najbardziej precyzyjnych sposobów diagnozowania bloków w ciele, zanim rozwiną się one w problemy zdrowotne, co oznacza, że jest terapią prewencyjną. Mimo że jest to zabieg bardzo łagodny, działa bardzo głęboko. Opiera się na ważnej zasadzie; jest nią nieingerowanie, nieprzyspieszanie, niewywieranie żadnego rodzaju presji czy kontroli. Trzeba wiedzieć, że im bardziej bolesna, obezwładniająca, ingerująca metoda pracy z ciałem, tym bardziej ciało się przed nią broni, zamyka i opiera. Rytm kołysania dostosowuje się do indywidualnego wewnętrznego rytmu pacjenta. Wtedy ciało może otworzyć się na swój uzdrawiający potencjał. Pozwala to na doświadczanie radości, głębokiego relaksu, przyjemności i spokoju. Znikają napięcia, odpływa stres.

Wtedy właśnie kontaktujemy się ze swoim rdzeniem, wewnętrznym źródłem mocy, pokoju i radości, a **układ nerwowy nareszcie odpoczywa**. Niezwykłą zaletą naszego systemu nerwowego jest fakt, że rejestruje on wszystko z ogromną precyzją. Gdy nasz system nerwowy chociaż raz doświadczy radości pełnego głębokiego relaksu, nigdy tego nie zapomina. Dr Benson nazwał to „odruchem relaksacji". Wierzę, że znacznie łatwiej jest dokonać trwałych zmian poprzez przyjemność i radość niż przez ból i cierpienie. Wybór należy do nas!

ELEMENT WODY

Pulsowanie to praca z elementem wody. Nie wszyscy zdają sobie sprawę, że prawie 80 procent naszego ciała to woda; także 80 procent naszej planety stanowi woda, toteż żywioł wody jest dla nas tak istotny. Ciągły ruch stosowany podczas sesji prowadzi do doświadczania w ciele środowiska wodnego. Woda jest przecież zawsze w ruchu, zmienia się i płynie dalej, podczas gdy my często unikamy zmian – pozostajemy tacy sami, ponieważ – jak mówi przysłowie – „lepsze jest znane piekło niż nieznane niebo". Woda, pozornie taka miękka, jest w gruncie rzeczy znacznie potężniejsza od skał! Wystarczy popatrzeć na skalisty brzeg morza – w jaki sposób został ukształtowany? W ten sam sposób w czasie sesji pulsowania nawet najbardziej uparte bloki zaczynają reagować na przepływ energii, odblokowując się i otwierając. Pulsing oddziałuje na wszystkie płyny w ciele: krew, limfę, płyn rdzeniowo-mózgowy.

BLOKI W CIELE

Aby zrozumieć, co mam na myśli, mówiąc o blokach, popatrzmy, jak one powstają. Każde przeżycie i doświadczenie, które było dla nas w niemowlęctwie i dzieciństwie nieprzyjemne czy traumatyczne w fizyczny lub emocjonalny sposób, mogło wywołać szok, a zatem i blok. Często nie pamiętamy tych doświadczeń, ale są one zarejestrowane głęboko w naszej podświadomości. To tak jakby część nas zamknęła się, aby nas chronić. Problem polega na tym, że na ogół zapominamy otworzyć „okiennice" po minięciu niebezpieczeństwa i w ten sposób bloki stają się naszymi problemami! Bloki te mogą ujawniać się w przeróżny sposób: jako napięcia, bóle, stres, choroby, problemy emocjonalne. Powstrzymują nas od bycia w pełni sobą, od bycia całym, spełnionym i szczęśliwym człowiekiem. Oczywiście bloki owe mogą też być naszym największym darem, dzięki któremu uczymy się, rozwijamy, rośniemy w pełnym człowieczeństwie. Pulsowanie pomaga nam w tym dążeniu – w czasie sesji integrujemy swoje doświadczenia.

O zmianach

Holistyczne pulsowanie to nie tylko metoda pracy z ciałem. Jest to cały system wiedzy, który uczy pełnej akceptacji siebie zamiast często obsesyjnego dążenia do zmian. Mój wielki nauczyciel mawiał, że – paradoksalnie – **jedyną drogą do zmiany jest absolutne zrezygnowanie ze zmiany**, czyli pełne zaakceptowanie siebie takimi, jakimi jesteśmy teraz, w tym momencie. Jedynym miejscem, od którego może zacząć się transformacja, jest w pełni zaakceptowane magiczne tu i teraz. Kiedy w końcu będziemy wystarczająco gotowi, aby naprawdę kochać? Wystarczająco doskonali? Wystarczająco szczęśliwi? Wystarczająco zasługujący na zdrowie? Wystarczająco dobrzy? Pulsowanie jest prawdziwie holistyczną terapią, która działa na wszystkich poziomach, we wszystkich wymiarach naszego człowieczeństwa, nie tylko na poziomie ciała.

W jakich przypadkach stosujemy pulsing?

Przede wszystkim w celu doznania natychmiastowego głębokiego relaksu. Także w przypadkach różnego typu schorzeń, redukcji stresu i zintegrowania problemów emocjonalnych. Jednak piękno pulsowania polega w istocie na tym, że niekoniecznie trzeba mieć problem, aby poddać się zabiegowi i zaczerpnąć z sesji ogromne korzyści. Jest to prawdziwy proces odkrywania siebie, rozwoju osobowości i wzrastania – w łagodny i przyjemny sposób. Pulsowanie jest uwielbiane przez wszystkich. Dzieci reagują na to łagodne kołysanie bardzo szybko. Zwierzęta też. Dla starszych osób jest szczególnie korzystne ze względu na to, że ciągły ruch ma leczniczy wpływ na wszystkie stawy. Mają one bowiem tendencję do szybkiego sztywnienia w miarę upływu lat, a pulsujący ruch je naoliwia, stymulując płyn w torebkach stawowych. Pulsowanie może być stosowane jako odrębny zabieg, jako przygotowanie do masażu, w czasie sesji reiki czy rebirthingu. Jest także używane przez psychoterapeutów, psychologów, chiropraktyków i kręgarzy, osteopatów, rehabilitantów, pielęgniarki i terapeutów innych dziedzin.

Kilka lat temu pewna japońska firma skonstruowała aparat do masażu kołyszący rytmicznie ciałem. Robi on furorę w gabinetach fizjoterapii i medycyny naturalnej. Jest to bezcenne i bardzo skuteczne urządzenie w sytuacjach, kiedy nie mamy bliskiej osoby, która skończyła kurs podstawowy, lub przeszkolonego pulsatora w swojej okolicy. Sama jestem właścicielką takiego aparatu i często zaczynam dzień porannym rytmicznym masażem, który dotlenia komórki mojego ciała, daje drenaż limfatyczny i wspaniały relaks. Jednak jestem głęboko przekonana, że maszyna nigdy nie zastąpi ciepła ludzkich rąk, otwartego serca i życzliwego spojrzenia.

W pulsingu stosujemy przed sesją następujące błogosławieństwo miłości i spokoju:

> Obyś zaznał spokoju.
> Oby twoje serce pozostało otwarte.
> Obyś poznał piękno swojej prawdziwej natury.
> Obyś został uzdrowiony.

Zainteresowanych kursem podstawowym oraz listą przeszkolonych przeze mnie terapeutów, praktykujących holistyczną terapię pulsacyjną, proszę o kontakt z biurem ISI.

Zakochaj się w zmianach

Wszystko przemija, prócz zmiany.
Heraklit

Prawem wszechświata jest zmiana. Pory roku przychodzą i odchodzą. Po dniu następuje noc. Nic nie pozostaje takie samo. Po przeczytaniu tej książki i wprowadzeniu kilku małych, a może i kilku olbrzymich zmian w swoim życiu będziesz całkiem inną osobą. Poprzez ciebie dokonywać się będzie pozytywna zmiana w świecie, w którym żyjesz.

Był taki okres w moim życiu, kiedy czułam się ofiarą zmian przeze mnie nie chcianych. Teraz to ja wprowadzam i powoduję zmiany w moim życiu. Przyjaciele żartobliwie mówią, że „Zmiana" to moje drugie imię. Myślę, że moje zmiany wypływają z pozytywnego i bardzo realistycznego podejścia do życia. Proces ten jest wynikiem przekonania, że każda zmiana przynosi ze sobą kolejne osiągnięcia, co jest konieczne dla mojego dobrego samopoczucia i rozwoju.

Tak, jest we mnie potrzeba ciągłej zmiany i doskonalenia się. Wierzę, że proces zmiany jest wyrazem postępu. To, co robię obecnie, nada kierunek zmianom, które wprowadzę w swoje życie. Zmiana musi nastąpić w każdym życiu. Z radością przyjmuję odpowiedzialność za zmianę w moim życiu. Z radością przyjmuję zmiany na wszystkich poziomach mojego życia. Lubię zmiany, bo przynoszą okazję do nauczenia się czegoś nowego i do pozytywnego działania. Jestem wdzięczna za wiele pozytywnych zmian, które już zaszły we mnie i za sprawą moich poczynań. Oczekuję zmian, które mają przyjść, wiedząc, że ciągłością życia jest zmiana.

Zapamiętaj

Życie jest dynamiczne.
Wszystko ulega ciągłej zmianie.

Wierzę, że zmiany popychają nas do działania. Zakochany w życiu człowiek odrzuca w rozsądny sposób to, co stare, i akceptuje nowe. Pozbywając się zbędnego bagażu, wytwarzamy próżnię i przyciągamy nowe fascynujące doświadczenia, nowych ludzi, nową wiedzę, nowe patrzenie, nowe zjawiska.

Dzisiaj

Zrób coś inaczej niż zwykle.
Zmień fryzurę, sposób ubierania, mówienia, zachowania.

Część II

Moc akceptacji

> Wszystko, co w naszym życiu naprawdę zaakceptujemy, zmienia się.
>
> Katherine Mansfield

Czym jest akceptacja? Dla mnie akceptacja to poddanie się okolicznościom, problemom, uczuciom, sytuacji finansowej, wykonywanej pracy, stanowi zdrowia, relacjom z innymi ludźmi, opóźnieniom w realizacji naszych marzeń. Zanim będziemy mogli cokolwiek zmienić w swoim życiu, musimy zaakceptować to, że sprawy mają się dokładnie tak, jak mają być na teraz. Akceptacja to westchnie ulgi dla duszy, zamknięcie oczu w modlitwie, ciche łzy spływające po policzkach. To szept do siebie samej: *W porządku. Wszystko jest w porządku.* Oznacza to dla mnie: *Poddaję się. Prowadź mnie. Pokaż mi drogę, a ja pójdę za tobą. W porządku* także znaczy dla mnie: *Wszystko się ułoży. To po prostu część mojej podróży.*

Zaakceptowanie i pobłogosławienie swoich okoliczności życiowych jest potężnym narzędziem transformacji. Czynniki te stają się magicznym eliksirem duchowym, zapraszającym cuda do naszego życia. Wiele lat temu odkryłam, że to moja nieumiejętność bycia zadowoloną ze swojego życia była przyczyną oporu w stosunku do tego, co działo się w moim życiu w danej chwili. Nauczyłam się, że jeżeli mimo wszystko poddam się rzeczywistości, takiej jaką jest w danej chwili, kiedy zamiast opierania się i zmagania z jakąś sytuacją czy okolicznościami – po prostu ją zaakceptuję, moja dusza odpoczywa z ulgą. Wtedy okazywało się, że umiem otworzyć się na całe dobro i obfitość dostępne dla mnie. Akceptacja niesie ze sobą wielką ulgę i wyzwolenie.

Co dzieje się, gdy zaakceptujemy towarzyszące nam okoliczności? Przede wszystkim odprężamy się i oddychamy z ulgą. Zmienia to naszą wibrację, nasz wzorzec energetyczny, także rytm bicia serca. Wtedy znowu jesteśmy w stanie podłączyć się do nieograniczonej pozytywnej energii wszechświata. Akceptacja także oświetla rzeczywistość – wtedy wyraźniej widzimy swój następny krok.

Bez względu na to, w jakiej jesteś teraz sytuacji życiowej, zaakceptuj ją taką, jaka jest. Powiedz jej TAK. Przyjrzyj jej się uważnie i uznaj to, co jest, co się dzieje. To jest moja brudna kuchnia, tyle ważę, tak wyglądam, tak się odżywiam, tyle mam na koncie, tu teraz pracuję, taki jest mój związek. Taka jest moja rzeczywistość w tym punkcie czasu i przestrzeni. Jest OK. Jest jak jest. To jest moje życie teraz.

Zrezygnuj z walki. Pozwól, aby zaczął się uzdrawiający proces zmiany.

> Życie nie miało być walką.
> (Life was not meant to be a struggle.)
>
> Stuart Wilde

Następnym krokiem jest pobłogosławienie swoich okoliczności życiowych.

Co!? Mam pobłogosławić ten bałagan? – Tak. Jeżeli to konieczne, to przez zaciśnięte zęby, ale**pobłogosław to, co jest**. Wierzę, że ten akt prowadzi do poddania duchowego, które może zmienić trudną sytuację na korzystniejszą. Pobłogosławienie okoliczności swojego życia uczy nas zaufania. Najradośniejsze i najłatwiejsze lekcje mojego życia związane były z pobłogo- sławieniem jego realiów. Jeżeli masz dosyć uczenia się poprzez cierpienie, to sugeruję ci pobłogosławienie swoich trudności jako sposób na uczenie się w bardziej elegancki sposób.

Kiedyś przeczytałam w kazaniu Stelli Terrill Man (lata czterdzieste), że zachęca swoich wiernych do witania każdego dnia następującą afirmacją:

Niechaj będzie błogosławiony ten ranek.

W południe deklaracja brzmi tak:

Niechaj będzie błogosławiony ten dzień.

A wieczorna modlitwa to:

Niechaj będzie błogosławiona ta noc.

Dzisiaj

Doceń wszystkie błogosławieństwa swojego życia.
Zrób swój duchowy remanent.
Spróbuj doliczyć się co najmniej 100 błogosławieństw!

Tak wiele dobrego przydarza się nam codzienne, lecz często w pędzie codziennego dnia nawet tego nie zauważamy, nie uznajemy. Jeżeli napiszesz to na kartce papieru (ja piszę w zeszycie, który zawsze noszę ze sobą), wtedy skupisz uwagę na obfitości już ci dostępnej, co uczyni ją rzeczywistą.

Moc entuzjazmu

Entuzjazm to słowo, uczucie i nastawienie działające cuda. Entuzjazm jest kluczem do osiągnięcia nie tylko wielkich rzeczy, lecz wszystkiego, co warte jest zachodu.

Entuzjazm jest sposobem na życie.
Jest magiczną iskrą, która przemienia pasywne istnienie w aktywne życie.

Entuzjazm czyni każdą pracę łatwą i przyjemną.

Entuzjazm do pracy i wszelkiego działania jest najcenniejszym składnikiem recepty na pomyślne życie. A najważniejszą cechą tego składnika jest to, że może go osiągnąć każdy – bo jest w każdym z nas.

Moc PRZEBACZENIA

> Przebaczenie to współczucie.
>
> **Joan Borysenko**

> Lepiej, żebyś zapomniał i uśmiechał się, niż pamiętał i był smutny.
>
> **Christian Rosetti**

Przebaczanie jest bardzo modne. Zaleca się je w różnych artykułach, książkach lub na kursach poświęconych pracy nad sobą jako uniwersalny klucz do osiągnięcia szczęścia, zdrowia psychicznego, szczęśliwych związków i wiecznego zbawienia. Rozumiem, że celem przebaczenia jest uściśnięcie dłoni (dosłownie lub w przenośni) osobie lub osobom, które przyczyniły się do powstania twojej krzywdy, tak aby móc żyć dalej, nawiązując nowe przyjaźnie z ludźmi, a odrzucając złość, urazę i niechęć.

Nie wiem, czy możliwe jest wyleczenie każdej rany emocjonalnej. Niektóre z nich mogą wyryć tak głęboki ślad, że – podobnie jak rany fizyczne – pozostawiają blizny na bardzo długo, czasem na zawsze. Przykładem tego rodzaju jest śmierć pierworodnego syna mojej mamy, a mojego brata. To jest rana, którą matka nosi w sobie przez całe życie. Ta rana dotyczy też mnie, mimo że nie było mnie na świecie, kiedy czteroletni Miruś zmarł. Myślę, że czasami celem uzdrowienia emocjonalnego nie jest całkowite wyleczenie. Wiem, że moja mama wyzdrowiała po śmierci dziecka na tyle, by móc zrobić z resztą swojego życia to, co chciała. Zapanowała nad smutkiem i rozpaczą, nie straciła wiary, że może zostanie jeszcze kiedyś matką – i urodziła mnie!

> Wszelkie emocjonalne krzywdy mogą przynieść dobre plony.
>
> Gael Lindenfield

Często zastanawiałam się, dlaczego jednym ludziom lepiej wychodzi przebaczenie niż innym, dlaczego niektórzy ludzie po ciosach emocjonalnych, jakie ich spotykały, otrząsali się łatwiej niż inni. Mnie w życiu spotkało wiele ciosów, które spowodowały rany psychiczne. W ich leczeniu bardzo pomógł mi opracowany przez angielską psychoterapeutkę Gael Lindenfield proces, który nazwała „strategią uzdrawiania emocjonalnego". Jest to siedmioetapowy przewodnik po najbardziej skutecznych działaniach, jakie można podjąć, aby wspierać naturalny proces uzdrawiania w każdym stadium. Lindenfield twierdzi, że *aby nastąpiło skuteczne, długotrwałe uleczenie emocjonalne, należy koniecznie przejść pięć pierwszych kroków, a możliwość pokonania dwóch ostatnich to premia.*

Pięć niezbędnych kroków

1. Wnikliwa analiza – zbadanie istoty poniesionej krzywdy.
2. Ekspresja – wyrażenie niektórych uczuć wywołanych przez tę krzywdę.
3. Komfort – przyjęcie wsparcia i zachęty z zewnętrznego źródła.
4. Pocieszenie się – znalezienie sposobów powetowania sobie doznanej krzywdy.

5. Perspektywa – spojrzenie na krzywdę w jej szerszym kontekście.

Dwa kroki dodatkowe

1. Działania zastępcze – wykorzystanie bolesnego doświadczenia w sposób konstruktywny, tak by pomóc samemu sobie, ale przede wszystkim innym.
2. Przebaczenie – udzielenie rozgrzeszenia komuś lub czemuś, co cię zraniło, oraz pozostawienie wszystkiego za sobą.

Poniżej podaję kilka metod pracy związanej z przebaczeniem. Może będziesz musiał wypróbować kilka z nich, by się upewnić, czy są skuteczne.

- Napisz list do osoby, która cię skrzywdziła; po kilku minutach zastanowienia spróbuj wyobrazić sobie, że jesteś w jej skórze (przypomnij sobie też jej zalety), a potem napisz list tak, jakbyś był tą osobą.
- Posłuż się wyobraźnią, aby odbyć wyimaginowane spotkanie z tą osobą. Sukces jest możliwy tylko wtedy, kiedy wprowadzisz się w stan głębokiego odprężenia i poświęcisz pięć do dziesięciu minut na przypomnienie sobie najlepszych cech charakteru tej osoby.
- Przygotuj dwa krzesła i przesiadaj się z jednego na drugie, prowadząc jednocześnie rozmowę. Czasami może być pomocne umieszczenie na jednym z krzeseł zdjęcia czy prośba o to, by towarzyszyła w tym procesie bliska ci osoba, której ufasz.
- Napisz wiersz, piosenkę albo opowiadanie, które wyraża twoje przebaczenie (jeśli zabrzmi nieszczerze i nie popłynie z głę-

bi serca, będziesz wiedział, że poruszasz się jedynie w obszarze „sztucznego przebaczenia"). Zygi napisał muzykę i słowa do pięknego utworu pt. *Wybacz mi*. Śpiewa tę piosenkę tak, że płynie ona z głębi jego serca, a serca słuchaczy otwierają się i promieniują szczęściem. Oto jego wiersz zamieszczony za pozwoleniem autora:

Wybacz mi

Lat upłynęło nie aż tak wiele i choć nie koniec jest to drogi mej
Talię kart życia kładę przed sobą i widzę jak historia smutną jest – dla wielu
Nie spodziewałem się, że tak szybko rozliczenia zrobić przyjdzie czas
Uciec od tego jest już za późno, bo serce nie chce dłużej w bólu trwać – tak wielkim
Wiem to już dzisiaj wiem, że jedynym sposobem, by uwolnić z winy się
Jest me wyznanie i wielka prośba
Aniele Stróżu wspomóż prośby me – gdy błagam...

Wybacz mi, wybacz mi wszystkie chwile, wszystkie czyny
Które serce twe raniły – przez tak wiele dni
Wybacz mi, wybacz mi puste słowa głupie gesty
Zadawane Ci boleśnie – aby zranić Cię
Wybacz mi, wybacz mi, brak szacunku i uwagi
Kiedy byłem niełaskawy – widząc racje twe
Wybacz mi, wybacz mi, wszystkie moje odepchnięcia
Gdy wołały twoje ręce – z prośbą: przytul mnie, i błagam
Wybacz mi, wybacz mi, ciągłe zmiany naszych planów
Bez uprzedzeń tak zrywane – po błazeńsku wręcz
Wybacz mi, wybacz mi, moją nieuważność stale
Drwiącą sobie z twoich żali – aż do duszy łez i błagam
Wybacz mi, wybacz mi, twoje pogwałcone prawa
Gdy ma aura niełaskawa – psuła radość dni
Wybacz mi, wybacz mi, ciągłe słowa mej krytyki
Nieuzasadnionej niczym – większość naszych dni i błagam
Wybacz mi, wybacz mi, moją głupią pewność racji
Nie sprawdzoną w sytuacjach – życia dni

Wybacz mi, wybacz mi, mą agresję, me zacięcia
Które były jak przekleństwa – naszych wspólnych dni i błagam
Wybacz mi, wybacz mi, wszystkie kłamstwa na twój temat
Nieuczciwe, nieprawdziwe – dzisiaj zmienić chcę
Wybacz mi, wybacz mi, moją zimną obojętność
Od której ci serce pękło – krwawiąc aż do dziś

Lat upłynęło nie aż tak wiele i choć nie koniec jest to drogi mej
Talię kart życia kładę przed sobą i widzę jak historia smutną jest – dla wielu
Nie spodziewałem się, że tak szybko rozliczenia zrobić przyjdzie czas
Uciec od tego jest już za późno, bo serce nie chce dłużej w bólu trwać – tak wielkim
Wiem to już dzisiaj wiem, że jedynym sposobem, by uwolnić z winy się
Jest me wyznanie i wielka prośba
Aniele Stróżu wspomóż prośby me – gdy błagam

Pomóż mi, pomóż mi, pomóż dając mi nadzieję
Kiedy błagam o zbawienie Duszy mej
Daruj mi, daruj mi winę, którą choćby całą
Gdybym poniósł to zbyt mało – moich życia dni
Wybacz mi, wybacz mi, swoim sercem wielkim czystym
Zwolnij z świata cieni mglistych – w których nie chcę żyć

- Zasadź kwiat, drzewo albo krzew jako znak twojego rozgrzeszenia.
- Jeżeli osoba, która cię skrzywdziła nie żyje albo nie można się z nią skontaktować, i tak możesz podjąć powyższe działania. Inną formą terapii jest odgrywanie scenek. Wtedy przywołuje się tę osobę „do życia", tak aby mógł zostać przeprowadzony odpowiedni dialog. Możesz posłużyć się tą techniką samodzielnie, ale tylko wtedy, kiedy twoja rana nie jest świeża. Jeżeli masz co do tego wątpliwości, poproś dobrego przyjaciela, aby ci towarzyszył, albo zwróć się do specjalisty.

Pamiętaj, że do przebaczenia nie można się zmusić, można natomiast wiele zrobić, żeby pojawiło się w sposób naturalny. Bardzo pomaga zrozumienie, że sprawca krzywdy nie działał z nikczemnych pobudek, a czasem nawet nie zdawał sobie sprawy ze skutków swojego działania. Pomaga też okazanie prawdziwego żalu i szczere przeprosiny ze strony osoby, która zadała ci ból. Przyjmij je.

> Nie możesz zabronić ptakom smutku krążyć nad twoją głową, ale możesz nie dopuścić do tego, by uwiły gniazdo w twoich włosach.
>
> przysłowie chińskie

Przebaczenie wymaga subtelnej zmiany percepcji, przesunięcia uwagi z różnic na łączące nas podobieństwa. Przebaczenie jest jak czysty deszcz zmywający złe wspomnienia. Przebaczenie jest selektywnym pamiętaniem tylko dobra, którego doświadczyliśmy. W procesie przebaczenia może ci pomóc wizualizacja na mojej kasecie *Wybaczanie*. W czasie tego wewnętrznego procesu wybaczysz sobie, swoim rodzicom i rodzeństwu, Bogu, współpracownikom, znajomym, a na końcu spotkasz się ze swoim Wyższym Ja i zrozumiesz, że nie ma nic do wybaczenia. Robert Coon, mistyk i autor brytyjski z Glastonberry, w czasie wizyty w Polsce, zapytany o przebaczanie, odrzekł: *Jak ja to robię? Kiedy chcę wybaczyć, po prostu wybaczam...*

Po prostu wybacz!

Polecana literatura

- D. Ausburger – *Sztuka przebaczania* (Vocatio, 1995).
- Gael Lindenfield –*Samokontrola emocjonalna* (Amber, 1998).

Płyty CD

- Ewa Foley – *Wybaczanie* (ISI 1994).

Ta medytacja cudownie wpływa na związki z najbliższymi i z sobą samym. Jest doskonałym sposobem na wyczysz-czenie starych spraw z przeszłości. Dopiero wybaczanie uzmysławia nam, jak wielkim ciężarem i własnym wrogiem są żale i urazy, które tłumiliśmy w sobie. Ta kaseta pomogła mi uwolnić się od nich.

Dorota Kędzior,
nauczyciel
Techniki Alexandra

Moc nieba na ziemi

Ten dzień nie istniał w przeszłości i już nigdy nie powtórzy się w przyszłości. Przeszłość minęła, a przyszłości jeszcze nie ma. Jest tylko tu i teraz, ten właśnie moment.

Kim jesteś? Dlaczego tu jesteś? Jaki jest cel dzisiejszego dnia?

Świadomość tego, kim jesteś w tym momencie, jest jedyną ważną rzeczą; poza tym nic nie istnieje. Twoje ego, twoje niższe Ja nie chce, abyś poznał tę prawdę, bo gdybyś to wiedział, odkryłbyś, że jesteś niezniszczalny, że masz wszystko, czego potrzebujesz, i że jesteś doskonały, dokładnie taki, jaki jesteś. Wtedy zrezygnowałbyś ze swojego ego, czyli wiary w swoje ograniczenia, choroby, przyzwyczajenia, wątpliwości, lęki, zmartwienia, problemy... Ta lista jest długa. Żadna z tych cech lub postaw nie wytrzymałaby porównania z tym, kim naprawdę w rzeczywistości jesteś. **Jesteś tym, kim mówisz, że jesteś, i to jest jedyne ograniczenie twojej mocy.** Wybór należy do ciebie. Postanów dzisiaj, że przyjmiesz swoją prawdziwą tożsamość.

> Jak człowiek myśli w swym sercu, takim się staje.
>
> przysłowie

Kiedy mówisz szczerze i z otwartym sercem: *Jestem spokojny* – myśl ta wibruje w całym twoim jestestwie i odczuwasz spokój. **Spokój.** Powiedz to słowo do siebie – *spokój* – i przez chwilę odczuwaj je. Kiedy mówisz ze szczerością: – *Jestem szczęśliwy* – w istocie jesteś szczęśliwy. Odczuj teraz słowo *szczęście* – ono też wibruje, niesie ze sobą uczucie. Gdy mówisz: *Jestem zły* – stajesz się złością. Odczuj słowo *złość*, odczuj jego wibrację. Jesteś tym, kim mówisz, że jesteś.

Myśl wyprzedza uczucie, każde słowo ma wibrację odpowiadającą poziomowi myśli. Snucie spokojnych, szczęśliwych, kochających myśli to myślenie z Bogiem. Myśli te wytwarzają bardzo wysoką wibrację i są dobrze odbierane przez nasze ciało. Myślenie o złości, żalach, niechęci, zmartwieniach, obwinianiu i braku – to myślenie ego. Myśli te mają niską wibrację, powodują dyskomfort w naszym ciele, są nienaturalne i niezgodne z tym, kim jesteśmy. Bóg to miłość, ego to lęk.

To są dwa światy, pomiędzy którymi możesz wybrać. Właśnie te dwa: lęk i miłość. Jeden z nich jest nieprawdziwy. To ty wybierasz swoje uczucia, swoje myśli, czyli także swoją wibrację. Gdy wiesz, kim jesteś, gdy jesteś tego świadomy, wybierasz myśli o miłości. To jest właśnie oświecenie – jest to przede wszystkim rozpoznanie, że wybór należy do ciebie, a następnym krokiem jest myślenie o miłości. To jest właśnie ogłoszenie Twojej prawdziwej tożsamości. Wyboru tego dokonujesz setki razy dziennie. W każdej chwili, w każdym momencie dokonujesz wyboru. Oświecenie to nie jest kwestią chwili. Jest to konsekwentne wybieranie, czucie, okazywanie miłości.

Bóg stworzył wszystko na obraz i podobieństwo swoje, jak więc możesz być niepodobny do Boga? Czy promień słonecz-

ny jest niepodobny do słońca? Bóg jest w nas i jest wszystkim, co mamy w sobie. Cała reszta została wymyślona, zresztą przez nas samych. Ta fałszywa jaźń zwana jest „ego". Tworzą ją myśli oderwane od Boga. Możesz przecież używać swoich myśli w dowolny sposób. Jest to najwspanialsza cecha ludzkiego umysłu.

Jak to się stało, że odeszliśmy tak daleko, że czujemy się zagubieni i przerażeni? Wszystko zaczęło się, gdy wypędziliśmy siebie z ogrodu. Zrobiliśmy to zjadając owoc z drzewa stojącego w rajskim ogrodzie. Było to Drzewo Wiadomości Dobrego i Złego. O tym drzewie Bóg powiedział: *Nie będziesz jadł z Drzewa Wiadomości Dobrego i Złego; w dniu, w którym to zrobisz – umrzesz.* Świadomość dobra i zła to osądzanie, to także separacja i dualizm. Nasz umysł dzieli się w momencie, gdy zaczynamy wydawać sąd, gubimy się i już nic nie wiemy. Gdy wybieramy osądzanie zamiast wiedzy, nasze myśli odchodzą od Boga i widzimy siebie jako odseparowanych. Uczynimy wtedy wszystko, aby nasze ciała były w separacji ze wszechświatem i z nami samymi. Eony lat osądzania, przylepiania etykietek, decydowania, analizowania, planowania coraz bardziej i bardziej oddalały nas od Źródła. Oddalały do tego stopnia, że w końcu uwierzyliśmy, iż jesteśmy tą odseparowaną jaźnią, samotną i przerażoną, próbującą tworzyć bez żadnej świadomości związku z naszym Twórcą.

Wiedza jest naturalnym stanem naszego umysłu, tak samo jak miłość jest najbardziej naturalnym uczuciem. Udawanie, że jesteś inny, niż Bóg Cię stworzył, to wyparcie się swojej prawdziwej tożsamości. Możesz oczywiście udawać, że jesteś ofiarą swoich rodziców, partnera, rządu i tak dalej, i tak dalej... Wszystko to są sytuacje stworzone przez ego. Samoponiżanie, obniżanie swojej własnej wartości – to wersja pokory preferowana przez nasze ego. Samoponiżanie to arogancja, a nie pokora! Nie możesz stworzyć inaczej niż Bóg, ponieważ jesteś jak promień, który jest częścią słońca. Ta odseparowana ego-jaźń nie jest prawdziwa. Jest, bo wierzymy w jej istnienie. Gdy usuniemy tę wiarę, cały system wali się. Tylko ty możesz dokonać zmiany swojej percepcji tego, kim jesteś. Ty jesteś odpowiedzialny za swoje zbawienie i wolność! Możesz to zrobić poprzez zmianę zdania o sobie samym i zmianę myślenia o tym, kim jesteś; poprzez przebaczenie sobie błędnych percepcji, iluzji i samooszukiwania się, czyli tego wszystkiego, co wywołuje poczucie winy. Czujemy się winni, gdyż w głębi duszy wiemy, że to wszystko jest kłamstwem i powodem odseparowania się od siebie samych, od Boga i od miłości. Po prostu zrezygnuj z tego systemu wierzeń i zacznij iść w drugą stronę, w stronę miłości, spokoju i szczęścia. Tylko przez pewien czas możesz udawać, kim jesteś na niby.

Dzisiaj

Zdecyduj, że rezygnujesz z przekonania o istnieniu tej odseparowanej jaźni.

To, co jest nierzeczywiste, nie może być w żaden sposób przemyślane, przeanalizowane, naprawione. Nie możesz przecież naprawić czegoś, co jest nierealne, a to, co jest prawdziwe, nie musi być naprawiane. **Nieprawdziwe jest wszystko to, czego podstawą jest lęk.** Jest to fałszywa rzeczywistość utworzona przez fałszywe przekonania. Rzeczywistość tę można zmienić, ujrzawszy, czym ona naprawdę jest – iluzją i błędnym tworem. Potem odwróć się i idź w przeciwnym kierunku.

Życie to doświadczanie uczuć. Jesteśmy tutaj, aby czuć. Rezultatem uczuć jest kształt świata materialnego. Miłość jest uczuciem, spokój jest uczuciem. Wszystko, co robimy, czynimy w celu doznania wybranego uczucia. Wszystkie nasze pragnienia, życzenia związane są z uczuciami, których chcemy doznać. Uczucia żyją w naszym wnętrzu; nie należą one ani do przedmiotów, ani do tego, co robimy. Ponieważ zgubiliśmy swoją tożsamość, jako duch i współtwórca oddaliśmy swą siłę światu materialnemu. Jeśli myślisz, że będziesz szczęśliwy mając wiele pieniędzy, idealne małżeństwo lub piękne ciało, lub ten kieliszek wódki, lub to ciastko, lub ten narkotyk, wtedy rezygnujesz ze swojej mocy i pozwalasz, aby ta rzecz lub ta osoba miała nad tobą władzę. I znowu jest to odwrócenie prawdy. **Szczęście, spokój i miłość istnieją w twoim wnętrzu.** To ty jesteś nieograniczonym szczęściem, spokojem i miłością. Możesz więc spokojnie dzielić się tymi uczuciami, gdyż nigdy ich nie zabraknie. Czyż to właśnie nie jest Dobrą Nowiną, na którą tak długo czekamy? W gruncie rzeczy, im częściej sięgasz po te uczucia, tym więcej ich masz. One także się zmieniają, przecież to, kim jesteś, nie jest uzależnione od zmieniającej się sytuacji na świecie czy kursu dolara. Dopóki ta prawda w pełni do ciebie nie dotrze, dopóty będziesz pełen lęków i niepokoju. Co się stanie, gdy Twój partner Cię opuści? Co się stanie, gdy zabraknie Ci pieniędzy lub gdy Twoja cera zwiędnie, gdy Twoje ciało zacznie się starzeć. Będziesz wtedy przygnębiony i nieszczęśliwy. **To, kim jesteś, pozostaje niezmienne, jest niezależne od zmiany warunków zewnętrznych.** Poprzez koncentrowanie się na świecie materialnym zagęszczamy i zwalniamy swe wibracje. Przez zmianę koncentracji w kierunku uczuć wchodzimy w czwarty wymiar – wymiar świata duchowego, świata uczuć i jedności. Świat ten nie ma formy, ale kształtuje formę. Teraz możemy odkryć, kim naprawdę jesteśmy, ponieważ w wymiarze tym nie ma ograniczeń. Nie ogranicza nas także ciało. Mamy ciało, ale nie jesteśmy ciałem. W czwartym wymiarze uczuć nie jesteśmy odseparowani od swoich braci i sióstr, zdajemy sobie sprawę, że uczucia są po to, aby się nimi dzielić, a miłość jest naszym wspólnym mianownikiem. Wszyscy jesteśmy miłością. Przyszedł czas, aby każdy człowiek na naszej pięknej planecie był świadom tego faktu. Ty także.

Wybacz innym iluzję o sobie samych, ich zachowania, ich osobowości. To przecież nie jest ich prawdziwa natura. Każdy z otaczających cię ludzi woła o miłość, chce wiedzieć, że jest kochany.

Daj im tę wiedzę, pokazując, że Ty jesteś miłością. Bądź ich nauczycielem, dając przykład: będąc miłością. Na poziomie miłości nie ma separacji. Nie możemy stracić, gdy dajemy, możemy wtedy tylko zyskać.

Zapamiętaj

Miłość to jedyna wartość, która się mnoży, jeśli się ją dzieli!

Nasze ciało jest narzędziem do przekazywania, wyrażania i okazywania miłości. Ciało wyrażające miłość wraca do swojego normalnego stanu idealnego zdrowia i równowagi. Świat zewnętrzny jest wynikiem naszych myśli i uczuć. Uświadomienie sobie tego pomaga zrozumieć, że jesteśmy przyczyną wszystkiego, co wokół siebie widzimy. Pozwala nam wziąć za to odpowiedzialność. Stajemy się w pełni świadomymi współtwórcami, w pełni odpowiedzialnymi za swą rolę w tworzeniu otaczającej nas rzeczywistości. **To ty jesteś reżyserem swojego filmu. To ty piszesz swój własny scenariusz.** Wszechświat zajmuje się szczegółami. Forma to szczegół, twoja praca to szczegół, twoje ciało to szczegół, gdzie i z kim mieszkasz – to też szczegół. W naturalny i płynny sposób wszechświat składa szczegóły w formy dokładnie odpowiadające twoim myślom i uczuciom. Świat materialny to iluzja i halucynacja. Prawdziwy jest twój świat wewnętrzny. Przez wiele lat wmawiano nam, że byt kształtuje świadomość. Być może przyszedł w końcu czas, aby zdać sobie sprawę, że jest odwrotnie, że to **świadomość kształtuje byt**. Zajmowanie się szczegółami w świecie materialnym nie należy do ciebie. Prawdą jest, że w kwestiach tych wykazujesz ignorancję. Planowanie, manipulacja, walka, wymyślanie czy naprawianie to po prostu próby zagrania roli Boga przez ego. Jest to szaleńcze i aroganckie. Przecież na podstawie swoich świadomych możliwości nie mógłbyś kierować funkcjami swojego ciała nawet przez kilka minut. Nie masz pojęcia, jak oddychać, więc dlaczego ubzdurałeś sobie, że jesteś w stanie kierować światem? Rezygnacja z potrzeby kierowania światem to zrezygnowanie z ego i dotarcie do zaufania oraz miłości kosmicznej, miłości Boskiej. Nasze szczęście zależy od zrozumienia, że niewiele możemy zdziałać samotnie. Zrezygnowanie z ego to wybór poczucia szczęścia i rezygnacja ze szcze- gółów. Pozwólmy, aby wszechświat dał nam to, co jest dla nas najlepsze!

Nasza rola w totalnej kreacji polega na akceptacji tego, że jesteśmy tacy, jacy zostaliśmy stworzeni: szczęśliwi, spokojni i kochający. Czy jesteś w stanie dzisiaj podjąć taką decyzję?

Kreowanie jest procesem bezwarunkowym i nie wymagającym wiele wysiłku. Wyraża się przez nas, gdy zdecydujemy, że żyjemy tu i teraz. Wtedy nie musimy nic wiedzieć, planować ani kombinować. Będziemy służyli w najlepszy dla wszystkich sposób. Wszystkie warunki naszej optymalnej roli w planie Boskim są zakodowane w nas. Jesteś doskonały, dokładnie taki, jaki jesteś. Możesz więc rozluźnić się i być po prostu szczęśliwy. W optymalny sposób będziesz wykorzystany w Boskim planie, w sposób najwyższy dla dobra Twojego i wszystkich, którzy Cię otaczają. Zapewniam Cię, że będzie to zdecydowanie cudowniejsze niż jakiekolwiek uknute przez twoje ego plany.

Przecież nie znamy holistycznego planu wobec siebie samych i innych, dlatego też nie jesteśmy w stanie czegokolwiek osądzić. Możemy najwyższej udawać, że osądzamy. Prawdziwa miłość to zrezygnowanie z osądzania. Wyrywkowe fragmenty zgromadzonej przez nas informacji są śmieszne w porównaniu z wiedzą wszechświata. Twoje ego najprawdopodobniej zupełnie teraz wariuje. Zaraz Ci powie, że rezygnacja z twoich osobistych planów i zamierzeń osiągnięcia sukcesów, sławy, pieniędzy, przyjemności będzie ogromną ofiarą. Twoje ego nie pojmuje planu, według którego każdy, łącznie z tobą, uzyska korzyści i wygra.

Nie jest w stanie pojąć koncepcji planu WYGRANA–WYGRANA. A jednak taki plan istnieje. Bądź szczęśliwy i pozwól, aby Bóg prowadził cię według swojej woli. Życie jest takie proste – naprawdę nie ma żadnego znaczenia, co robisz, gdzie idziesz, wszędzie jest twoja parafia. Gdy warunki zewnętrzne będą wymagały zmiany, wszechświat się tym zajmie w twoim imieniu. Zrezygnuj dzisiaj z funkcji kierownika działu szczegółów, złóż dymisję z tej funkcji i bądź szczęśliwy, a zostaniesz wprowadzony na właściwą ścieżkę. Zaufaj sobie. Pracuj z myślą: **Boski plan mojego życia realizuje się teraz.**

Dzisiaj

Postanawiam odczuwać miłość, szczęście i obfitość. Wybieram myśli zgodne z tymi uczuciami, abym przez to pamiętał, kim naprawdę jestem. Dzisiaj postanawiam wyrażać miłość, spokój, szczęście i obfitość, aby przez to nauczyć się tego, czego szczególnie chcę się nauczyć. Dokonuję wyboru widzenia tych uczuć wokół mnie, gdyż to, co postanawiam widzieć, jest darem, który sobie daję. Dzisiaj uzdrawiam siebie i świat, realizuję Boską kreację przez tworzenie Nieba na Ziemi. Pozwalam, aby wszechświat zajął się w moim imieniu szczegółami. Mogę być teraz w pełni zrelaksowany, w pełni świadom, kim jestem i dlaczego tu jestem. Jestem wolny, jestem szczęśliwy. Niech tak się stanie.

Polecana literatura

- Lee Jampolsky – *Leczenie uzależnionego umysłu* (Jacek Santorski & Co.).
- Gerald Jampolsky – *Miłość to wolność od lęku; Miłość – jak tworzyć pozytywne związki.*

Płyta CD

- Ewa Foley – *Niebo na ziemi* (ISI, 1995).

Moc AFIRMACJI

To ty wywierasz największy wpływ na swoje życie. Bądź dla siebie mądrą inspiracją.

Maya Phillips

Afirmacja jest jednym z najważniejszych elementów w tworzeniu naszej rzeczywistości. Afirmacja to mocne pozytywne stwierdzenie, które świadomie się wybiera, żeby zaszczepić je w swoim umyśle w celu uzyskania pożądanego wyniku. Afirmacje stanowią jedną z głównych technik programowania umysłu. Te **pozytywne myśli** wprowadza się do świadomości przez powtarzanie (na głos lub mentalnie), pisanie, czytanie, śpiew, monotonne skandowanie czy słuchanie. Powtarzanie jest konieczne w celu wprowadzenia afirmacji w podświadome struktury pamięci trwałej. Doskonałe rezultaty daje słuchanie kaset audio, na których nagrane są słowa, mające za zadanie utwierdzić nas w korzystnych dla siebie przekonaniach. Kasetę taką najlepiej przygotować samemu, bo wtedy dostosujemy stwierdzenia afirmujące do swoich aktualnych potrzeb. Jedna z moich pacjentek poprosiła swoją bardzo już wiekową mamę, żeby nagrała swoim głosem wybrane afirmacje. Mama była przeszczęśliwa, że mogła to zrobić dla swojej córki, mimo że nie bardzo rozumiała, o co chodzi. Weź z niej przykład i poproś któregoś z rodziców o przeczytanie przygotowanych przez siebie pozytywnych stwierdzeń. To działa jak czarodziejska różdżka! Możesz słuchać tych afirmacji całą noc. Kiedy twój świadomy umysł odpoczywa w czasie snu, podświadomość jest szeroko otwarta i doskonale się uczy.

Afirmacje mogą być stosowane wobec tego, co istnieje obecnie w twojej rzeczywistości lub w połączeniu z wyobrażeniem sobie jakiejś sytuacji, której pragniesz jako już zaistniałej.

1. Zawsze wypowiadaj afirmacje w czasie teraźniejszym (teraz).
2. Zawsze wyrażaj afirmacje w najbardziej pozytywny i osobisty sposób (ja).
3. Im krótsze i prostsze afirmacje – tym bardziej są skuteczne.

Praktyka stosowania afirmacji rozpoczyna zmianę zastarzałej, wytartej, negatywnej „paplaniny" umysłowej na pozytywne idee i koncepcje, a w krótkim czasie może całkowicie przemienić nasze postępowanie i oczekiwania odnoszące się do życia i pozytywnie wpływać na jakość życia. Nawet pięć minut dziennie poświęcone na efektywne afirmacje może przeciwdziałać wpływom wieloletnich nawyków. Od dzisiaj w ciągu dnia bez względu na to, gdzie jesteś – w pracy czy w domu – afirmuj: ***Moja praca jest modlitwą i służy mojemu najwyższemu dobru.*** Afirmacje te zaproszą do twojego życia wiele błogosławieństw. Tak stało się w moim życiu.

Dzisiaj

Napisz 100 swoich własnych afirmacji na małych kartkach papieru. Czytaj te kartki 10 razy dziennie głęboko oddychając, słuchając rytmicznej, radosnej muzyki. 10 x 100 = 1000. Ta praktyka zapewni ci dziennie tysiąc świadomych pozytywnych myśli afirmujących życie!

Zważaj na swoje myśli, stają się wszak słowami.
Zważaj na swoje słowa, stają się czynami.
Zważaj na swoje czyny, stają się nawykami.
Zważaj na swoje nawyki, kształtują charakter.
Zważaj na swój charakter, on staje się Twoim losem.

Frank Outlaw

Twoje afirmacje działają jak gałązki w ognisku. Gdy wstajesz rano, zaczynasz gromadzić energię dnia. Korzystaj ze swoich afirmacji, aby podtrzymywać przepływ energii. Skup się na chwilę, by uznać nieskończone piękno swej istoty oraz swoje miejsce we wszystkim, następnie kontynuuj zwykłe działania.

Stuart Wilde

Afirmacje wg Stuarta Wilde'a

Rano

Jestem osobą obdarzoną mocą i pewnością siebie. Wszystkie wydarzenia dzisiejszego dnia służą mojemu najwyższemu dobru i najwyższemu dobru innych ludzi.
To, czym jestem, jest piękne. Dziś przyciągam tylko piękno oraz świeżość.
Ten dzień jest dniem równowagi. Jestem w pełni świadoma swojego ciała oraz wszystkich jego potrzeb.
To, czym jestem, jest wieczne, nieśmiertelne, wszechobecne i nieskończone.
W każdej chwili swojego życie dostrzegam wyłącznie piękno i siłę.
Cały czas pozostaję otwarta na kontakt ze swoją wewnętrzną jaźnią, a kontakt ów prowadzi mnie ku mej najwyższej ewolucji.
Nie oceniam ewolucji innych. To, jacy są w tym momencie, służy ich najwyższemu dobru.

Wieczorem

Składam podziękowanie za piękno dzisiejszego dnia. Niechaj energia tej nocy przyniesie regenerację i świeże spojrzenie. Niechaj tak się stanie.

MOJE CODZIENNE AFIRMACJE

Ja__________ (tu wstaw swoje imię) jestem wolna i bezpieczna.
Idę przez życie napełniona światłem mojej świadomości.
Jest we mnie tylko dobro i chęć niesienia pomocy. Tylko dobro ma do mnie dostęp.
Światło mojej świadomości przenika mnie i napełnia harmonią.

Magiczne zaklęcie afirmacyjne

Clearia. Crystalia. Vitalia.
Jestem czysta. Jestem silna. Jestem witalna.
Jestem czysty. Jestem silny. Jestem witalny.

Idę przez życie wypełniona światłem swej świadomości.
Pozostaję w harmonii ze wszechświatem i ze sobą.

Każdego dnia pod każdym względem jestem coraz to bardziej, i bardziej, i bardziej ________________ (tu wstaw pragnienie, marzenie, wartość, umiejętność, cechę charakteru).

Jestem miłością.
Jestem światłem.
Żyję w prawdzie.

Każdego dnia wyrażam wdzięczność za wszystkie spływające na mnie błogosławieństwa.

Powtarzaj powyższe stwierdzenia 7 razy pod rząd kilka razy dziennie.

Przykłady afirmacji z „Pudełka inspiracji"*

Miłość wypełnia mnie i przepływa przeze mnie.

Zaufanie rozwiązuje wszystkie problemy.
Ufam. Ufam. Ufam. Bezpiecznie jest zaufać.

Jestem pogodzony/a ze sobą, żyję w przyjaznym i bezpiecznym świecie.

Oddaję wszystkie swoje potrzeby Wyższej mocy. Otwieram się na przewodnictwo.

Mądrość wypełnia moje myśli. Mądrość prowadzi moje działania.

Myślę mądrze. Działam mądrze.

Wybaczam sobie swoją przeszłość. Teraźniejszość jest sukcesem.

Mam w sobie wszystko to, czego potrzebuję do osiągnięcia sukcesu i bycia szczęśliwą.

Zauważam i doceniam cuda, które codziennie dokonują się w moim życiu.

Przyjmuję boskie dary. Dziękuję za szczęście, sukces i wielkie osiągnięcia.

Mój życiowy partner (ka) jest promienną istotą, idącą tą samą drogą, co ja.

Poddaję się miłości i przewodnictwu Ducha Świętego.

Bóg jest we wszystkim, co widzę, bo Bóg jest w moim umyśle.

Każda komórka mojego ciała wypełniona jest światłem, które oczyszcza, uzdrawia i wzmacnia mnie.

Przeszkody nie istnieją w obliczu Prawdy.

---

* Te i wiele innych afirmacji nagrałam w pierwszej (ja) i drugiej osobie (ty) z Bartkiem Topą na kasecie *Zakochać się w życiu.* Słuchanie afirmacji na dwa głosy, męski i żeński, jest bardzo korzystne; daje doskonałe efekty w zmianie przekonań o sobie i o życiu, szczególnie tych „kupionych" w dzieciństwie od mamy i taty.

Życie odradza i odnawia moje ciało.

Każda komórka mojego ciała jest doskonałością.

Mam ważną rolę do spełnienia w życiu mojej planety.

Moja kariera zawodowa przynosi mi dostatek, spełnienie i spokój.

Świętuję moją zdolność do kreowania własnego życia.

Świętuję swoje życie.

Dzisiaj zrobię coś inaczej niż zwykle.

Zasługuję na całe dobro, które codziennie otrzymuję. Idę przez życie świadomie i z entuzjazmem. Wybaczam i wyzwalam.

Sukces jest moim boskim przeznaczeniem. Znam odpowiedź na wszystkie swoje pytania. Wszystkie rozwiązania są we mnie.

Odważnie żyję w czasie teraźniejszym.

Są we mnie odpowiedzi na wszystkie moje pytania.

Przeszłość minęła. Przyszłości jeszcze nie ma. To jest jedyna ważna chwila.

Nie poddam się, dopóki dar tego doświadczenia nie będzie mi ujawniony.

Z łatwością osiągam wielkie rzeczy.

Wszystkie moje marzenia się spełniają.

Dziękuje za moje wspaniałe, spełnione, radosne życie.

Mój umysł zajmuje się tylko konstruktywnymi pomysłami. Świadomie rezygnuję ze wszystkich innych.

Moje ciało i umysł są wolne od choroby. Jestem zdrowy (a).

Świat jest moim zwierciadłem. Wszystko to, co widzę wokół siebie, jest odzwierciedleniem moich myśli i przekonań.

Czas istnieje tylko po to, abym mógł zrealizować swoje pragnienia.

Jestem otwartym kanałem dla mądrości wszechświata.

Jestem czystym kanałem dla Boskich pomysłów.

Cała twórczość wszechświata wyraża się przeze mnie.

Zawsze jestem na właściwym miejscu, o właściwym czasie. Odnoszę sukces zajmując się właściwą sprawą.

Moje ciało i umysł są wyrazem promiennej doskonałości.

Jeżeli chcesz wiedzieć więcej, poczytaj

- Ewa Foley – *Pudełko inspiracji* (ISI, 1998).
- Louise L. Hay – *Możesz uzdrowić swoje życie* (Medium, 1994); *Poznaj moc, która jest w tobie* (Medium, 1996); *Medytacje leczące duszę i ciało* (Medium, 1998).
- Sylwia zur Schmiede – *365 pozytywnych myśli* (Kos, 1998).
- Marina Sisson – *Najpiękniejsza ścieżka życia. Być, działać, mieć* (Medium, 2000).
- Krystyna Wojtynek – *To ja decyduję o moim życiu* (Source, 1995).

Polecam płyty CD

- Louise L. Hay – *101 myśli mocy, Przekraczanie lęków – afirmacje bezpieczeństwa* (ISI, 2000).
- Bożena Figarska – *Jesteś wspaniałym człowiekiem, Poczucie własnej wartości, Leczące afirmacje* (Instytut Rozwoju Umysłu, 1997).
- Ewa Foley – *Bądź mistrzem swojego życia – afirmacje spełnionego życia* (ISI, 1996); *Zakochać się w życiu – wykład o radości życia i inspirujące afirmacje świadomego życia* (ISI, 1997); *Wdzięczność – afirmacje wdzięczności* (ISI, 1995); *Jak radzić sobie ze stresem – bezstresowe afirmacje zdrowia, pomyślności i związków* (ISI, 1997).
- Marina Sisson – *Zwyciężyć lęk i zwątpienie* (ISI, 1999).

Moc wizualizacji

Gdyby Pan Bóg chciał, żeby ludzie byli ograniczeni – nie obdarzyłby ich wyobraźnią.

Albert Einstein

Wyobraźnia, rozumiana dosłownie jako funkcja tworzenia i przywoływania obrazów, jest jedną z najważniejszych, samorzutnie aktywnych funkcji ludzkiej psychiki zarówno na poziomie świa- domym, jak i podświadomym. Tak więc jest to funkcja, która musi być kontro-lowana, jeśli przekracza miarę lub jeśli jest rozproszona; która musi być rozwi-jana, jeśli jest słaba, a która, ze względu na swoją wielką siłę, powinna być spo-żytkowana.

Roberto Assagioli, twórca psychosyntezy

Zapamiętaj

Wizualizacja to umiejętność takiego korzystania z wyobraźni, aby przywołane obrazy stały się rze-czywistością.

Gdy na początku lat 80., mieszkając jeszcze w Australii, po raz pierwszy usłyszałam to słowo, nawet nie wiedziałam, co ono znaczy. Miałam trudności z wypowiadaniem go po angielsku, co niedawno, w czasie mojej kolejnej wizyty w Australii, którą uważam za duchową ojczyznę, przypomniała mi bliska memu sercu Sandy. To właśnie Sandy była przez wiele lat moim specjalnym Aniołem Stróżem w drodze powrotu do siebie i wielokrotnie pomagała mi na zakrętach, dodając otuchy, nadziei i siły, kiedy byłam zmęczona i bliska załamania. Ona też podsuwała mi książki, a ja je połykałam, mając pełną świadomość, że książki mogą zmienić ludzkie życie. Jedną z nich była książka-klasyk *Twórcza wizualizacja* Shakti Gawain. Natychmiast zaczęłam stosować wszystko, co w niej wyczytałam, i moje życie, zdrowie i ciało zaczęły się zmieniać. Tak zaczęła się moja wewnętrzna przygoda z wizualizacjami.

Zapamiętaj

Poprzez wizualizację człowiek może wpływać na stan swego zdrowia i poprawiać jakość życia, uzyskując pozytywne i trwałe rultaty.

Często przed zawodami w czasie treningu sportowcy ćwiczą również swoją wyobraźnię – próbują wyobrazić sobie, jaki na przykład przebieg będzie miał wyścig od startu do mety. Taka wizualizacja, podczas której widzą samych siebie, przebiegających cały dystans od startu do mety, i zwyciężają, jest doskonałym ćwiczeniem umysłu. Metoda kreatywnej wizualizacji daje dobre rezultaty w rzeczywistym biegu. Siła tkwiąca w niej nie jest jeszcze do końca zrozumiała, a mechanizm jej działania nie do końca rozpoznany, ale wydaje się mieć ogromny wpływ na umiejętności i wiarę sportowców w siebie. Tę metodę osiągania sukcesów – poprzez uruchamianie wyobraźni – można zastosować w każdej innej dziedzinie. Można wyobrażać sobie swoją przyszłość, taką jaką chcielibyśmy, aby była, i w ten sposób również ją kreować.

Wizualizację można prowadzić samemu albo, zanim nie nabierzemy wprawy, poddać się wizualizacji kierowanej przez wybranego nauczyciela, który przy dźwiękach łagodnej muzyki pokieruje stopniowo wejściem w stan relaksu, po czym poprowadzi cię przez różne sceny i obrazy w wyobraźni. Umiejętnie przeprowadzony seans daje doskonałe rezultaty w twórczości, skuteczności i efektywności w realizacji celów. Gdy w 1993 roku zaczęłam wizualizować przedsięwzięcie, które wtedy wydawało mi się ogromne i nie do zrealizowania – a dotyczyło wydawania programów edukacyjnych i motywacyjnych mojego autorstwa na kasetach audio – korzystałam z wielu źródeł. **Bardzo pragnęłam, aby niemożliwe stało się możliwe!!** Przeczytałam mnóstwo książek na temat wizualizacji i wzięłam udział w wielu seminariach i warsztatach kierowanej wizualizacji. Przekonałam się, że najlepsze efekty uzyskiwałam stosując podstawowe, najprostsze i krótkie wizualizacje. Chcę podzielić się z tobą wybranymi przeze mnie wizualizacjami. Poproś przyjaciela lub partnera, aby ci je przeczytał, nagraj je swoim głosem lub sprawdź, czy odpowiada ci mój głos. Poniższe wizualizacje nagrałam na kasecie audio pt. *Twórcza wizualizacja.*

> Urzeczywistnione może być wszystko, co można sobie wyobrazić.
>
> mądrość tybetańska

Ugruntowanie

To bardzo proste ćwiczenie, które warto przeprowadzić przed każdą medytacją. Jego celem jest zapewnienie swobodnego przepływu energii przez ciało, usunięcie bloków i mocne ugruntowanie na planie fizycznym. Usiądź wygodnie na krześle lub na podłodze, upewniając się, że masz wyprostowany kręgosłup. Zamknij oczy i skup się na oddechu. Oddychaj powoli i głęboko. Zacznij odliczać od 10 do 1, rozluźniając się coraz bardziej przy każdej liczbie. Gdy dojdziesz do 1, twój umysł będzie spokojny, a ty w stanie przyjemnego relaksu.

Wyobraź sobie, że do podstawy twojego kręgosłupa, czyli do kości ogonowej, przyczepiony jest długi sznur, który przez podłogę wchodzi do ziemi. Możesz wyobrazić to sobie jako korzeń drzewa – głęboko wrastający w ziemię. To jest twój sznur gruntujący. Teraz wyobraź sobie, że magnetyczna energia ziemi płynie przez ten sznur, także przez podeszwy twoich stóp, jeżeli siedzisz na krześle, przepływa przez całe twoje ciało i wypływa przez czubek głowy. Przez chwilę zatrzymaj tę wizualizację. Energia płynie przez twoje ciało z ziemi w górę sznura gruntującego, w bardzo harmonijny, piękny sposób, a potem łagodnie wypływa przez czubek głowy. Niech przepływ będzie stabilny i mocny.

Kiedy w pełni odczujesz ten przepływ, zacznij sobie wyobrażać, że energia otaczającego cię wszechświata wpływa przez czubek głowy i płynie w dół, przez całe ciało, i w dół przez sznur gruntujący. Poczuj obydwa te przepływy, jednocześnie i harmonijnie istniejące w twoim ciele... Oddychaj głęboko w naturalny sposób i odczuwaj energię przepływającą przez ciebie. W górę z ziemi, w dół z kosmosu – płynąc razem, mieszają się harmonijnie w twoim ciele...

Ta krótka medytacja utrzymuje cię w równowadze pomiędzy kosmiczną energią wizji, fantazji i wyobraźni a stabilną magnetyczną energią ziemską planu fizycznego. Zapewnia równowagę pomiędzy poczuciem dobrostanu a siłą kreowania. Teraz, gdy jesteśmy ugruntowani, czując przepływ energii, przeprowadzimy jedną z najbardziej lubianych przeze mnie technik wizualizacji.

Różowa bańka

Pozostając w tym głębokim, odprężonym medytacyjnym stanie umysłu, odczuwając energię płynącą przez twoje ciało, pomyśl o czymś, czego pragniesz w swoim życiu. Może to być cokolwiek: coś, co chcesz, żeby się wydarzyło, rzecz, którą chcesz mieć, doskonałą pracę, doskonałe mieszkanie, związek, o którym marzysz. Coś, czego prawdziwie pragniesz. Lub problem, nad rozwiązaniem którego pracujesz.

Zacznij wyobrażać to sobie tak wyraźnie, jak tylko możesz. Jeżeli nie widzisz obrazu, to też w porządku. Po prostu załóż, że on tam jest, i dodaj jak najwięcej szczegółów dotyczących tej sytuacji, aby było to jak najbardziej realistyczne. Poczuj, że jest to prawdziwe. Tak jakby wydarzało się właśnie teraz. Wstaw siebie w ten obraz. Zobacz siebie cieszącego się tą sytuacją, aktywnie biorącego udział w tym wydarzeniu. Tak, żeby było to jak najbardziej realne dla ciebie. Jakich uczuć będziesz doświadczać w tej sytuacji? Jaką jesteś osobą, mając to wszystko? Odczuwaj to tak, jakby działo się właśnie teraz, w tej chwili.

Teraz oczami wyobraźni otocz swoją wizję pięknym różowym światłem. Zobacz, jak cała ta scena kąpie się w różowym świetle. Wyobraź sobie, że różowe światło otacza tę scenę różową bańką. Upewnij się, że twój cel, twoja wizja jest w środku tej różowej bańki. Różowy jest kolorem serca. Jeżeli otoczysz wibracją tego koloru swoją wizualizację, to przyciągnie on do ciebie to, co jest w zgodzie z prawdą twojego serca i twoim Wyższym Ja. Jak tylko zobaczysz, że cała twoja wizja otoczona jest różową bańką, następnym krokiem jest wypuszczenie tej bańki w kosmos. Wypuść ją, patrz, jak unosi się coraz to wyżej i wyżej... Pozwól, aby różowa bańka odpłynęła w kosmos, gdzie będzie mogła przyciągnąć energie konieczne do realizacji tej wizji.

Nie masz nic więcej do zrobienia. Ciesz się radością z osiągnięcia swojego celu. Kiedy będziesz gotów, weź kilka głębokich oddechów i zacznij wracać do swojej zwykłej, przebudzonej świadomości. Czujesz się spokojnie, zdrowo, witalnie, w doskonałym stanie umysłu.

Uzdrawianie praniczne

To ćwiczenie wizualizacyjne jest doskonałe przed uprawianiem jogi lub po prostu kiedy potrzebujesz dodatkowej energii czy krótkiego regenerującego relaksu. Moje lekcje jogi zawsze zaczynają się od tej właśnie wizualizacji. Zapewnia ona doskonały relaks i ma bardzo pozytywne oddziaływanie na stan zdrowia.

Połóż się wygodnie na plecach w pozycji zamkniętej energetycznie, czyli twoje nogi są wyprostowane i skrzyżowane w kostkach, a splecione palce dłoni lekko spoczywają na splocie słonecznym. Przyjmij teraz tę pozycję. Wyobraź sobie pranę, esencję życia jako złocistą kulę światła zawieszoną nad twoją głową. Poczuj ją, zobacz lub po prostu wiedz, że tam jest. Piękna, wibrująca złocista kula światła nad twoją głową.

Przez chwilę skup się na oddechu. Biorąc kolejny wdech wyobraź sobie, że wciągasz złocisty promień uzdrawiającej pranicznej energii przez czubek głowy do splotu słonecznego, a w trakcie wydechu ta złocista uzdrawiająca prana rozprzestrzenia się w całym twoim ciele, wypełniając złotą wibrującą energią każdą komórkę ciała. Oddychaj w ten sposób przez chwilę. Wdech wciąga ze złotej kuli wypełnionej praną promień do splotu słonecznego, wydech wypełnia całe ciało wibracją tego koloru.

Jeżeli w twoim ciele są miejsca, które są osłabione, które potrzebują uzdrowienia, w których doświadczasz stresu i napięcia – to podczas kolejnego wydechu wyślij ze splotu słonecznego uzdrawiającą pranę kolejno w te miejsca... Nie spiesz się. Masz tyle czasu, ile potrzebujesz.

Możesz to ćwiczenie powtarzać przez kilka minut wielokrotnie w ciągu dnia; doskonale oddziałuje ono też przed zaśnięciem i po przebudzeniu. Po zakończeniu wizualizacji po prostu przeciągnij się i wstań, zwróciwszy uwagę na samopoczucie.

Wspaniałe ćwiczenie na rozpoczęcie dnia

Jest to oczyszczająca wizualizacja wg Gerarda Epsteina, którą najlepiej przeprowadzać wczesnym rankiem, najwyżej przez 3 minuty. Wprawia w dobry nastrój i podnosi barierę immunologiczną. Gerald Epstein poleca rozpoczęcie każdej wizualizacji od trzech długich wydechów przez usta. Wydech powinien być dłuższy niż wdech. Wdech przez nos – normalny, bez wysiłku. Epstein twierdzi, że taki model oddychania pobudza główny, uspokajający nerw w organizmie, czyli nerw błędny. Spróbuj tego sposobu oddychania. Jeżeli zawsze zaczynasz od wdechu, tym razem zaczniemy od wydechu. Już starożytni lekarze i uzdrowiciele odkryli, że świadomość procesów oddychania podnosi czujność i wzmaga koncentrację na procesach myślowych. Innymi słowy, im bardziej uświadamiamy sobie własny rytm oddychania, tym lepiej dostrajamy się do swojego wewnętrznego życia.

Usiądź wygodnie na krześle w pozie faraona. Najlepsze do tego jest krzesło z prostym oparciem, ponieważ wyprostowany kręgosłup pozwala na lepszą koncentrację uwagi. Często pozycja leżąca lub półleżąca wiąże się ze snem i osłabia świadomość konieczną do tworzenia jasnych i wyrazistych obrazów. Wyprostowane plecy pozwalają także swobodnie oddychać: płuca potrzebują bowiem pozycji pionowej, aby w pełni wykorzystać swój potencjał. Siedzisz na krześle – twoje stopy opierają się wygodnie na podłodze. Upewnij się, że ani nogi, ani ręce nie są skrzyżowane, a dłonie swobodnie ułóż na poręczy fotela, na którym siedzisz. Skup się na oddechu. Zamknij oczy. Zrób trzy wydechy. Wyobraź sobie, że opuszczasz dom i wychodzisz na ulicę (jeżeli po drodze napotykasz schody – zejdź po nich w dół). Przejdź przez całą ulicę i zobacz, że schodzisz w dolinę, na łąkę lub do ogrodu. W środku tej doliny znajdujesz złotą miotełkę z piór i inne narzędzia do sprzątania, w zależności od twoich upodobań i rozmachu w procesie oczyszczania. Wybranym przez siebie narzędziem szybko oczyszczasz swoje ciało, nie omijając rąk i nóg. Zwróć uwagę, jak się czujesz i jak wyglądasz, mając świadomość, że sprzątnąłeś wszystkie martwe komórki zewnętrznej strony twego ciała oraz wyrzuciłeś z wnętrza zamęt i przygnębienie.

Teraz odłóż swoje narzędzie pracy. Słyszysz szum strumienia dochodzący z prawej strony. Idź tam i klęknij przy nim. Weź w dłonie chłodną, kryształowo czystą wodę i spryskaj nią twarz, wiedząc, że usuwasz w ten sposób wszystkie zewnętrzne zanieczyszczenia. Potem znów nabierz kryształowo czystą, chłodną wodę w dłonie i wypij ją powoli. Wiesz, że w ten sposób wymywasz wszystkie zanieczyszczenia z wnętrza swego ciała. Czujesz się odświeżony, przebudzony i ożywiony. Teraz wstań znad strumienia i odszukaj drzewo, które rośnie na skraju łąki. Usiądź pod nim. Nad tobą pochylają się gałęzie obsypane zielonymi liśćmi. Potem oprzyj się o pień i wciągnij czysty tlen zarówno ten wydzielany przez zielone liście, jak i unoszący się nad tobą w postaci niebiesko-złotego światła słonecznego. Twój wydech to szary dym nasycony dwutlenkiem węgla. Liście wchłaniają go i zamieniają w tlen, po czym wysyłają przez pień do twojego ciała. Tlen przenika przez pory i dostaje się do środka. W ten sposób stajesz się uczestnikiem procesu oddychania drzewa. Twoje palce rąk i nóg są jak korzenie drzewa. Pobierają z ziemi to, czego potrzebujesz. Potem po prostu wstań i pomyśl, jak się czujesz i jak wyglądasz, Gdy zaczniesz wychodzić z ogrodu, zatrzymaj w sobie jego obraz i wszystko, co tam przeżyłeś. Wróć do domu tą samą drogą, którą wyszedłeś, i usiądź na swoim krześle. Potem zrób wydech i otwórz oczy.

Dzisiaj

W sensie dosłownym przeprowadź oczyszczenie: wyrzuć z domu śmieci lub posprzątaj teren wokół domu, wierząc, że jednocześnie oczyszczasz swoje wnętrze. Kobietom polecam, żeby oczyściły swoje szafy: wyrzuciły lub oddały wszystkie ubrania, w których nie chodziły przez ostatnie dwa lata. To naprawdę działa!

WEWNĘTRZNE SANKTUARIUM

Połóż się lub usiądź wygodnie, upewniwszy się, że masz wyprostowany kręgosłup – to ważne. Gdy leżysz lub siedzisz z wyprostowanym kręgosłupem, energia może swobodnie płynąć przez twoje ciało. Najważniejsze, żeby było ci wygodnie. Zacznij oddychać powoli i głęboko, w naturalny sposób... Oddychając w pełni odczuj siebie. Jak się czujesz? Jak czuje się twoje ciało? Jakich emocji jesteś świadom? Jakiego rodzaju energii doświadczasz w ciele? Niczego nie zmieniaj. Rozluźnij się i po prostu zaakceptuj to, co jest. Wyobraź sobie, że z każdym wydechem pozbywasz się wszystkiego tego, co nie jest ci już potrzebne: odchodzą zbędne napięcia, zdenerwowanie, zmęczenie, irytacja, frustracja. Po prostu pozwól, aby to wszystko opuszczało cię z każdym wydechem...

A teraz wyobraź sobie, że z każdym wdechem przyjmujesz wszystko to, czego pragniesz i co jest ci potrzebne – relaks, spokój, pogodny nastrój, siły witalne, doskonałe zdrowie, miłość, pomyślność... Czuj, jak wypełniasz się tym przy każdym wdechu. Oddychaj tak dalej przez chwilę, przez następną minutę wyobrażając sobie, że wydychasz to, czego nie potrzebujesz, a wdychasz to, co jest ci potrzebne...

Jesteś teraz w głębokim relaksie, twój umysł jest spokojny. To bardzo przyjemny stan. Za chwilę poproszę cię o wyobrażenie sobie sceny w naturze. Zaakceptuj pierwszy obraz, który się pojawi. Ciesz się nim... Nie przejmuj się, jeżeli nie widzisz wyraźnego obrazu. To nie jest konieczne. Po prostu udawaj lub przeczuwaj, że ta scena jest w twojej wyobraźni. Wymyśl ją. Chodzi o to, żeby być jak dziecko, które używa swojej wyobraźni w twórczy sposób. Wyobraź sobie zatem, że jesteś w pięknym miejscu na łonie natury – najpiękniejszym miejscu, jakie kiedykolwiek dane ci było odwiedzić we śnie lub na jawie. Jeżeli takie miejsce nie przychodzi ci do głowy, po prostu je stwórz. Może to być łąka, szczyt góry, las, plaża, brzeg jeziora, może nawet inna planeta. Bez względu na to, jak to miejsce wygląda, odbierasz je jako przyjemne i spokojne.

Zacznij badać to miejsce. Co widzisz? Co słyszysz? Co czujesz? Jakich zapachów jesteś świadom? Jak odbierasz to miejsce? Wyobraź sobie, że naprawdę tam jesteś. Czego doświadczasz będąc tam, rozglądając się wokół? Rób to z radością i przyjemnością. Możesz także dodać to, co jest ci potrzebne, by uczynić to miejsce bardziej sobie bliskim. Być może zechcesz wybudować dom, świątynię lub jakiś inny rodzaj schronienia... Może otoczysz cały ten teren złotym światłem ochrony i bezpieczeństwa? Możesz dodać rzeczy potrzebne ci do własnej wygody. A może masz ochotę przeprowadzić jakiś rytuał, który określi ten rejon jako twoje specjalne miejsce? Od tej chwili jest to właśnie twoje **wewnętrzne sanktuarium.** Możesz do niego wracać, kiedy tylko zechcesz. Wystarczy, że zamkniesz oczy i wyrazisz życzenie znalezienia się tam. To twoje miejsce relaksu i uzdrowienia. To także miejsce specjalnej mocy. Być może zechcesz tam się znaleźć za każdym razem, gdy praktykujesz twórczą wizualizację. Może okazać się, że twoje sanktuarium zmienia się spontanicznie od czasu do czasu lub że sam zechcesz je zmienić... Pamiętaj, że możesz naprawdę użyć swojej twórczej mocy w swoim sanktuarium, doskonale przy tym się bawiąc. Zadbaj o to, by królowało w nim poczucie spokoju, przejrzystości i bezpieczeństwa.

Teraz rozgość się w swoim sanktuarium. Połóż się lub usiądź wygodnie, przygotowując się do wizualizacji celu. Pomyśl o dowolnym celu z jakiejś dziedziny twojego życia. Może to być problem, który chcesz rozwiązać. Coś, co chcesz rozwinąć szerzej lub udoskonalić, czego naprawdę pragniesz. Może to być praca, związek, jakieś twórcze przedsięwzięcie, lepsza sytuacja mieszkaniowa, podniesienie poczucia pewności siebie... Wybierz, nad czym zechcesz się skupić.

Zacznij to sobie wyobrażać dokładnie, tak jak chcesz, żeby było. Nakreśl obraz w umyśle lub nawet stwórz kolorowy film, w którym masz dokładnie to, czego pragniesz. Możesz nazwać to ćwiczenie „Sceną z mojego idealnego życia". W tym idealnym życiu możesz mieć wszystko, czego pragniesz. Jak by to było? Określ jak najwięcej szczegółów, sprawdzając, czy jest wszystko dokładnie tak, jak chcesz. Zaproś do działania wszystkie swoje zmysły... Udawaj, że to się dzieje właśnie teraz. Jakie to uczucie? Jaką osobą jesteś, mając to wszystko?...

Jeżeli w czasie tej wizualizacji pojawiają się jakiekolwiek negatywne myśli – nie odpędzaj ich i nie wypieraj, udając, że ich nie ma. Przeciwnie, zauważ je, uznaj, że są. Pozwól, aby przepłynęły przez twoją świadomość i odpłynęły... podczas gdy ty kontynuujesz swoją wizualizację. Nie tłum swoich negatywnych myśli. Zauważ je. Podziękuj tej części twojej świadomości, która je podsuwa. Lecz nie pozwól, aby myśli te powstrzymały cię od wyobrażania sobie swojego idealnego życia. Mnisi tybetańscy uczyli mantry NETI NETI w celu zneutralizowania negatywnych myśli. Metoda Silvy proponuje słowa SKREŚLAM, SKREŚLAM. Użyj ich, jeśli chcesz, ale dopiero po podziękowaniu.

Teraz – cały czas utrzymując ten obraz idealnego życia – powiedz do siebie jasno i zdecydowanie:

To lub coś lepszego realizuje się teraz w moim życiu
w sposób harmonijny i satysfakcjonujący dla najwyższego dobra
wszystkich w to włączonych. Niech tak się stanie!
Niechaj tak będzie! Tak jest!

Możesz teraz wykorzystać swój spokojny stan medytacyjny i skontaktować się ze swym Wyższym Ja lub Wyższą Inteligencją.

Pewna cząstka ciebie utrzymuje stały kontakt z inteligencją uniwersalną, która wie wszystko. Teraz jest okazja, aby zadać pytanie, poprosić o radę i przewodnictwo. Możesz zapytać o powtarzający się w twoim życiu problem, o coś, czego nie jesteś pewien lub w czym nie masz jasności. Jeśli nie wiem, o co konkretnie zapytać, zwykle po wizualizacji celu pytam:

Jaki jest pierwszy krok, który mam uczynić, aby zrealizować swój cel?
Jaki jest kolejny krok, który mam uczynić, aby zrealizować swój cel?
Czy jest coś, co powinnam teraz wiedzieć, uświadomić sobie?

lub

Co powinnam zrozumieć teraz w moim życiu?

Odpowiedź może pojawić się od razu w formie przeczucia, myśli, wglądu lub nadejdzie do ciebie w ciągu najbliższych godzin czy dni. Możesz wyczytać zdanie w książce, usłyszeć fragment rozmowy w sklepie i tam znajdziesz odpowiedź. Pamiętaj, że zawsze odpowiedzi towarzyszyć będzie poczucie większej świadomości lub wiedzy na ten temat. Bądź uważny.

Jeżeli chcesz wiedzieć więcej

W podanej na końcu tej książki liście lektur sprawdź tytuły dotyczące medytacji i wizualizacji oraz NLP. Szczególnie polecam:

- dr Gerald Epstein – *Uzdrowienie przez wizualizację – wyobraźnia kluczem do zdrowia* (Zysk i S-ka, 1996).
- Shakti Gawain – *Twórcza wizualizacja* (Medium, 1994).

Płyty CD

- Ewa Foley – *Twórcza wizualizacja* (ISI, 1996).

- H. Portalska i M. Portalski – *Wśród lasów i pól* (doskonała kaseta jako podkład do ćwiczeń wizualizacji).
- L. E. Stefański – kasety synchro theta: *Mistyczna podróż do środka ziemi* (Athanor).
- Andrzej Wójcikiewicz (Ken Cosia) – *Przyszłe „Ja"; Programowanie mocy* (Metoda Silvy, 1998).

Moc modlitwy

Więcej rzeczy osiągamy dzięki modlitwie, niż świat jest w stanie wymarzyć.

Alfred, lord Tennyson

Codzienne życie jest modlitwą

Niektórzy z nas wiedzą, że się modlą. Inni myślą, że nie, ponieważ nie padają na kolana rano i wieczorem. Ale przecież siedzą całą noc przy chorym dziecku, robią zakupy dla starszych rodziców, swoją pracą wspierają marzenia tych, których kochają, pomagają przyjacielowi w rozpaczy, towarzyszą przyjaciółce w radości z osiągnięć, troszczą się o swoje ciało i duszę. To też jest modlitwa.

Bez względu na to, czy zdajemy sobie z tego sprawę, czy nie, to modlimy się każdym oddechem, każdym uderzeniem serca, każdym uśmiechem. Modlimy się pragnieniem, oczekiwaniem, tęsknotą, głodem, spojrzeniem, żalem. Modlimy się rozczarowaniem, zniechęceniem, desperacją, niewiarą. Modlimy się złością, wściekłością, zazdrością. Modlimy się przyjemnością, zadowoleniem, szczęściem, radością, uniesieniem. Modlimy się wdzięcznością, uznaniem, akceptacją, ulgą. Modlimy się, kiedy pocieszamy, kiedy wspieramy. Modlimy się, kiedy się śmiejemy.

Modlimy się, kiedy płaczemy. Modlimy się, kiedy pracujemy i kiedy bawimy się. Modlimy się, kiedy kochamy się z ukochanym partnerem i kiedy przygotowujemy posiłek. Modlimy się, kiedy tworzymy dzieło sztuki, malujemy mandalę, zapalamy świeczkę, piszemy książkę czy wiersz, który spłynął z wiatrem inspiracji. **Tak czy inaczej ciągle się modlimy. Codzienne życie jest modlitwą.** To, w jaki sposób żyjemy, celebrujemy, szanujemy życie, jest modlitwą. Po prostu jedne modlitwy są lepsze od innych. Świadoma modlitwa jest najlepsza. Świadome życie jest piękne.

> Najbardziej zaawansowaną modlitwą jest kon-
> - templacja, która niesie poczucie zjednoczenia z Boską energią i wszechistnieniem.
>
> ks. Justin Belitz

W swojej najczystszej formie modlitwa jest rozmową, komunią, zjednoczeniem, intymnością. Modlitwa jest rozmową z boskością. Modlitwa jest autentyczną konwersacją, bo możesz powiedzieć, co tylko chcesz, jak tylko chcesz, bo możesz wyrazić wszystko tak, jak chcesz to wyrazić, i nikt nie będzie ciebie osądzał ani oceniał. Nie ryzykujesz utraty miłości. Nie musisz precyzyjnie dobierać słów, bo wiesz, że bez względu, jak to powiesz, i tak będziesz zrozumiany. Zanim otworzysz usta, Duch już wie, co zamierzasz powiedzieć, o co poprosisz, co wykrzyczysz, o co będziesz błagać, czym się pochwalisz.

Oscar Wilde mawiał, że w życiu są tylko dwie tragedie: nieuzyskanie tego, o co się modlisz, i uzyskanie tego, o co się modliłeś. Często wydaje nam się, że nasze modlitwy pozostają bez odpowiedzi. To dlatego, że modlimy się nie o to, co trzeba. Modlimy się, aby nasze życie dzieliła bratnia dusza (ostatnio modniejszy jest bliźniaczy płomień – *twin flame*), zamiast modlić się o łaskę stania się taką kobietą, z którą nasza bratnia dusza będzie chciała iść na randkę. Modlimy się o sukces, zamiast prosić o poczucie autentycznego spełnienia i szczęścia. Modlimy się o więcej pieniędzy, podczas gdy wystarczy zmienić swe nastawienie do nich. Modlimy się o konkretne rezultaty, zamiast modlić się o utrzymanie wewnętrznej równowagi bez względu na to, jakie osiągniemy rezultaty w danej sprawie.

> Istotą wolności człowieka jest jego zdolność do zajęcia określonej postawy wobec konkretnych zdarzeń.
>
> Victor Frankl

Tak naprawdę zawsze otrzymujemy odpowiedź na nasze modlitwy. Tylko często nie podoba nam się, że NIE jest tak samo dobrą odpowiedzią na nasze prośby jak TAK. Czasami odpowiedzią na prośbę jest TAK, a czasami NIE. Wyobraźmy sobie nieszczęścia, jakie mogłyby się wydarzyć, gdybyśmy mówili TAK na każdą prośbę małego dziecka...

Jeżeli nasze modlitwy pozostają bez odpowiedzi, to trzeba zapytać, czy modlimy się o właściwą rzecz. Trzeba poprosić, by przyszła do nas ta właściwa modlitwa, by została nam przekazana w jasny i zrozumiały sposób.

Większość tradycji religijnych od dawna utrzymuje, że modlitwa zawiera potencjalną moc leczniczą. Jednak medycyna naukowa traktowała takie podejście jako zabobon. Pojawili się jednak w tej dziedzinie nauki badacze modlitwy.

> Ci naukowcy – klinicyści przedkładają nam znaczące dowody na to, że umysł nie jest strukturą wyłącznie umiejscowioną i może wpływać na materię w sposób decydujący – sposób, który dla osoby chorej może być kwestią życia lub śmierci.
>
> dr Larry Dossey

Pacjenci chorzy na serce szybciej wracają do zdrowia, jeśli inni się za nich modlą – taką konkluzję zawierał raport przedstawiony podczas kongresu kardiologów, który odbył się kilka lat temu w Dallas. Zaprezentowane przez lekarzy wyniki eksperymentu, zdaniem wielu naukowców, graniczą z magią, szarlatanerią, lub określając łagodniej, powinny stanowić dowód wiary, a nie przypadek medyczny. Poruszenie lekarzy w Dallas było ogromne, zważywszy, że pamiętali dokładnie treść raportu przedstawionego 13 lat wcześniej przez dra Randy Byrda, kardiologa, profesora uniwersytetu kalifornijskiego. Dr Byrd podczas seminarium naukowego w Miami przedstawił wyniki swych badań prowadzonych w szpitalu w San Francisco, które nazwał „naukową oceną działania Pana Boga". W testowanej grupie znajdowało się 192 pacjentów, a w zespole kontrolnym 210. Nikt nie wiedział o prowadzonym eksperymencie. Wszyscy byli obserwowani przez rok. Sam dr Byrd, praktykujący katolik, polecił obcym osobom w różnych miejscach Stanów Zjednoczonych modlić się o zdrowie tych chorych, których nazwiska im podał. Grupy modlitewne znały imiona pacjentów i krótkie informacje o ich stanie. Grupy te poproszono o codzienne modlitwy, lecz nie przekazano im żadnych wytycznych, jak się modlić. Każda z osób w grupie modliła się za wielu różnych chorych, lecz za każdego pacjenta biorącego udział w doświadczeniu modliło się 5-7 osób. Badanie było przeprowadzone zgodnie z najsurowszymi kryteriami stosowanymi w badaniach klinicznych, co oznacza, że było ono losowe, prospektywne, podwójnie ślepe, w którym ani pacjenci, ani lekarze i pielęgniarki nie wiedzieli, do jakiej grupy który z chorych należy.

„Rygorystycznie kontrolowane badanie kliniczne wykazuje, że modlitwa może być skuteczną siłą w procesie leczenia" – powiada dr Larry Dossey. Wyniki były zaskakujące. Pacjentów, za których się modlono, omijały poważne komplikacje pooperacyjne. Różnili się oni od pozostałych pod wieloma względami. Eksperyment dokładnie opisano w magazynie „Medical Tribune". Wywołał on wiele kontrowersji w świecie medycznym. Energia spirytualna czy boska? – pytano. W najbliższej przyszłości eksperyment będzie powtórzony. Tym razem zostanie zwiększona liczba pacjentów. Grupa będzie liczyła 1500 osób. Aktualnie poszukuje się chętnych do modlitwy.

Polecam

- John Holmstrom – *Kiedy modlitwa jest wysłuchana* (Limbus, 1997).

Dzisiaj

1. Postanów, że pomodlisz się za osobę, która potrze-buje pomocy.
2. Spędź chwilę w ciszy i skupieniu modląc się za bliską ci osobę – za swoje dziecko, rodzica, partnera.
3. Przeczytaj podane na kolejnych stronach modlitwy. Wybierz tę, która ci najbardziej odpowiada. Czytaj ją na głos codziennie przez 21 dni.

Niechaj słońce zawsze rozjaśnia twoją drogę
i niech otacza cię miłość,
a twoje wewnętrzne światło
niech prowadzi cię przez życie.

Modlitwa znaleziona w katedrze w Chester, w Anglii

Daj mi umysł wolny,
który nie skamle, nie jęczy i nie narzeka.
Pozwól, abym nie martwił się zbyt wiele
sprawami błahymi i małymi.
Obdarz mnie, Panie, poczuciem humoru,

łaską rozumienia żartu.
Spraw, abym dzięki temu zaznał w życiu szczęścia
i przekazał je następnym pokoleniom.

O Panie, spraw, abyśmy nigdy nie zapomnieli, ile dobra nam zesłałeś. O Boże, obdarz nas wdzięcznym sercem, abyśmy nigdy nie tracili czasu na narzekania.

św. Tomasz z Akwinu

Panie, Ty wiesz lepiej, aniżeli ja sam, że się starzeję i pewnego dnia będę stary. Zachowaj mnie od zgubnego nawyku mniemania, że muszę coś powiedzieć na każdy temat i przy każdej okazji. Odbierz mi chęć prostowania każdemu jego ścieżek. (...) Szkoda mi nie spożytkować wielkich zasobów mądrości, jakie posiadam, ale Ty, Panie, wiesz, że chciałbym zachować do końca paru przyjaciół. Wyzwól mój umysł od niekończącego brnięcia w szczegóły i daj mi skrzydła, bym w lot przechodził do rzeczy. (...) Użycz mi chwalebnego uczucia, że czasem mogę się mylić. Zachowaj mnie miłym dla ludzi, choć z niektórymi z nich doprawdy trudno wytrzymać. Nie chcę być świętym, ale zgryźliwi starcy to jedno ze szczytów osiągnięć szatana.

św. Tomasz z Akwinu

Hinduska modlitwa Gayatri

Ty, które jesteś źródłem wszelkiej mocy,
Którego promienie oświetlają cały świat,
Oświetl także moje serce,
Tak, aby ono też mogło wykonywać twoją pracę.

Odmawiając Gayatri, wyobrażaj sobie promienie słońca zalewające cały świat, wchodzące do twojego serca, potem wypływające z twojego ośrodka serca z powrotem w świat.

Panie, uczyń mnie instrumentem Twojego pokoju.
Tam, gdzie istnieje nienawiść, pozwól mi siać miłość.
Gdzie krzywda, wybaczenie.
Gdzie wątpliwość, wiarę.
Gdzie rozpacz, nadzieję.
Gdzie ciemność, światło.
A gdzie smutek, radość.
O Święty Władco, spraw, abym nie tyle poszukiwał pocieszenia, co pocieszał;
Nie tyle szukał zrozumienia, co rozumiał;
Nie tyle szukał miłości, co kochał;
Ponieważ poprzez dawanie otrzymujemy,
Poprzez wybaczanie sami uzyskujemy przebaczenie,
A poprzez śmierć rodzimy się do życia wiecznego.

św. Franciszek z Asyżu

Od nierealnego prowadź nas ku Realnemu. Od ciemności prowadź nas ku Światłu. Od śmierci prowadź nas ku nieśmiertelności.

Upaniszady

Proszę, daj mi pogodę ducha, abym godził się z tym, czego zmienić nie mogę, odwagę, abym zmieniał to, co zmienić mogę, i mądrość, abym odróżniał jedno od drugiego.

Wielka inwokacja

Ze źródła światła, co w Boskiej jest myśli
Jasność spływa na ludzkie umysły
Światłości obejmij Ziemię.

Ze źródła miłości w Samym Sercu Boga
Miłość spływa w małe ludzkie serca.
Niechaj miłość powróci do nas.

Ze źródła Siły ci, co wolę Boga znają,
Prowadzą ludzki zamiar, ludziom pomagają
Wyłonić Plan, któremu służą.
Niechaj poprzez wolę wszystkich dobrych ludzi
Plan miłości i światła do życia się budzi
By zawrzeć wrota przed złem
Oby Światło, Miłość i Siła
Plan tej Ziemi przywróciła (3 razy)

Desiderata

Krocz spokojnie wśród zgiełku i pośpiechu – pamiętaj, jaki pokój może być w ciszy. Tak dalece jak to możliwe, nie wyrzekając się siebie, bądź w dobrych stosunkach z innymi ludźmi. Prawdę swą głoś spokojnie i jasno, słuchaj też tego, co mówią inni, nawet głupcy i ignoranci, oni też mają swą opowieść. Jeśli porównujesz się z innymi, możesz stać się, próżny lub zgorzkniały, albowiem zawsze będą lepsi i gorsi od ciebie. Ciesz się zarówno swymi osiągnięciami, jak i planami. Wykonuj z sercem swą pracę, jakakolwiek by była skromna. Jest ona trwałą wartością w zmiennych kolejach losu. Zachowaj ostrożność w swych przedsięwzięciach – świat bowiem pełen jest oszustwa. Lecz niech ci to nie przesłania prawdziwej cnoty, wielu ludzi dąży do wzniosłych ideałów i wszędzie życie pełne jest heroizmu. Bądź sobą, a zwłaszcza nie zwalczaj uczuć: nie bądź cyniczny wobec miłości, albowiem w obliczu wszelkiej oschłości i rozczarowań jest ona wieczna jak trawa. Przyjmuj pogodnie to, co lata niosą, bez goryczy wyrzekając się przymiotów młodości. Rozwijaj siłę ducha, by w nagłym nieszczęściu mogła być tarczą dla ciebie. Lecz nie dręcz się tworami wyobraźni. Wiele obaw rodzi się ze znużenia i samotności. Obok zdrowej dyscypliny bądź łagodny dla siebie. Jesteś dzieckiem wszechświata, nie mniej niż gwiazdy i drzewa masz prawo być tutaj i czy to jest dla ciebie jasne, czy nie, nie wątp, ze wszechświat jest taki, jaki być powinien. Tak więc bądź w pokoju z Bogiem, cokolwiek myślisz o Jego istnieniu i czymkolwiek się zajmujesz i jakiekolwiek są twe pragnienia, w zgiełku ulicznym, zamęcie życia zachowaj pokój ze swą duszą. Z całym swym zakłamaniem, znojem i rozwianymi marzeniami ciągle jeszcze ten świat jest piękny. Bądź uważny, staraj się być szczęśliwy.

Mówi się, że tekst ten znaleziono w starym kościele w Baltimore, datowany w roku 1692

Modlitwa amerykańskiego Indianina

Wielki Duchu, którego głos słyszę w szmerze wiatru, którego oddech daje życie wszystkiemu na świecie, wysłuchaj mnie.

Jestem mały i słaby, potrzeba mi Twej Siły i Mądrości. Pozwól mi przebywać w pięknie i spraw, aby moje oczy spostrzegały czerwone i purpurowe zachody słońca.

Spraw, aby moje ręce uszanowały te rzeczy, które Ty stworzyłeś i aby moje uszy stały się wrażliwe na odbiór Twego Głosu.

Daj mi mądrość, abym rozumiał to wszystko, czego nauczyłeś mój lud. Pozwól mi nauczyć się lekcji, które ukryłeś w każdym listku i kamieniu.

Szukam mocy nie po to, aby stać się większym od mojego przyjaciela, lecz aby walczyć z moim największym wrogiem – samym sobą.

Uczyń tak, abym był zawsze gotowy do przyjścia do Ciebie z czystymi rękami i otwartymi oczami.

W końcu mojej drogi, kiedy życie we mnie zgaśnie, tak jak zanikający zachód słońca, niech mój duch stanie przed Tobą bez lęku i wstydu.

Modlitwa przed posiłkiem

O Panie, spraw, aby w dniu dzisiejszym serce moje wypełnione było wdzięcznością za dary, jakie mi raczyłeś zesłać.

Modlitwa przed posiłkiem

Dziękujemy Ci, Ojcze, za przywilej spotkania się przy wspólnym stole. Pobłogosław to jedzenie, które za chwilę spożyjemy, niech wzmacnia ono nasze siły, byśmy mogli wypełniać swe życiowe obowiązki, a kiedy zakończymy naszą ziemską wędrówkę, przyjmij nas do swojego Królestwa.

Modlitwa-posłanie Mahavatara Babadżiego

Bądź szczęśliwy. Bądź uprzejmy. Bądź sprawcą trwałego szczęścia.
Rozpoznaj Boga i Dobro w każdym obliczu.
Nie ma świętego bez przeszłości, jak i grzesznika bez przyszłości.
Błogosław wszystkim.
Jeśli nie możesz komuś błogosławić – pozwól mu odejść z twojego życia.
Bądź oryginalny, bądź pełen inwencji.
Nie bój się, nie lękaj się, nigdy się nie bój... Nie naśladuj. Bądź wzniosły. Bądź wzburzony.
Nie bądź uzależniony od wsparcia innych.
Myśl swoim umysłem, bądź sobą.
Wszystkie doskonałości i cnoty Boga ukryte są wewnątrz ciebie – odszukaj je.
Mędrzec jest także wewnątrz ciebie – odszukaj go. Pozwól Jego łasce wyzwolić cię.
Niech twoje życie będzie jak róża – nawet w ciszy przemawia ona językiem zapachu.
KOCHAJ I SŁUŻ całej ludzkości.
POMAGAJ WSZYSTKIM.

Polecam

- Anthony de Mello – *Modlitwa żaby* (i wszystkie inne).
- Joel S. Goldsmith – *Praktykowanie obecności.*
- dr Bernie Siegal – *Miłość, medycyna i cuda.*

Płyty CD

- Ewa Foley – *Niebo na Ziemi* (medytacje i modlitwy) (ISI, 1995).

Moc wdzięczności

Wszystko, co masz teraz w życiu, jest wszystkim, czego potrzebujesz.

Wdzięczność otwiera pełnię życia. Sprawia, że to, co mamy, wystarcza. Zamienia opór w akceptację, chaos w porządek, konfuzję w klarowność. Może zamienić posiłek w ucztę, mieszkanie w dom, obcego w przyjaciela. Wdzięczność nadaje sens przeszłości, przynosi pokój dzisiaj i tworzy wizję jutra.

Melody Beattie

Wdzięczność jest pamięcią serca.

przystowie francuskie

Wierzę, że prawdziwa wielkość duchowa przejawia się w radości z tego, co się ma, a nie w trosce o to, że się czegoś jeszcze nie ma. Zrozumiałam to wiele lat temu, kiedy po raz kolejny „zamartwiałam się", że czegoś nie mam. Był to bardzo zwyczajny poranek. Nic nie wskazywało na to, że tego dnia dokona się zmiana percepcji, która tak pozytywnie wpłynie na dalsze moje życie.

Nagle i zupełnie niespodziewanie doświadczyłam OLŚNIENIA:

Im bardziej skupiam się na braku i na tym czego nie mogę mieć, tym gorzej się czuję i tym bardziej się boję, że „nie starczy"!

Uświadomiłam sobie, że jestem emocjonalnie i fizycznie wyczerpana koncentrowaniem się na rzeczach, które chciałabym sobie czy mojemu synowi kupić, lecz nie było mnie na nie stać. Błędne koło. Szalona karuzela „świadomości braku". Wtedy usłyszałam szept mojej duszy: tak naprawdę najbardziej ze wszystkiego pragnę spokoju wewnętrznego. Na szczęście na chwilę się zatrzymałam – na tyle, żeby to usłyszeć. W tym momencie zrozumiałam, że to jest najgłębsze pragnienie mojego serca. Pragnienie spokoju wewnętrznego, którego nie mogą zaburzyć okoliczności świata zewnętrznego. Poprosiłam Ducha o pomoc i przewodnictwo, jednocześnie obiecując sobie, że pójdę we wskazanym kierunku. Zrezygnowałam z moich miesięcznych, rocznych i pięcioletnich planów. W jednej chwili stałam się poszukującym pielgrzymem, badaczem i uczniem życia. Pojechałam na pielgrzymkę do Lourdes.

Tam, w Pirenejach, przyjrzałam się bliżej swojemu życiu. Szeroko otworzyłam oczy ze zdumienia, bo zobaczyłam, jak wiele mam powodów do wdzięczności. W pokorze padłam na kolana w jaskini, gdzie Bernadetta rozmawiała z Matką Boską, i zaczęłam żarliwie dziękować za wszystko, co już mam w moim życiu. To była moja pierwsza w życiu modlitwa dziękczynna; do tej pory ciągle o coś prosiłam. Gorąco przepraszałam Boga i siebie, że tak długo nie doceniałam bogactwa swojego życia. Jak mogłam oczekiwać od wszechświata więcej, skoro nie umiałam docenić tego, co już miałam?

Pobieżnie zinwentaryzowałam dostatki swojego życia:

- jestem zdrowa i mam sprawne ciało,
- pozostaję w związku ze wspaniałym, kochającym i oddanym mężczyzną,

- mam cudownego, mądrego i zdrowego syna,
- mam gdzie mieszkać,
- w ogrodzie biegają dzikie koty, które mogę karmić,
- w Lasku Bielańskim jest zagajnik pełen brzóz do przytulania,
- zawsze mam co jeść,
- moi rodzice są w dobrej formie i mieszkają obok mnie; mogę codziennie wejść do ich łóżka i poprzytulać się,
- obydwie moje siostry są najbliższymi mi duszami, którym ufam bezgranicznie i na które zawsze mogę liczyć, a na dodatek obdarzyły mnie czterema siostrzenicami i jednym siostrzeńcem!
- Krystyna Janda, którą uwielbiam, występuje w Teatrze Powszechnym w moim mieście i mogę być na wszystkich przedstawieniach z jej udziałem,
- jestem otoczona wspaniałymi ludźmi, którzy interesują się tym, co robię, kochają i dbają o mnie, których obchodzę i z którymi mogę dzielić się moim życiem.

Moja lista rosła:

- ulicę dalej mieszka najdroższa mi przyjaciółka z lat młodzieńczych; na co dzień doświadczam błogosławieństw przyjaźni, o której ludzie marzą przez całe życie,
- mogę codziennie spacerować z nią po oświetlonych latarniami gazowymi uliczkach,
- przed domem rośnie jaśmin, który całe lato wita mnie swoim zapachem,
- kocham swoją pracę,
- gdy wyjeżdżam, moja starsza siostra Zosia opiekuje się moim biurem z oddaniem i kompetencją,
- **moja praca przynosi korzyść ludziom.** Codziennie dostaję listy z podziękowaniami, niektóre z nich zalane łzami wzru-

szenia i wdzięczności. Listy, w których kobiety i mężczyźni dzielą się tym, jak moje kasety zmieniły na lepsze ich życie, zdrowie, relacje. Jak ich wzbogaciły. Naprawdę wierzę, że to, co dajemy światu i ludziom, wraca do nas – może nie od razu, może nie tak jak tego się spodziewamy, może nie od tych samych ludzi czy źródeł – ale jeżeli daję z siebie wszystko i jestem najlepszą Ewą, jaką mogę być, to wszystko, co najlepsze, wróci do mnie.

Patrząc na swoją długą listę, uświadomiłam sobie, jak jestem naprawdę bogata. Dziękuję! Dziękuję! Dziękuję!

> Jeśli jedynym słowem, jakim modlisz się przez całe życie, jest „dziękuję" – to wystarczy.
>
> mistrz Eckhart

Toteż kiedy wpadam w tarapaty finansowe, traktuję je jak czkawkę, która przecież minie. TO MINIE, TO MINIE – powtarzam w myślach, znajdując w tym ukojenie. Uświadomiłam też sobie, że moja wartość nie ma nic wspólnego ze stanem mojego konta w banku czy ilością gotówki w portfelu. Twoja też nie.

Odtąd przypominam to sobie codziennie. **Każdy dzień zaczynam i kończę modlitwą wdzięczności za moje wspaniałe, spełnione życie. Codziennie cieszę się, że żyję, że oddycham, że mogę zrobić dla kogoś coś dobrego, że się uczę, że moja wiedza przydaje się innym ludziom. Codziennie też dziękuję za przywilej posiadania ciała i przebywania na tej najpiękniejszej z planet.**

Dzisiaj rano otrzymałam wiadomość, że zmarła moja ciocia. Miała cztery córki. Moje kuzynki już nie mają mamy. A ja mam, i za to jestem głęboko wdzięczna. Niedawno napisałam do mojej mamy list wdzięczności. Potem napisałam list wdzięczności do mojego cudownego taty, a następnie do syna. Później napisałam list wdzięczności do mojego życiowego partnera.

Dzisiaj

1. Patrząc w oczy powiedz komuś, jak bardzo go (ją) kochasz.
2. Powiedz komuś, co w nim (niej) kochasz, co lubisz, co doceniasz.

Od dzisiaj codziennie okaż komuś wdzięczność. Nie zwlekaj, nie czekaj, aż będzie za późno. ŚPIESZMY SIĘ KOCHAĆ LUDZI TAK SZYBKO ODCHODZĄ – napisał ks. Jan Twardowski w swoim pięknym wierszu.

Śpieszmy się kochać ludzi tak szybko odchodzą
zostaną po nich buty i telefon głuchy
tylko to co nieważne jak krowa się wlecze
najważniejsze tak prędkie że nagle się staje
potem cisza normalna więc całkiem nieznośna
jak czystość urodzona najprościej z rozpaczy
kiedy myślimy o kimś zostając bez niego.
Nie bądź pewny że czas masz bo pewność niepewna
zabiera nam wrażliwość tak jak każde szczęście
przychodzi jednocześnie jak patos i humor
jak dwie namiętności wciąż słabsze od jednej
tak szybko stąd odchodzą jak drozd milkną w lipcu
jak dźwięk trochę niezgrabny lub jak suchy ukłon
żeby widzieć naprawdę zamykają oczy
chociaż większym ryzykiem rodzić się niż umrzeć
kochamy wciąż za mało i stale za późno.
Nie pisz o tym zbyt często lecz pisz raz na zawsze
a będziesz tak jak delfin łagodny i mocny.
Śpieszmy się kochać ludzi tak szybko odchodzą
i ci co odchodzą nie zawsze powrócą
i nigdy nie wiadomo mówiąc o miłości
czy pierwsza jest ostatnią czy ostatnia pierwszą

Jan Twardowski,
tomik *Miłość za Bóg zapłać*

Gdy piszę te słowa w Sydney, w mieszkaniu mojej młodszej siostry Gosi zadzwonił telefon. Nie wiem, dlaczego go odebrałam – na ogół nie podchodzę do telefonu, gdy piszę. Koleżanka mojej siostrzenicy z rozpaczą w głosie powiedziała mi, że właśnie utopił się jej 18-miesięczny synek... Nie wiedziałam, co mam powiedzieć tej młodej kobiecie. Cała moja mądrość życiowa prysła w ułamku sekundy jak mydlana bańka. Po prostu płakałam razem z nią. Zapisałam dzień i godzinę pogrzebu. Obiecałam, że przekażę tę wiadomość mojej siostrzenicy. Po odłożeniu słuchawki na długo zastygłam w bezruchu. Potem na moim domowym ołtarzyku zapaliłam świeczkę i kadzidełko. Pomodliłam się, żeby dusza tego chłopczyka odeszła w spokoju. Piszę te słowa i płaczę. Płaczę razem z matką, która straciła swoje dziecko, płaczę po wszystkich zmarłych tragicznie dzieciach, i płaczę też z wdzięczności, że mój synek Maciuś tak pięknie, zdrowo i bezpiecznie się wychował. Że żyje, że jest przystojnym, inteligentnym młodym mężczyzną, pełnym fantazji, poczucia humoru i głębokiej mądrości duchowej. Jestem wdzięczna, że będąc nastolatkiem kłócił się, że buntował się i rzucał, że krzyczał i wściekał się na mnie, że budował swoją osobowość na swój sposób i po swojemu. I płaczę wdzięczna sobie, że mu na to pozwoliłam. Że nie zdusiłam jego osobowości zakazami, przesadną dyscypliną i swoimi obawami o jego bezpieczeństwo. Płaczę z wdzięczności, że życie mu się układa u boku pięknej młodej kobiety. Że kocha i jest kochany. Moje serce jest przepełnione wdzięcznością.

Od tamtego sławetnego dnia CODZIENNIE zaczęłam dziękować za wszystko: za uśmiech dziecka na ulicy, za świeżą różę witającą mnie zawsze w domu, za konwalie i maciejki, za słodki zapach włosów mojej siostrzeniczki, za pierwszy łyk naparu ziół o poranku, za upieczonego przez moją mamę indyka, za niedzielne śniadanie, za dźwięki ptaków za oknem, za zapach lasu po deszczu, za słowa „kocham cię" codziennie wieczorem szeptane do ucha. Każdego dnia zaczęłam zauważać momenty autentycznej przyjemności i zadowolenia. Stałam się szczęśliwą i zadowoloną ze swojego życia kobietą. A przecież to wszystko miałam już dawno! Różnica polegała na tym, że umiałam zauważyć i docenić dary każdego dnia. Moc wdzięczności spadła na mnie nagle i niespodziewanie.

Dziękuję za wszystkie cuda, które codziennie wydarzają się w moim życiu. Dziękuję za wszystkie błogosławieństwa, które na mnie spływają.

Tak napisałam wiele lat temu na moich karteczkach inspiracji. Nosiłam je przy sobie miesiącami i codziennie czytałam wielokrotnie.

> Wszystko, co poznałem, uczy mnie wdzięczności dla Stwórcy za to wszystko, czego nie dane mi było poznać.
>
> Ralph Waldo Emerson

Dzisiaj

Przyjrzyj się uważnie swojemu życiu.

- Czy twoje podstawowe potrzeby są zaspokojone?
- Czy masz gdzie mieszkać?
- Czy masz co podać na stół?
- Czy masz w co się ubrać?
- Czy co miesiąc dostajesz wypłatę?
- Czy dbasz o swoje marzenia?
- Czy jesteś w dobrym zdrowiu?
- Czy możesz chodzić, mówić, widzieć otaczające cię piękno, słuchać muzyki, która porusza twoją duszę albo każe ciału tańczyć?
- Czy masz rodzinę i przyjaciół, których kochasz i którzy ciebie kochają?

Zatrzymaj się na chwilę i podziękuj za to, co już masz. Pozwól, aby twoje serce przebudziła transformująca moc wdzięczności.

> Nie dzwonią fanfary, kiedy podejmowane są najważniejsze decyzje twojego życia. Przeznaczenie objawia się w ciszy.
>
> Agnes de Mille

Spędź moment w ciszy, po prostu odczuwając wdzięczność.

> Przebudzeniem duszy jest wdzięczność
> Esencją duszy jest prostota
> Spokojem duszy jest porządek
> Pokojem duszy jest harmonia
> Pasją duszy jest piękno
> Celem duszy jest radość.
>
> Sarah Ban Breathnach

Dzisiaj

1. Zrób duchowy remanent wszystkich ofiarowanych ci błogosławieństw (co najmniej 100!).
2. Prowadź swój „dzienniczek wdzięczności" – niech będzie to specjalnie wybrany, kolorowo oklejony zeszyt. Każdego dnia przed snem napisz 5 kwestii, za które jesteś wdzięczny. Czasami będą to wielkie, wspaniałe rzeczy, a czasami małe. Niekiedy pod koniec trudnego dnia wydaje mi się, że nie mam nic do napisania. Wtedy wpisuję podstawowe rzeczy, takie jak dobre zdrowie, mój syn, mój mąż, delfiny, które wczoraj przypłynęły, gdy siedziałam na plaży, albo to, że ten dzień się kończy. Ten dziennik to podstawowy pierwszy krok. Bez wdzięczności wszystko inne: prostota, porządek, harmonia, piękno i radość, nie może zaistnieć w twoim życiu. Jeżeli chcesz żyć spełnionym życiem i być szczęśliwą osobą, to ten dziennik jest koniecznością. Dlaczego? Dlatego, że za dwa miesiące świadomego dziękowania każdego dnia za obfitość, która istnieje w twoim życiu, nie będziesz już tą samą osobą,

co dzisiaj. Bo uruchomisz zasadę: **im więcej masz i im bardziej jesteś za to wdzięczny, tym więcej będzie ci dane.**

Pochwała oczyszcza.
Miłość żywi.
Wdzięczność wszystko pomnaża.

Robert Coon

Wprowadź do swojego życia tę piękną, afirmującą życie zasadę, a cuda, na które czekasz, będą ci objawione ku twojemu zdumieniu i wielkiej radości.

Zapamiętaj

Życie nie jest próbą generalną ani testem. TO JEST TO.

Płyta CD

- Ewa Foley – *Wdzięczność* (ISI, 1995).
  O twoim poczęciu, o świadomym wyborze życia, o dokonywaniu wyborów, o wyrażeniu wdzięczności za wspaniały dar życia, o odpowiedzialności, o potwierdzeniu i zaakceptowaniu wyboru bycia TU i TERAZ, o odnalezieniu swojej misji życiowej.
  A: Medytacja poczęcia – świadomego wyboru życia, która pomaga odnaleźć misję i zadanie życiowe.
  B: Afirmacje wdzięczności za życie, wybaczenia, bycia tu i teraz, radości, spełnienia, inspiracji, właściwych decyzji i wyborów, celowości, bezpieczeństwa, szczęścia, zdrowia i niewinności.

Moc pisania

Będę pisać, póki nie wyzdrowieję.

Nancy Mair

Jako mała dziewczynka zaczęłam pisać pamiętnik. Będąc nastolatką któregoś dnia napisałam do mojej starszej siostry Zosi długi list. Bardzo potrzebowałam podzielić się z nią swoimi smutkami i problemami. Odpisała mi. Pisałyśmy te listy do siebie bardzo długo. Były dla mnie źródłem siły, radości, ukojenia. Potem w liceum moja wspaniała wychowawczyni, pedagog *par excellence,* pani Ala Abramowicz, zadała nam wypracowanie klasowe. Jednym z tematów był *List do wychowawczyni.* Napisałam w nim o wszystkim, co mnie bolało, dokuczało, drażniło w mym nastoletnim życiu. Dostałam piątkę!! Od tej pory pisałam codziennie. Po prostu pisałam. Myślę, że ta książka jest zasługą mojej wychowawczyni, która polubiła to moje pisanie. Wierzę, że czasami jedna osoba, która w nas uwierzy i powie TO JEDNO krzepiące słowo lub postawi TAKI WŁAŚNIE stopień, może wpłynąć na całe nasze życie. Dziękuję Ci, Alu, za miłość, za cierpliwość, za szacunek dla mojej inności, za możliwość podzielenia się moimi smutkami.

Jeśli jakiś smutek ma zostać uśmierzony, to musi albo sam wygasnąć, albo trzeba się nim z kimś podzielić.

Anne Swetchine

Całą młodość pisałam, pisałam i pisałam w zeszycie oprawionym w szare płótno. Byłam coraz bardziej świadoma ciągłego dialogu, który odbywał się w mojej głowie. Rzadko kiedy mój rozjazgotany umysł się uspokajał. Wciąż miał coś do powiedzenia. Wczepiał się w jakąś myśl, jak bulterrier w kość, i nie puszczał, aż padałam z wycieńczenia. Któregoś dnia wzięłam zeszyt i zaczęłam prowadzić rozmowę ze sobą. Wszystko, o co się martwiłam tego ranka, wylało się na papier. W tej rozmowie nie tyle opisywałam wydarzenia tego dnia, ile wyzwalałam „mentalną biegunkę", która mnie osłabiała i doprowadzała do szaleństwa. Jak już się wypisałam, mogłam „żyć" dalej. Ten rytuał stał się bardzo skuteczną autoterapią.

Praktykuję to od lat. Jeżeli przez kilka dni nic nie zanotuję, to zawsze z ciekawością siadam do pisania, żeby po prostu sprawdzić, co tam też w tej mojej głowie się dzieje. **To narzędzie pracy wewnętrznej naprawdę działa.** Oczyszcza moją głowę i uspokaja niespokojnego ducha. To samo zrobi dla ciebie. Nazywam ten rytuał codzienną rozmową, bo tak naprawdę pisząc ten dialog rozmawiasz z kimś dużo mądrzejszym i przytomniejszym niż ty.

Od dzisiaj

Zrób eksperyment i pisz codziennie przez 21 dni. Mądrzy ludzie twierdzą, że tyle potrzebujemy czasu, aby nowe zachowanie stało się zwyczajem. Pora dnia nie ma znaczenia. Nieważne, ile stron napiszesz. Znaczenie ma regularność.

Zapamiętaj

Zestresowana dusza potrzebuje wzmacniającego rytuału, takiego jak np. pisanie.

Czasami, kiedy muszę załatwić jakąś trudną sprawę czy rozwiązać jakiś problem, piszę kilka stron wcześnie rano, a potem wracam do tego wieczorem, żeby zobaczyć, czy nie pojawi się rozwiązanie. Na ogół się pojawia.

Sugestia: do tych dialogów nie używaj żadnego specjalnego zeszytu. Pisz w zwykłym zeszycie albo na kartkach. Chodzi o to, by nie przejmować się wyglądem, nie dążyć do perfekcji, nie przepisywać na czysto. Uprzedzam, że na początku pisania codziennego dialogu możesz być zdumiony, jak dużo narzekasz. To w porządku. To bardzo zdrowa reakcja. Pozwól sobie na to. Któregoś dnia znudzi ci się własne marudzenie i postawisz zrobić coś innego.

Ktoś mnie nudzi. Zdaje mi się, że to ja.

Dylan Thomas

Moc filmów

Poszukiwanie mistycznego przesłania w filmach jest niezwykle wzmacniające. Oglądając filmy uzyskujemy wglądy i większą samoświadomość. Filmy poszerzają naszą świadomość, ćwiczą wyobraźnię. Film – jak poezja – jest subtelnym wołaniem serca. Przypomina nam o tym, co już dobrze wiemy, pomaga zmienić się i być bardziej elastyczną osobą, jest katalizatorem dla twórczej, odważnej zmiany.

Marsha Sinetar

Filmy zastępują sytuacje w dawnych czasach, kiedy siedziało się wokół ogniska ze starszyzną, gawędząc o sensie istnienia. Wierzę, że w każdym dobrym filmie możemy odnaleźć duchowe przesłanie. Oglądam filmy, by wypełnić swoją twórczą studnię, by odpocząć, zmienić stan, nauczyć się czegoś nowego, by znaleźć inspirację. Jestem zdeklarowaną kinomanką, żeby nie powiedzieć kinomaniaczką – uwielbiam kino i rytuały związane z chodzeniem do kina. Będąc w liceum potrafiłam iść na wagary i od rana do wieczora zmieniać z wypiekami na twarzy sale kinowe. Teraz też często chodzę do kina, także bardzo lubię oglądać filmy na wideo w dobrym towarzystwie mojej rodziny. Moja siostra Zosia ma niezłą kolekcję – zawsze coś ciekawego u niej znajdę, gdy pojawi się ten kinowy nastrój.

Uwielbiam filmy science-fiction, filmy biograficzne o ludziach, których podziwiam, filmy kostiumowe, klasykę romantyczną z lat 30. i 40., że nie wspomnę już o klasyce komediowej.

Wyszukuję filmy biograficzne, filmy o aniołach, o reinkarnacji, o życiu po życiu, o innych cywilizacjach, o wiecznie trwającej miłości. Nie oglądam horrorów ani filmów pełnych przemocy. Ty też nie powinieneś tego robić, ponieważ obraz raz utrwalony w świadomości, zostaje tam na zawsze. Myślę, że wszyscy potrzebujemy podniesienia na duchu, które przynoszą inspirujące, zachęcające do pełnego życia, afirmujące i celebrujące ludzkiego ducha filmy. Są one naszym zwierciadłem i zachęcają do spojrzenia poza to, co jest oczywiste. Tematy i obrazy z filmu mogą w znaczący sposób pomóc nam w ujrzeniu najgorszej i najlepszej wersji samego siebie. Mogą nam pomóc w napisaniu nowego scenariusza na swoje życie. Filmy – podobnie jak niektórzy wspaniali ludzie, którzy wkraczają do naszego życia, cudowna muzyka, dzieło sztuki czy modlitwa – są specjalnie nam przekazaną łaską.

Potraktuj swoje następne wyjście do kina jak medytację, jak praktykę duchową. Wybierz się do kina z bliską osobą i razem odkrywajcie posłanie filmu. Dobry film sprawia, że ponownie wierzysz w swoje możliwości.

Moje ulubione filmy

Wielki błękit, Przeminęło z wiatrem, Odyseja kosmiczna, Kula, Przesuwane drzwi, Matrix, Życie jest piękne, ET, Lista Schindlera, Fortepian, Kontakt, Duch, Przebudzenie, Lepiej być nie może, Kiedy mężczyzna kocha kobietę, Amadeusz, Ghandi, Shine, Tańczący z wilkami, The Abyss (Otchłań), *Trzeci cud* (i wszystkie pozostałe filmy Agnieszki Holland), *Zielona mila, Prymas.*

Moc słowa

Myśli i słowa mają wielką moc i tworzą naszą rzeczywistość. Wybierajmy je więc mądrze.

Louise L. Hay

W naszych słowach jest nasza moc. Owa moc ujawnia się, gdy bierzemy odpowiedzialność za to, co mówimy, za wypowiadane przez siebie słowa. SŁOWO CIAŁEM SIĘ STAJE.

Louise L. Hay powiada: „To, co mówimy, jest odbiciem naszych myśli. Jakie są pierwsze słowa, które mówisz do siebie rano, zaraz po przebudzeniu, a drugie, a trzecie? Większość ludzi mówi do siebie codziennie rano te same słowa. Jak wpływa to na ten dzień? Czy jest to pozytywny sposób mówienia, czy też gderasz i narzekasz, bo jeśli gderasz, narzekasz i marudzisz, to taki właśnie dzień będziesz mieć. Sam go sobie zorganizowałeś. A jaka jest twoja ostatnia myśl przed zaśnięciem? Właśnie w ten sposób kształtujesz swoją przyszłość. Czy są to myśli pełne mocy, czy myśli o niedostatku?"

Któregoś dnia, zainspirowana przez moją wspaniałą nauczycielkę Louise Hay, zaczęłam uważniej słuchać tego, co mówię. Jasne się stało wtedy dla mnie, że wciąż narzekam, krytykuję, osądzam i... plotkuję. Nic dziwnego, że sama byłam krytykowana, osądzana i że dochodziły do mnie plotki na mój temat. To, co dajesz, powraca do ciebie. Znałam tę teorię. Postanowiłam w końcu zastosować ją w praktyce. Zaczęłam od ważkiego postanowienia: Koniec z NPK!

Koniec z NARZEKANIEM
Koniec z PLOTKAMI
Koniec z KRYTYKĄ

Przez tydzień nie miałam nikomu niczego do powiedzenia! Za każdym razem gdy otwierałam usta, musiałam je zamknąć, bo zdawałam sobie sprawę, że stary nawyk NPK jest mocniejszy, niż mi się wydawało. To był interesujący czas. Wiele dowiedziałam się o sobie, praktykując zważanie na wypowiadane słowa.

> Jeśli chcesz być odpowiedzialny za swoje życie,
> stań się odpowiedzialny za swoje usta.
>
> Louise L. Hay

Poprosiłam moją przyjaciółkę o pomoc – podjęłyśmy świadomą decyzję, żeby nie narzekać na swoich partnerów, rodziców i dzieci! O wsparcie poprosiłam też siostrę – podjęłyśmy decyzję, że nie będziemy „rozmawiać" o naszych koleżankach za ich plecami. Umówiłam się z moim synem, że zwróci mi uwagę, jak tylko znowu zacznę NPK-ować. Stopniowo nauczyłam się mówić inaczej, używać innych słów. Stopniowo moje życie, zdrowie i relacje z innymi ludźmi zaczęły się zmieniać na lepsze. Zrozumiałam, że nasz podświadomy umysł nie ma za grosz poczucia humoru, bierze wszystko DOSŁOWNIE i zawsze mówi nam TAK. Dotarło do mnie, że to, co mówię na głos, kształtuje moją rzeczywistość, że otaczający mnie świat zgodny jest z moimi słowami. To było prawdziwe olśnienie. Nikt mnie tego nie nauczył w szkole. Postanowiłam zmienić swoje słownictwo.

Oto niektóre modyfikacje mojego słownictwa:

zamiast		jest	
	powinnam		*mogłabym*
	błąd		*lekcja*
	nie mogę		*mogę*
	muszę		*chcę*
	spróbuję		*zrobię to/uda mi się*
	któregoś dnia		*dzisiaj*
	tak, ale		*rozumiem*
	problem		*sposobność*
	zestresowana		*umotywowana*
	trudne		*łatwe*
	niemożliwe		*możliwe*
	ja, mój, mnie		*ty, twój, twoje*

Wybór tego, co mówimy, i sposób, w jaki to robimy, może być równie prosty jak to, czy budząc się rano i widząc padający deszcz mówimy: „Co za okropny dzień" lub po prostu: „Cóż za mokry dzień". To kompletnie inne podejście, chociaż nie zmieni to pogody, to jednak zmody-fikuje nasze nastawienie do niej. Zauważ, że szczęśliwi i pełni radości ludzie zazwyczaj mają bardzo przyjemne życie. Zauważ też, o czym mówią ludzie nieszczęśliwi, samotni i chorzy, jakich słów używają? W jaki sposób opisują siebie? Jak opisują swoją pracę, życie, stosunki z innymi? Czego oczekują? Co stało się ich prawdą? Czy zamierzasz używać pozytywnych afirmacji? Pamiętaj, afirmacja to tak naprawdę wszystko, co wypowiadamy czy myślimy. Większość z tego, co na ogół wypowiadamy i myślimy, jest dość negatywna i nie kreuje dla nas dobrych doświadczeń. Jeśli chcemy uzyskiwać dobre rezultaty, musimy przeprogramować swoje myślenie i swój język na pozytywne ścieżki.

Louise L. Hay

Louise poleca proste ćwiczenie, które może ci pomóc w określeniu, co i w jaki sposób mówisz. Ustaw magnetofon obok telefonu i za każdym razem gdy, dzwonisz do kogoś lub ktoś dzwoni do ciebie, nagrywaj całą rozmowę. Kiedy taśma zostanie nagrana, przesłuchaj ją. Ta taśma powie ci o tobie wszystko.

Wierzę, że moc naszych słów jest w stanie przyczynić się do niszczenia naszej planety lub jej uzdrawiania. Wygląda na to, iż jesteśmy teraz w dość niezwykłej sytuacji. Z jednej strony na świecie wiele jest przemocy, chaosu, narkotyków, bezrobocia i ubóstwa, a z drugiej obserwujemy niesamowity wzrost świadomości. Miliony ludzi uczy się o tym, że może zmienić swoje życie na lepsze poprzez zmianę myślenia i mówienia. Stań się jednym z nich!

Dzisiaj będę uważać na każde moje słowo.

Słowa mocy (wg Marion Weinstein)

1. Istnieje tylko jedna siła.
2. A tą siłą jest doskonałe spełnienie (albo np. dostatek, powodzenie, miłość, zdrowie, harmonia, inna twoja wartość czy aktualny cel).
3. I ja _____ (twoje imię) jestem doskonałą manifestacją tej siły.
4. Dlatego osiągam doskonałe spełnienie (albo: __________), tu i teraz.
5. Dla dobra wszystkich.
6. Zgodnie z wolną wolą wszystkich.
7. I niech tak się stanie.

Słowa mocy służące uzyskaniu właściwej pracy

Jest tylko jedna siła, zapewniająca satysfakcję, dostatek i bezpieczeństwo.

A ja, Ewa, jestem doskonałym przejawem tej siły.

Zapewniam więc sobie tym sposobem satysfakcję,

Dostatek i bezpieczeństwo w życiu poprzez właściwą dla siebie pracę.

I dla dobra wszystkich.

Zgodnie z wolną wolą wszystkich.

I niech tak się stanie.

Słowa mocy służące osiągnięciu doskonałego związku miłosnego

Istnieje tylko jedna siła, która jest doskonałą miłością.

I ja, Ewa, jestem całkowitą indywidualizacją tej siły.

Tym sposobem zapewniam sobie najstosowniejszy dla mnie, najwłaściwszy, najbardziej satysfakcjonujący, doskonały związek miłosny, który dokonuje się poprzez wzajemne obdarzanie się miłością z właściwą osobą.

Dla dobra wszystkich.

Zgodnie z wolną wolą wszystkich.

I niech tak się stanie.

Zapamiętaj

Słowa mogą koić albo jątrzyć, niszczyć albo budować.

Od dzisiaj

1. Zważaj na to, co mówisz! Mów tylko to, co naprawdę masz na myśli, i zastanawiaj się nad tym, co mówisz. Wszystkie sło-

wa są potencjalnymi słowami mocy. Wszystkie słowa przyczyniają się do ustanowienia przyczyn, a zatem i skutków, powracających do mówiącego lub osoby, której dotyczyły.
2. Naucz się modyfikować swoje wypowiedzi.

Uwaga: najskuteczniejszym sposobem pozbawienia wypowiedzi jej negatywnego oddziaływania jest głośne wypowiedzenie słów: *Wyjmuję to spod działania prawa przyczyny i skutku* lub *Nie poddaję tego działaniu prawa przyczyny i skutku* – natychmiast po wygłoszeniu negatywnej wypowiedzi.

Jeżeli chcesz wiedzieć więcej

- Louise L. Hay – *Poznaj moc, która jest w tobie* (Medium, 1996).
- Płyta CD Louise L. Hay *Moc twoich słów* (przełożyła i czyta Ewa Foley, ISI 1999).
  W tym fascynującym wykładzie Louise pomoże ci odkryć swoją mądrość, wewnętrzną siłę i moc poprzez mistrzostwo wypowiadanych przez ciebie słów. W swój ciepły i troskliwy sposób Louise sugeruje, jak wykorzenić negatywny dialog wewnętrzny i zacząć otaczać siebie pozytywnymi myślami i słowami. Dzięki temu stworzysz spełnione życie, pełne miłości i szczęścia. Louise poleca słuchanie tej kasety jak najczęściej – jako tło wykonywanej pracy, w nocy, w czasie jazdy samochodem. Pozwoli to zawartej w niej myśli przewodniej wypełnić twoją świadomość.

CZĘŚĆ III

O Medytacji

Celem medytacji jest dostąpienie Boskiej łaski.
Joel S. Goldsmith

Medytacja to po prostu bycie sobą i świado-mość, kim się jest. To uzmysłowienie sobie, że jesteś na ścieżce bez względu na to, czy ci się to podoba, czy nie. Chodzi o ścieżkę, którą jest twoje życie.
Jon Kabat Zinn

Jeżeli nie praktykujesz medytacji, to zapewne słysząc słowo „medytacja" wyobrażasz sobie siedzenie w niewygodnej pozycji ze skrzyżowanymi nogami, z bólem pleców i rozbieganym umysłem.

Nie jest to ani właściwy, ani ekscytujący obraz medytacji. Wyjaśnia on natomiast, dlaczego wiele osób podchodzi do medytacji z rezerwą. Trudno się zresztą temu dziwić, bo opisom doznań praktyk medytacyjnych często towarzyszą różnorodne dywagacje mistyczno-filozoficzne, które mogą odstraszyć racjonalistów. W tej sytuacji zaufanie wzbudzają te praktyki, których efekty zostały doświadczalnie zweryfikowanie i opisane przez naukę za pomocą aparatury badawczej. W ten naukowy sposób najlepiej poznano bardzo popularną na świecie medytację transcendentalną (TM). Jest to jedna z najprostszych technik medytacyjnych, którą można praktykować w każdych warunkach i w każdym miejscu – w pociągu, w mieszkaniu, na wycieczce.

Dzisiaj nikt nie ma już wątpliwości, że regularne ćwiczenia medytacyjne są bardzo dobrą formą terapii i autopsychoterapii oraz higieny psychicznej. Stwierdzono też jednoznacznie, że medytując można pozytywnie wpływać na fizjologiczne czynności organizmu (np. zwalniać akcję serca) oraz że praktyka ta utrzymuje w jedności umysł, ciało i ducha.

Jest wiele sposobów medytowania – na ten temat napisano tony literatury (szczególnie polecam świetną książkę Barry Longa), oferuje się niezliczoną ilość kursów i kaset audio. Dobrze jest znaleźć nauczyciela medytacji, któremu się ufa, i zacząć praktykę pod jego kierunkiem. Ale można też zacząć ćwiczyć samodzielnie. Po prostu raz lub dwa razy dziennie znajdź spokojne miejsce, usiądź wygodnie z wyprostowanymi plecami na krześle, lekko przymknij oczy, stopy ustaw równolegle, a dłonie oprzyj o uda. Rozluźnij się, skup na sobie i na kilka minut wejdź w swoją ciszę. Możesz skupić się na oddechu, na powtarzaniu słowa-klucza, np. zdrowie, miłość, szczęście lub mantry „So-Ham". Cierpliwie obserwuj nadchodzące wyobrażenia, myśli, uczucia – nie walcz z nimi, nie próbuj usunąć ich ze świadomości, pozwól im płynąć jak strumień. Przypatruj się tym wewnętrznym doznaniom z pozycji „świadka" przez 20-30 minut.

Medytacja jest dla mnie modlitwą, głębokim kontaktem z Bogiem. Gdy dziecko wyrasta na dojrzałego człowieka, odmawianie „paciorka" do Boga jako do brodatego starca staje się zbyt infantylne. Medytacja jako wewnętrzne wyciszenie się i nawiązanie kontaktu z własną duchowością, czyli z Bogiem w nas, pozwala dojrzeć, zrozumieć istotę swej duchowości i przez nią zbliżyć się do Boga i ludzi.

ks. Justin Belitz

Jeżeli chodzi o samą definicję medytacji, najbardziej podoba mi się, co mówi na ten temat nauczycielka duchowa, dr Joan Borysenko, niezwykle utalentowany psycholog i naukowiec. Nazywa ona medytację intencjonalnym koncentrowaniem się na jednej rzeczy: „Może na tyle zaabsorbowała cię praca w ogrodzie, czytanie książki czy nawet robienie rozliczenia finansowego, że twój oddech stał się wolniejszy i cała twoja uwaga jest skierowana na to zadanie jak pantery czyhającej na swoją kolację! W tym stanie rozkwita twórczość, intuicja prowadzi do wielkich wglądów, w twoim ciele włącza się naturalny system uzdrawiania, ujawnia się cały nasz mentalny potencjał i czujemy się psychicznie usatysfakcjonowani. Duchowa medytacja uświadamia nam boskość natury, nas i innych."

Ja medytuję na wiele różnych sposobów, w zależności od swoich wewnętrznych potrzeb:

- czasami siadam w pozycji zazen* na poduszce,
- czasami medytuję ze swoją mantrą lub OM,
- innym razem praktykuję medytację „złotego zwierciadła" **
- jeszcze innym – udaję się do mojego **wewnętrznego sanktuarium** (patrz rozdział *Moc wizualizacji*),
- czasami po prostu piszę dialog ze sobą albo w zeszycie zatytułowanym *Moje rozmowy z Bogiem*, który powstał wiele lat przed ukazaniem się na rynku książki o podobnym tytule,

---

* Zazen, praktyka w pozycji siedzącej, stanowi esencję zen. To doświadczenie wewnętrzne zen wywodzi się z tradycji pierwotnego buddyzmu, której istotą jest praktyka kontemplacji, powrót do nieruchomości i ciszy.

** Wiem, że tak naprawdę noszę w sobie wiele możliwości. Dlatego od dzisiaj zaczynam „odkopywać" i wykorzystywać drzemiące we mnie umiejętności i talenty. Wiele lat temu moja nauczycielka jogi nauczyła mnie bardzo specjalnej medytacji, którą praktykuję od lat. Wyobrażam sobie wielkie złote lustro w pięknie rzeźbionej złotej ramie, rozmiarem obejmujące cały pokój. To jest moje lustro materializowania i urzeczywistniania. Wszystkie moje marzenia i pragnienia przeglądam najpierw w tym lustrze. W nim robię też mój codzienny „rachunek sumienia".

- innym razem patrzę „medytacyjnie" w płomień świecy czy w ogień, siedząc godzinami przy ognisku, albo palę ziołową agnihotrę w porcelanowej piramidce,
- koncentruję uwagę na czubku głowy podczas wdechu (czakram korony) i na sercu podczas wydechu powtarzając I AM (JAM JEST),
- często moją medytacją jest modlitwa,
- albo pływanie w moim ulubionym jeziorze,
- czasami ponowne przeczytanie i weryfikacja swojej wizji na dany rok,
- kontemplacja fragmentu wiersza albo po prostu spacer. Kocham moje „chodzące" medytacje!

> Siedząc ze skrzyżowanymi nogami, plecami wyprostowanymi i umysłem wolnym od jakichkolwiek poszukiwań, praktykujący w sposób naturalny odbije się w swoim własnym lustrze i może rozpoznać się takim, jakim jest, bez osądzania.
>
> mistrz Kaisen

Wierzę, że do TERAZ prowadzi wiele dróg. Jedną z nich jest dla mnie delektowanie się z całą uwagą smakiem świeżego pączka wypełnionego dżemem różanym w kawiarni Bliklego na Nowym Świecie, inną patrzenie w bezruchu i ciszy w piękne brązowe oczy Dzielnego Serca. To też jest medytacja. ***Zawsze kiedy jesteśmy w pełni obecni – medytujemy,*** mówi dr Borysenko.

> Nasze największe wysiłki powinniśmy kierować do wewnątrz, gdyż jedynie to doprowadzić może do pokoju umysłu.
>
> Dalajlama XIV

Dzisiaj

1. Znajdź ciche miejsce, gdzie możesz usiąść z wyprostowanym kręgosłupem na krześle. Zamknij oczy. Pozwól, aby oddech stał się wolniejszy i głębszy. Wejdź w wewnętrzną ciszę. Na początku bardzo pomaga relaks prowadzony głosem wybranego lektora. Na szczęście mamy już na rynku wiele takich nagrań – jest z czego wybrać!
2. Zastanów się, jak możesz włączyć w swój dzień rytuał 20-minutowej medytacji. Po prostu zastanów się, jak to zrobić. Nic więcej.

Jeżeli chcesz wiedzieć więcej, poczytaj

- Thich Nhat Hahn – *Cud uważności* (Santorski & Co., 1992).
- Barry Long – *Medytacja* (Rebis, 1997).
- John Novak – *Jak medytować – sztuka medytacji dla każdego* (Comes, 1996).

Płyty CD

- Louise L. Hay – *Poranna i wieczorna medytacja* (ISI, 1998); *Medytacja bezpieczeństwa (przekraczania lęków)* (ISI, 1999); *Medytacje osobistego uzdrowienia.*
- Ewa Foley – *Twórcza wizualizacja – wewnętrzne sanktuarium* (ISI, 1996).
- Zbigniew Królicki – *Długi relaks* (Metoda Silvy, 1998).
- Andrzej Wójcikiewicz – *Medytacja poranna, medytacja wieczorna* (Metoda Silvy, 1998).

Dzisiaj

Znajdź wolną chwilę na podróż do swojego wnętrza. Zamknij oczy. Wyobraź sobie piękne złote zwierciadło otoczone białym światłem. To światło miłości. Otacza cię, otula, chroni. Patrz w lustro. Zobacz w nim swoje odbicie, odbicie niezwykłej kobiety (lub – jeżeli jesteś mężczyzną – niezwykłego mężczyzny). Ta kobieta jest piękna i promienna. Ma silną, zdrową, wibrującą życiem aurę. W jej oczach jest życzliwy blask. Uśmiecha się ciepło do ciebie. Ty odpowiadasz jej uśmiechem. Zaczynacie się razem śmiać. Dobrze wam ze sobą. Masz wrażenie, że znasz ją bardzo dobrze. To prawda. Dobrze się znacie i rozumiecie. Bądź z nią przez kilka minut. To dobre towarzystwo. Co ona robi? Jak to robi? Co mówi do ciebie? Co ty jej odpowiadasz? Jak oddycha? Jak ty oddychasz w jej towarzystwie? Spraw, aby oddychała pełnym głębokim oddechem. Odwiedzaj ją tak często, jak tylko masz ochotę. Najlepiej codziennie. Czeka tam na ciebie, żeby ci pomóc, służyć radą, dać informację zwrotną, wskazać drogę w twojej podróży przez życie. Ta osoba jest najwyższym odbiciem twojej duszy, ucieleśnieniem doskonałej osoby, którą jesteś. Oświetla ona światłem miłości ścieżkę Twojej duszy. Zaufaj jej!

O STRESIE

> Miarą człowieka nie jest zachowanie w chwilach spokoju, lecz to, co czyni, gdy nadchodzi czas próby.
>
> Martin Luther King

Przeszłość przeminęła, przyszłość jeszcze nie nadeszła. Nie trzymam się kurczowo ani tego, co było, ani tego, co będzie. Całą moją uwagę skupiam na chwili obecnej i żyję świadomie tu i teraz. Jedynie ta chwila jest czasem rzeczywistym.

Stres nie jest problemem w okresach spokoju. Jeśli jednak pojawiają się wyzwania i trzeba się z nimi zmierzyć, sposób, w jaki reagujemy, jak zachowuje się nasze ciało, umysł i duch, decyduje o klęsce lub sukcesie w życiu. Stres jest częścią życia każdego z nas. Czy znasz kogoś, kto nie doświadcza stresu, jego przekleństw i błogosławieństw? Jeżeli taka osoba istnieje, to dobrze by było ją odnaleźć i poprosić, by podzieliła się swoją mądrością. Ja jeszcze takiej osoby nie spotkałam. Jeżeli ją znajdziesz, to założę się, że udzieli ci następujących rad:

Kultywuj wdzięczność.
Codziennie spędzaj godzinę w samotności.
Rozpoczynaj i kończ każdy dzień modlitwą, medytacją, refleksją.

Kultywuj prostotę w swoim życiu.
Utrzymuj swoje mieszkanie w czystości i porządku.
Nie przepełniaj swojego kalendarza.
Umawiaj się na realistyczne terminy.
Nigdy nie dawaj obietnic, których nie będziesz mógł dotrzymać.
Na wszystko, co robisz, przeznacz sobie dodatkowe pół godziny.
W domu i w pracy stwórz piękne otoczenie oraz klimat zgody i spokoju.
Dwa razy w tygodniu idź spać o godz. 21.00!
Zawsze miej przy sobie coś interesującego do czytania.
Oddychaj głęboko, świadomie i często.
Ruszaj się – tańcz, spaceruj, biegaj, znajdź sport, który sprawia ci radość.
Pij dużo czystej, źródlanej wody.
Jedz tylko wtedy, kiedy jesteś głodny.
Jeżeli pokarm nie smakuje ci, to lepiej go nie jedz.
Częściej *bądź*, a rzadziej *rób*.
Jeden cały dzień w tygodniu przeznacz wyłącznie na odpoczynek i odnowę.
Śmiej się często i serdecznie.
Rozkoszuj się swoimi zmysłami.
Dbaj o siebie i swoją wygodę (np. nie siadaj na gołych i zimnych krzesłach – podkładaj sobie szalik lub poduszkę!).
Jeżeli czegoś nie kochasz, żyj bez tego.
Pozwól, aby Matka-Natura cię karmiła.
Nie odbieraj telefonu w czasie jedzenia posiłków.
Przestań próbować wszystkich zadowalać.
Zacznij zadowalać siebie.
Trzymaj się z daleka od negatywnych i stale narzekających ludzi.
Nie marnuj swoich cennych zasobów – czasu, twórczej energii, emocji.
Pielęgnuj przyjaźnie.
Nie bój się swojej pasji.
Podchodź do problemów jak do wyzwań.
Szanuj swoje aspiracje.
Wyznaczaj sobie osiągalne cele.
Zrezygnuj z oczekiwań.
Ceń piękno.
Ustal swoje granice.
Na każde „tak" niechaj będzie „nie". Mów równie często „nie" jak „tak".

Nie martw się, bądź szczęśliwy. *Don't worry, be happy.*
Pamiętaj, że szczęście jest żywą emocją. Codziennie dawaj temu wyraz.
Troszcz się o swoją duszę.
Pielęgnuj swoje marzenia.
Codziennie wyrażaj miłość.
Szukaj swojej autentyczności, aż ją znajdziesz.
Kup sobie antystresową piłeczkę do ściskania. Znajdź poduszkę, która wytrzyma serię uderzeń. Poćwicz swój głos w lesie. W sytuacjach stresowych stosuj strategię PWU*.

Poczytaj, jeżeli chcesz wiedzieć więcej

- Jeff Davidson – *Kontrola stresu dla żółtodziobów, czyli wszystko, co powinieneś wiedzieć o stresie* (Rebis, 2000).
- Hilary Jones – *Nie mam czasu na stres – stres też może działać na twoją korzyść* (Amber, 1999).
- Jacek Santorski – *Jak przetrwać w stresie* (Santorski & Co., 1996).

Płyty CD

- Ewa Foley – *Poradź sobie ze stresem* (ISI, 1997).
- Ewa M. Tęczowska – *Sanatorium otulone tęczą; wzmacniający psychorelaks* (wyd. autorka, 1997).

---

*PWU jest hasłem utworzonym z pierwszych liter najważniejszych słów użytych w poniższych pytaniach.
– Czy ja PRZESADZAM? (*Nikt mnie nigdy nie rozumie.*)
– Czy WYKLUCZAM pozytywne aspekty i możliwości? (*Nic pewnie z tego nie będzie.*)
– Czy dokonuję UOGÓLNIENIA na podstawie jednego lub paru przypadków? (*Nigdy nie można na niej polegać.*)

O KOLORACH

> Pogłębiając świadomość oddziaływania kolorów na własny nastrój, emocje, zachowanie, możemy nauczyć się stoso-wać barwy do zainicjowania pozytywnych zmian w swoim życiu.
>
> Lilian Verner-Bonds

Kolor tańczy wszędzie wokół nas. Wszystko, co odbieramy swoim wzrokiem, jest kolorem. Barwy ciągle się wokół nas zmieniają. Kolorów można użyć do zrównoważenia własnej energii, uzdrowienia, rozwijania zdolności paranormalnych i intuicji, otwarcia czakramów (ośrodków energetycznych w ciele), słuchania świata wewnętrznego. Kolor pomaga w wielu dziedzinach życia. Zrozumienie koloru umożliwia zrozumienie energii.

Żyjemy przecież w oceanie energii – wibrującym, pulsującym, żywym oceanie energii. Oceanie o różnych szybkościach, stopniach gęstości i intensywności, w kołującym tańcu ciągle zmieniającej się materii, o różnym stopniu zagęszczenia: stałej, płynnej i gazowej. Światło i kolor to wibracje w tej niekończącej się grze energii. Ciepłe kolory: czerwony, pomarańczowy i żółty, wibrują dużo wolniej w skali elektromagnetycznej niż kolory chłodne: niebieski, zielony i fioletowy.

Izaak Newton był pierwszym człowiekiem, który w 1665 roku odkrył, że światło składa się z kolorów. Za pomocą pryzmatu podzielił białe widmo światła na 7 tańczących barw: czerwoną, pomarańczową, żółtą, zieloną, niebieską, indygo i fioletową.

Światło nieustannie wibruje. Światło jest w istocie energią podróżującą w falach. Ich długość zależna jest od częstotliwości. Im krótsza fala, tym wyższa częstotliwość. Człowiek jest także zbiorem pól energetycznych. Całe nasze ciało podlega wpływom ciągle zmieniającego się środowiska zewnętrznego. Działają na nas słońce, wiatr, energie miejsca i ludzi, energie przyjmowane z pożywieniem, także otaczające nas kolory. Podświadomie każdy z nas zdaje sobie sprawę z siły barw. Używamy przecież takich określeń jak „zielony z zazdrości", „czarny piątek", „patrzeć na świat przez różowe okulary" czy „czerwony ze złości" i mnóstwo innych. Kolor jest bardzo ważnym czynnikiem w naszym życiu i zdrowiu.

W odległych czasach ludzkiej historii kolorom przyznawano dużo większe znaczenie niż dzisiaj. W gruncie rzeczy dopiero ostatnio zaczęliśmy traktować kolor jako czysto dekoracyjny element życia. W całej historii ludzkości kolor odgrywał ważną rolę. Był integralną częścią wszystkich starożytnych kultur: Mezopotamii, Egiptu, Grecji, Chin, Tybetu oraz tradycyjnych kultur Indian amerykańskich i średniowiecznych mieszkańców Europy.

Tęcza zawsze była symbolem misterium i nadziei we wszystkich kulturach. Tajemnicza gra świetlnych barw na niebie pobudzała wyobraźnię do percepcji wyższej niż zwykła codzienna świadomość. Tęcza widziana z góry jest kołem. Jest inspiracją, budzi szacunek i podziw, ilekroć na nią spoglądamy. Kapłani hawajscy, zwani Kahunami, uczyli, że tęcza jest kluczem do tajemnic wewnętrznych. W ceremoniach uzdrawiania uczyli medytacji, podczas której osoba poddawana procesowi uzdrawiania wyobraża sobie wokół siebie świetlne koło tęczy. Koło to przesuwa się powoli w dół ciała, a następnie w górę – tak aby pole energetyczne uzdrawianej osoby mogło zaabsorbować niezbędne dla zdrowia i żywotności kolory.

Główną zasadą uzdrawiania kolorem jest przekazanie ciału dodatkowej dawki wybranego koloru. Można to zrobić na wiele różnych sposobów. Jednym z nich jest wewnętrzny proces medytacyjny, w czasie którego wyobrażamy sobie kolory. Wiemy dzisiaj, że samo wyobrażenie sobie wybranego koloru, w stanie pełnego relaksu, przynosi konkretne fizyczne, emocjonalne i psychiczne reakcje. W każdym miejscu, w każdej chwili możemy zapanować w bardzo prosty sposób nad swoimi emocjami poprzez wizualizację koloru, utożsamienie się z tym kolorem, wyobrażenie sobie, że wypełnia on całe ciało, a w czasie wydechu nastąpi uwolnienie się od negatywnej emocji. Na przykład gdy jesteś zazdrosny – STOP – weź kilka głębokich oddechów i wyobraź sobie kolor zielony. W swojej wyobraźni przenieś się do pięknej, zielonej, szmaragdowej dżungli. Otocz się bogactwem i wspaniałą ochronną tarczą zieleni. Bądź zielenią, wdychaj ją. Wdychaj uspokajającą, łagodną energię zieleni. Z każdym mocnym wydechem przez usta uwalniaj się od uczucia samozwątpienia, zaborczości i lęku. Podczas wdechu przez nos wypełniaj się energią koloru zielonego. To bardzo prosta technika samouzdrawiania.

Dzisiaj kolor, światło i zrozumienie energii są coraz bardziej popularne na świecie, a wiedza o kolorach przechodzi renesans w nowoczesnej nauce, m. in. medycynie. Dr Alfred Louis z uniwersytetu w Oregano w Stanach Zjednoczonych posługuje się kolorami w trakcie zabiegów stosowanych wobec pacjentów przechodzących ciężką depresję w zimie, a powracających do zdrowia na wiosnę. Pracuje on także nad innymi „sezonowymi" chorobami, takimi jak choroba wrzodowa. Jego badania polegają na określeniu wpływu światła na nasz układ hormonalny. Dużo pisano o uspokajającym wpływie jaskraworóżowego koloru, zwanego różem Becker-Millera.

Alexander Swash z Amerykańskiego Instytutu Badań Bionaukowych używa tego koloru do uspokojenia układu nerwowego swoich pacjentów. Zauważył on, że podwyższone ciśnienie krwi, szybszy puls oraz przyśpieszona praca serca wracają do normy dużo szybciej w obecności tego koloru. Przyjął założenie, że kolor ten może też mieć wpływ na poziom agresji. Sprawdził to w więzieniu wojskowym w Seattle. Cela przyjęć została tam pomalowana w kolorze jaskraworóżowym. Nowo przybyli więźniowie byli w niej zamykani i obserwowani przez 15 minut. W tym czasie nie było między nimi żadnych agresywnych incydentów, co jest dosyć niezwykłe jak na to więzienie. Uspokajający wpływ tego koloru utrzymywał się co najmniej przez 30 minut po opuszczeniu celi. Badanie to zostało powtórzone wielokrotnie w licznych innych instytucjach, z takim samym wynikiem. Co ciekawsze – daltoniści okazali takie same fizjologiczne zmiany pod wpływem tego koloru. Dr Swash twierdzi, że wpływ różu Becker-Millera odbywa się na płaszczyźnie fizycznej, a nie psychologicznej czy kulturowej. Mimo że osoba może nie widzieć tego koloru (tak jak nie widzą go daltoniści), czujniki w oku odbierają informację od promieniujących źródeł energii i przekazują ją poprzez przysadkę mózgową do szyszynki. Innymi słowy, „widzimy" także swoimi gruczołami!

Dr Max Lusher – naukowiec badający od wielu lat terapeutyczne oddziaływanie koloru – wyjaśnia: *Dzisiaj, po wielu tysiącach testów z kolorami przeprowadzonymi w Ameryce, Europie, Afryce, Japonii i Australii wiemy, że każdy konkretny kolor wywołuje taką samą reakcję każdej osoby badanej, bez względu na jej pochodzenie kulturowe. Pomarańczowoczerwony kolor pobudza, a ciemnoniebieski uspokaja każdą badaną osobę. I w tym także tkwi uniwersalna wartość psychologii kolorów.* Dr Lusher stwierdził, że barwa – tak samo jak muzyka – wywołuje uczucia, nastroje oraz wyraża najbardziej subtelne emocje. Odcień, jasność, intensywność koloru wywołuje takie same specyficzne emocje w każdym z nas.

Poniżej omawiam indywidualne cechy siedmiu kolorów.

CZERWONY

Jest to kolor czakramu bazowego, eterycznego ośrodka energii u podstawy kręgosłupa. Nasza wola przeżycia, egzystencji jest reprezentowana przez czerwień. Pobudza ona ciało fizyczne do działania, przyśpiesza akcję serca i podnosi ciśnienie krwi oraz temperaturę ciała. Przyśpiesza także oddech. To nie przez przypadek wnętrza wielu restauracji są pomalowane na czerwono; stymulujący efekt czerwieni zwiększa bowiem apetyt. Kolor ten jest także łączony z energią seksualną. Pod wpływem tej barwy doznajemy podniecenia fizycznego i chęci do działania. Kolor ten stymuluje też poczucie złości, agresji, sensacji i siły fizycznej. Wywołuje też odczucie wydłużania się czasu, w związku z czym nie jest to najlepszy kolor do poczekalni.

Osoby, których ulubionym kolorem jest czerwień, zwykle szukają podniet fizycznych. Ludzie tego typu ostro reagują i wyrażają ogromną część swojej energii poprzez seks. Preferują bezpośrednią akcję i aktywny w niej udział. Czerwony jest bezpośrednio związany z potrzebą dotyku. Tak więc osoby, które lubią kolor czerwony, na ogół żyją w czasie teraźniejszym, „tu i teraz". Czerwień łączy się także z wolą, poczuciem siły, odwagi, równowagi, wigoru, miłością, zdrowiem i niebezpieczeństwem. Ożywiające, pobudzające właściwości tego koloru pozwalają na przełamanie inercji, depresji, lęków. Jest to wspaniałe narzędzie dla ludzi lękających się wszystkiego, przejawiających tendencję do uciekania przed życiem. Kolor ten pozwala na mocne stąpanie po ziemi.

POMARAŃCZOWY

Łączy się z drugim czakramem, znajdującym się kilka centymetrów poniżej pępka. Kolor ten reprezentuje naszą potrzebę życia społecznego. Jest ciepły i pobudzający. Ale jest jaśniejszy od czerwonego, toteż energia ta ma inny wpływ na ciało. Stymuluje ona nie tyle poczucie samoprzetrwania, ile naszą funkcję w grupie i społeczeństwie. Jest to barwa szczęścia i radości. Zresztą klauni na całym świecie używają go z ogromnym sukcesem. Kolor ten pobudza optymizm, ekspansję i równowagę emocjonalną. Symbolizuje ambicję, agresję, niepokoje i ciągły ruch.

Ludzie lubiący kolor pomarańczowy wykazują tendencję do rywalizacji i pogoni za sensacją; są ambitni, pełni optymizmu, ciepła, gościnności oraz instynktów opiekuńczych. Z energią szukają kontaktów towarzyskich i akceptacji. Snują wiele ambitnych planów co do swojego kraju, środowiska i biznesu. Lubią coś projektować na skalę światową i kochają poczucie ekspansji.

Pomarańczowy jest także symbolem optymizmu, zaufania, zmian, automotywacji, entuzjazmu i odwagi. Jest to kolor życia w społeczeństwie. Może on zniwelować tendencję do zbytniej łatwowierności, gdy zapominamy o rozsądnej ocenie. Może także uleczyć podejrzliwość, brak zaufania, samolubną dumę, dążenie do władzy. Uzdrawiając, kolor pomarańczowy buduje w nas świadomość, że wszyscy jesteśmy członkami jednej globalnej rodziny. Pozwala on, aby nasza świadomość uniosła się ponad ego.

Żółty

Łączy się ze splotem słonecznym – trzecim czakramem. Jest to kolor intelektu; wpływa na intelektualny proces myślowy. Energia promienia żółtego pobudza nasze logiczne, linearne myślenie i oddziałuje głównie na lewą półkulę naszego mózgu. Żółć powoduje, że stajemy się krytyczni i trzeźwo myślący, dobrze zorganizowani, zwracamy uwagę na szczegóły. Pobudza także rozsądną ocenę, aktywną inteligencję, dyscyplinę, zdolności administracyjne, szczerość i harmonię. Kolor żółty zwiększa naszą ekspresję i prowadzi do radości życia.

Ludzie, których ulubionym kolorem jest żółty, przejawiają tendencję do poddawania wszystkiego analizie. Muszą wiedzieć co, gdzie i dlaczego oraz znać logikę problemu, zanim będą w stanie cokolwiek zrozumieć. Lubią i szukają oryginalności i zmiany, są bardzo twórczy. Szukają sposobu wyrażenia tej twórczości poprzez sztukę, literaturę i naukę. Są nader elokwentni i świadomi swojej wartości, są też ekspresyjni, odnoszą sukcesy w planowaniu i organizacji.

Spontaniczne reakcje, charakterystyczne dla kolorów czerwonego i pomarańczowego, są obce żółci. Istotny staje się dystans, zrozumienie, jak do danej sytuacji doszło i jak należy ją rozwiązać. Barwa ta wyraża zrozumienie całokształtu życia. Pobudza potrzebę życia w zorganizowanym świecie, wyrażania poczucia indywidualności i potrzebę zmian. Uzdrawiająca siła koloru żółtego dotyczy głównie lęków. Odczuwanie ich często wywołuje fizjologiczną reakcję ściśniętego żołądka. Splot słoneczny przechowuje lęki zebrane w wielu wcieleniach. Dlatego też czasami trudno nam zrozumieć, skąd się bierze dane poczucie lęku. Wyobrażanie sobie koloru żółtego w czasie medytacji regeneruje system nerwowy oraz wyzwala lęki i obawy zgromadzonev w splocie słonecznym po szczególnie ciężkich przeżyciach.

Kolor żółty jest bardzo pomocny w wyrażaniu słów krytyki, oceny i agresji. Pobudza naszą elastyczność, zdolność do zaadaptowania się do nowych warunków i zmieniających się sytuacji.

Jedność z kolorem żółtym pomoże ci w rozwiązaniu wszystkich problemów, gdyż uaktywniony zostanie twój intelekt. Pomoże ci także zrozumieć, że będzie lepiej, gdy sam znajdziesz rozwiązanie sytuacji konfliktowej, niż gdy będziesz szukać pomocy u innych; uzmysłowisz sobie, że przyszedł czas na znalezienie równowagi między głową a sercem, intelektem a uczuciami.

Zielony

Zieleń to kolor czakramu serca, centralnego ośrodka naszego pola energetycznego. Barwa ta jest punktem równowagi pomiędzy ciepłymi, aktywnymi kolorami spektrum (czerwony, pomarańczowy, żółty) a chłodnymi (niebieski, indygo, fiolet). Zieleń pobudza poczucie równowagi, miłości, harmonii, pokoju, nadziei i uzdrowienia.

Ludzie, których ulubionym kolorem jest zieleń, są na ogół szczodrzy, otwarci i znają swoją wartość. Dążą do uzyskania sukcesów zarówno finansowych, jak i miłosnych. Potrzebują potwierdzenia swojej wartości w oczach innych, aby mogli uzyskać spokój wewnętrzny. Ich witalność, siła i pewność siebie są bardzo pomocne w rozwiązywaniu problemów. Zielony pobudza potrzebę czucia się pewnie i bezpiecznie, odczuwania własnej siły i wartości oraz potrzebę kochania, bycia kochanym, funkcjonowania w rodzinie.

Wibracja koloru zielonego, wypełniająca po brzegi twoje serce, będzie pomocna w uleczeniu głęboko zakorzenionego poczucia żalu, niechęci, pretensji do świata i ludzi. Energia zieleni pomaga także w pozbyciu się ograniczających nas przyzwyczajeń, które powodują wiele niepokoju w naszym życiu. Aby uzyskać spokój wewnętrzny, dobrze jest nauczyć się cieszyć z tego, co mamy, i starać się nie uzależniać od potrzeby posiadania. Zieleń dominuje w naturze; jest symbolem obfitości i uzupełniających się we wszechświecie sił. Energia zieleni jest bardzo uzdrawiająca – pozwala nam uwolnić się od wątpliwości i niepewności. Medytując nad czystością zieleni, skontaktujesz się z prawdziwie współczującą, otwartą częścią swojej osobowości. Gdy nasze serce stoi otworem, miłość wszechświata może swobodnie przez nas przepływać. Czujemy się bezpieczni i pewni siebie. Chcemy żyć w pełni i w radości.

NIEBIESKI

To kolor czakramu gardła, pierwszy kolor zimnego spektrum, pobudzający do szukania prawdy wewnątrz. Aby uzyskać spokój wewnętrzny i znaleźć poczucie bezpieczeństwa, żyć według swoich ideałów, medytuj i otaczaj się kolorem niebieskim.

Podczas gdy zieleń odnosi się raczej do naszego zabezpieczenia materialnego – kolor niebieski rozwija bezpieczeństwo duchowe oraz pragnienie zrozumienia swoich światów wewnętrznych.

Ludzie, którzy lubią ten kolor, są na ogół idealistami, są bardzo cierpliwi i wytrzymali, pełni nostalgii, oddania, spokoju i lojalności. Żyją oni w swoim własnym świecie pełnym ideałów, lubią odnajdywać zadowolenie oraz spokój wewnętrzny Nie akceptują dramatycznych zmian.

Kolor niebieski pobudza inspirację, twórczość, duchowe zrozumienie i oddanie. Czas płynie bardzo szybko w kolorze niebieskim, jest więc to idealny kolor do poczekalni.

Promień koloru niebieskiego zawiera w sobie takie wartości jak łagodność, zadowolenie, cierpliwość, opanowanie, a więc jest doskonały dla ludzi impulsywnych. Jest także ogromnie korzystny dla ludzi sztywno trzymających się swoich poglądów, którzy opierają się zmianom.

Niebieski ma siłę syntezy; łączenia odrębnych elementów w integralną całość. Szczerość i uczciwość mają kolor niebieski. Jeżeli jesteś uczciwy wobec siebie, zapewne jesteś taki w stosunku do innych. Jest to kolor komunikowania się, przekazywania nowych pomysłów.

INDYGO

Kolor indygo łączy się z czakramem trzeciego oka, z tym specjalnym punktem w środku naszego czoła, pomiędzy brwiami. Odnosi się do intuicji, pobudza naszą potrzebę poczucia jedności ze wszechświatem, pielęgnowania otwartych, bezkonfliktowych związków. Rozwija potrzebę wspierania rozwoju ludzkości. Podobnie jak kolor niebieski – uspokaja i łagodzi.

Interesujące, jak zmienia się nasz stosunek do upływu czasu w trakcie przechodzenia przez spektrum kolorów. Im bardziej zbliżamy się do swoich zmysłów, tym większe mamy wrażenie, że czas szybciej płynie do przodu. Im bardziej zbliżamy się zaś do swojej wyobraźni, tym bardziej czas wydaje się płynąć wstecz. Gdy oceniamy swoje zmysły poprzez np. kolor czerwony, mamy poczucie bezpośredniej teraźniejszości, tu i teraz.

Gdy patrzymy na otaczającą nas rzeczywistość przez intelekt, czyli kolor żółty, mamy poczucie logicznego przepływu wypadków, tak jak ruchu samochodów na autostradzie. Gdy natomiast obserwujemy przez pryzmat uczuć, czyli kolor niebieski, mamy wizję historycznego ciągu, przypominającego słoje na drzewie. Gdy patrzymy na rzeczywistość z punktu widzenia intuicji, co symbolizuje kolor indygo, mamy wizję przyszłości, jak orzeł oglądający świat w czasie lotu wysoko na niebie. Z tego punktu obserwacyjnego doświadcza wizji. Osoby, których ulubionym kolorem jest indygo, zdradzają tendencję do myślenia abstrakcyjnego, są pełne inspiracji i zaufania do przyszłości. Mają także zdolność intuicyjnego odbierania świata wewnętrznego innych. Indygo pobudza duchową percepcję i intuicję.

Medytowanie nad duchowym kolorem indygo pomaga w przekroczeniu świata zmysłów. Budzi poczucie istnienia innych płaszczyzn świadomości, innych światów, innych poziomów egzystencji. Jest także bardzo pomocne dla ludzi nieobecnych duchem, zapominalskich, bujających w obłokach, niezorganizowanych lub żyjących przyszłością.

Fioletowy

To kolor czakramu korony na czubku głowy. Łączy się także z wyobraźnią. Ma najwyższe wibracje z widzialnego widma światła. Wpływa na nasze boskie spełnienie, rozbudzenie pokory i wyobraźni. Pobudza potrzebę uporządkowania, wyrażania sympatii i czułości oraz bycia w związku z wszechświatem. Wyobraźnia ma wpływ nie tylko na komórki naszego ciała, ale także na życie towarzyskie w różnych jego przejawach. Możliwości wyobraźni są nieograniczone, siła wyobraźni tworzy w istocie otaczającą nas rzeczywistość.

Ludzie, których ulubionym kolorem jest fiolet, mają na ogół ogromną wyobraźnię, szukają harmonii, cechuje ich wysoko rozwinięte poczucie zachwytu i błogostanu, są w zgodzie z samymi sobą.

Medytacja z kolorem fioletowym wpływa zdecydowanie uzdrawiająco na osoby o negatywnym wyobrażeniu o sobie, gdyż barwa ta ma w sobie energię i siłę, potrzebne do zmiany kierunku naszej wyobraźni. Jest także bardzo pomocna dla osób śniących na jawie.

Kolor fioletowy wraz z twórczą siłą wyobraźni prowadzą nas w kierunku rozwoju duchowego i duchowej miłości.

Jeżeli chcesz wiedzieć więcej, poczytaj

- D. Campbell – *Kolorowe energie* (Limbus, 1997).
- Kuthumi – *Studia nad aurą ludzką* (Olsztyn, 1993).
- Annie Wilson – *Jesteś kolorem. Joga, aura i energie* (Pusty Obłok, 1993).
- Lee Sanders – *Kolory twojej aury* (Kraków, 1993).
- Keith Sherwood – *Czakroterapia. Rozwój osobowości a zdrowie* (Warszawa, 1993).
- D. i H. Sun – *Kolory życia* (Ravi, 1996).
- Lilian Verner-Bonds – *Uzdrawiająca moc kolorów* (Ravi, 2000).

Płyta CD

- Ewa Foley – *Uzdrawiająca moc kolorów (czakroterapia)* – wykład o znaczeniu koloru w naszym życiu i uzdrawiająca medytacja wykorzystująca wizualizację kolorów i dźwięk (ISI, 1995).

O RODZINIE

> Więzy, które łączą Twoją rodzinę, nie są więzami krwi, ale szacunku i radości, jakie wnosicie nawzajem do swojego życia.
>
> Richard Bach

Czasami odsuwamy się od swoich prawdziwych „biologicznych" rodzin. Wierzę, że możliwe jest ponowne zbliżenie się do nich, jeżeli odpowiednio to zaplanujemy.

> Spadające liście wracają do swoich korzeni.
>
> przysłowie chińskie

- Dziel się książkami, które zrobiły na tobie wrażenie.
- Zbieraj artykuły, które mogą zainteresować twoją siostrę czy mamę. Włóż im je do ręki, mówiąc: *Pomyślałam, że to cię zainteresuje. Może ci się przyda ta informacja.*
- Dzwoń do bliskich i regularnie ich odwiedzaj.
- Załóż książeczkę urodzin całej rodziny.
- Nagraj na kasetę audio lub wideo opowieści rodzinne.
- Zaproś swoją rodzinę na uroczystą kolację – bez powodu.
- Mów swoim bliskim, jak bardzo ich kochasz.

> Nazywaj to klanem, nazywaj to siecią, nazywaj to plemieniem, nazywaj to rodziną. Bez względu jak to nazywasz i kimkolwiek jesteś, to tego potrzebujesz.
>
> Jane Howard

Jeżeli chcesz dowiedzieć się więcej, poczytaj

- Harold H. Bloomfield, Leonard Felder – *W zgodzie z rodzicami. Klucz do wzbogacenia życia i związków z ludźmi* (Zysk i S-ka, 1997).
- Richard Carlson – *Dzieci, rodzice, szczęście* (Ravi, 1996); *Nie zadręczaj się drobiazgami w miłości* (Rebis, 2000).
- Richard Bandler, John Grinder, Virginia Satir – *Zmieniamy się wraz z rodzinami: O zdrowej komunikacji* (GWP, 2000).
- Robert Skynner, John Cleese – *Żyć w rodzinie i przetrwać* (Santorski & Co., 1992).

Zapraszam na weekendowe warsztaty

- Rodzina – najlepsze miejsce na świecie,
- Żyć w rodzinie i czerpać z tego radość,
- Kobiety, matki, córki...
- My, kobiety, w związkach.

O DELFINACH

Twoje zdrowie, twój system odpornościowy, stan mózgu, struktura, układ twoich komórek mogą być odmienione przez delfiny.

David Cole

Delfiny to jedne z najbardziej niezwykłych stworzeń, od niepamiętnych czasów intrygujące człowieka. Są nader inteligentne, łagodne, lubią zabawy i nas, ludzi. Od dawna wiadomo, że pływanie wraz z delfinami ma niezwykłe właściwości terapeutyczne i pozwala pokonać wiele chorób oraz dolegliwości psychosomatycznych. Jest wielu badaczy tego zjawiska, którzy wierzą, że pływanie z delfinami może wywierać głęboki wpływ na ludzi.

Sama tego doświadczyłam 15 lat temu, w czasie zetknięcia się ze stadem dzikich delfinów na South Coast w Australii, w okolicach Batesman Bay, dokładnie przy Moraya Head. Pewnego poranka w czasie urlopu siedziałam pogrążona w medytacji na plaży, jak zwykle z dala od reszty znajomych. Zapadłam w głęboką kontemplację, słuchając kojącego szumu Oceanu Spokojnego. W ręku miałam patyk podniesiony na spacerze, w pewnym momencie otworzyłam oczy i zaczęłam rysować na piasku przed sobą... spirale – małe, duże, wielkie, osobne i nakładające się na siebie spirale. Nigdy czegoś takiego nie widziałam, może tylko na aborygeńskich malunkach.

Nie wiem, czy to za sprawą tej spiralnej mandali weszłam w świat snów delfinów (*dolphin dream-time*), czy też one pierwsze wysłały mi sygnał, że się zbliżają. W każdym razie nagle odebrałam telepatycznie sygnał. Dziwny sygnał, całkiem mi nieznany. To nie był dźwięk, to nie moje uszy go odbierały, tylko moje serce. Wiedziałam, że dochodzi z oceanu i wiedziałam, że jestem wzywana przez delfiny. Skąd wiedziałam? Nie mam pojęcia. Po prostu wiedziałam. W mojej głowie pojawił się obraz stada delfinów. Zastygłam w bezruchu z patykiem w ręku i wbiłam oczy w wielki błękit rozpościerający się przede mną. Są! Daleko przede mną skakały po falach lśniące ciała delfinów. Wiedziałam, że muszę wejść do wody, że chcę odpowiedzieć na to wezwanie. Zaczęłam płynąć przed siebie w otwarty ocean. W pewnej chwili ogarnął mnie lęk przed rekinami, częstymi gośćmi tych okolic. Odszedł tak szybko, jak się pojawił. Czułam się bezpiecznie. Płynęliśmy w swoją stronę!!! Delfiny otoczyły mnie kręgiem. Tak bardzo chciałam któregoś dotknąć – nie dały się. W tej zabawie nie chodziło o dotykanie. Nie wiedziałam, o co chodzi, ale poddałam się „instrukcjom". One wiedziały, o co chodzi, bo wirowały wokół mnie i pode mną, i nade mną, tworząc spirale energii. Nagle położyłam się na plecach i pojawił się trudny do opisania stan świadomości. Dzika, bezwarunkowa, czysta radość i szczęście!! Śmiałam się jak oszalała, zachłystując się wodą i nasycając wibracjami tych niezwykłych, żyjących w pełnej harmonii ze sobą i środowiskiem zwierząt. Moje wnętrze było HARMONIZOWANE! Zobaczyłam, jakie to wszystko jest proste, zobaczyłam, jak komplikowałam sobie swoje życie. Śmiałam się jeszcze głośniej, a delfiny jakby śmiały się ze mną... Nie potrafię tego uczucia oddać słowami. Ich przesłanie było przejrzyste: KOCHAJMY SIĘ. BAWMY SIĘ. WSPIERAJMY SIĘ NAWZAJEM I NIE RÓBMY KRZYWDY ZIEMI. Uczmy się od nich!

Kątem oka dostrzegłam, że kilka osób z mojej grupy założyło płetwy, maski i rurki i płynie w naszą stronę. Musieli zobaczyć ten show i chcieli się przyłączyć. Nie zdążyli. Delfiny machnęły ogonami i odpłynęły, a ja płynę z powrotem na brzeg. Wychodzę z wody i mam wrażenie, że jestem inną kobietą. COŚ się zmieniło. Jestem nową Ewą. Wiele lat później, zainspirowana tym doświadczeniem, napisałam i nagrałam wizualizację pływania z delfinami, a moja koleżanka napisała do niej muzykę z dźwiękami delfinów w tle. W każdej chwili mogę cię zaprowadzić na tę magiczną plażę, gdzie się z nimi spotkasz!

Tego samego dnia wieczorem na tej wspaniałej białej plaży przy ognisku mój towarzysz życia Terry oświadcza mi się. Przyjmuję to jak coś najbardziej naturalnego, mimo że przedtem nigdy o tym nie rozmawialiśmy. Ślub wzięliśmy kilka miesięcy później w Auckland, w Nowej Zelandii, w pięknym różanym ogrodzie w centrum miasta.

David Cole, naukowiec z Los Angeles, jest jednym z najciekawszych badaczy delfinów. W swoich badaniach posługuje się konwencjonalnymi metodami oraz skonstruowanym przez siebie urządzeniem cyberfin, które umożliwia wirtualne pływanie z delfinami. Potwierdził on badania prowadzone przez wybitnych naukowców, takich jak E. J. Slijper, dr John Lilly, Richard Mark Martin. Wszyscy oni stwierdzili, że kontakt z delfinami wywiera bardzo pozytywny wpływ na chorych – ich system nerwowy, odpornościowy, a także na stan umysłu. Cole zauważył także u uczestników swoich eksperymentów większą harmonię między ich półkulami mózgowymi oraz pracę mózgu w czasie doświadczania kontaktu z delfinami wydajniejszą niż zazwyczaj. Do czasu jego badań uważano, że pływanie z delfinami tylko relaksuje i wzmacnia układ odpornościowy. Cole utrzymuje, że *relaks nie może wyjaśniać zmian fal mózgowych i składu chemicznego krwi u ludzi, którzy pływali z delfinami.*

Warto dodać, jako ciekawostkę, że na zachodzie Australii znajduje się magiczne miejsce o nazwie Monkey Mia. Od wielu lat przypływają tam rodziny delfinów, by pływać przy brzegu z ludźmi. Wieści o tym szybko się rozeszły po całym świecie i dzisiaj do Monkey Mia przybywają tłumy, chcąc zobaczyć to niezwykłe zjawisko. Co ciekawe – w miarę jak przybywa ludzi, pojawia się też więcej delfinów.

Działalność terapeutyczna z udziałem delfinów została zapoczątkowana w wielu miejscach na świecie na początku lat siedemdziesiątych. **Doświadczenia obcowania z delfinem, pozyskania jego akceptacji i zaufania nie można z niczym porównać; dla człowieka, który tego doświadczył, ma ono dalekosiężne skutki.** Delfiny mają zdolność inspirowania tych, którzy nawiążą z nimi kontakt, dając im poczucie totalnej radości, wolności i nadziei. Psycholog amerykański, Betsy Smith, stworzyła rewolucyjny program nawiązywania kontaktów między delfinami a dziećmi autystycznymi, które zakwalifikowano jako przypadki beznadziejne. Zaobserwowała, że reakcje tych dzieci były zdecydowanie żywsze, podczas gdy stan dzieci autystycznych bawiących się na plaży plastikowymi delfinami nie uległ żadnej poprawie. Horace Dobbs, który otrzymał w Oxfordzie stopień doktora honoris causa za prace dotyczące mózgu, powołał do życia International Dolphin Watch i zainicjował Operation Sunflower (Operacja Słonecznik), której celem jest umożliwienie umysłowo chorym kontaktów z delfinami. Robert Barnes, niegdyś terapeuta specjalizujący się w technikach oddechowych, proponuje ludziom pływanie z dzikimi delfinami w hrabstwie Northumberland w Anglii. Obecnie prowadzi się blisko 200 ośrodków terapeutycznych z udziałem delfinów; większość z nich z delfinami żyjącymi w naturalnym środowisku i dobrowolnie leczącymi ludzi. Wiadomo bez cienia wątpliwości, że wspólne pływanie z nimi pomaga ludziom z takimi symptomami jak zespół Downa, autyzm, kłopoty z koncentracją, dystrofia mięśniowa i uszkodzenia kręgosłupa.

W połowie lat osiemdziesiątych poznałam w Sydney wspaniałą kobietę, pisarkę, reżyserkę i producentkę filmów Estelle Myers. Estelle opowiedziała mi, jak spotkanie z delfinami na plaży przy Barrier Reef (Rafa Koralowa) odmieniło bieg jej życia. Od tej pory poświęciła się bez reszty zwracaniu uwagi publicznej na kwestie ochrony środowiska i magiczną siłę kontaktów ludzi z delfinami. Estelle podróżuje po całym świecie, zdobywając poparcie dla tej sprawy. Napisała scenariusz do zachwycającego filmu *Oceania. The Promise of Tomorrow* (Oceania. Obietnica jutra), który sama wyreżyserowała i wyprodukowała. Ukazuje on delfiny w naturalnym środowisku i w niewoli, a komentarz stanowią poglądy prezentowane przez światowe autorytety. Założyła w Nowej Zelandii Rainbow Dolphin Center (Centrum Tęczowego Delfina), gdzie kobiety mogą rodzić dzieci w obecności i asyście delfinów – położnych. Jest ona głęboko zaangażowana w międzynarodowy ruch na rzecz porodów w wodzie, zainicjowany przez francuskiego położnika Michela Odenta (patrz rozdział *Zakochaj się w oddechu*) i Igora Czarkowskiego w Rosji. Badania dzieci, które przyszły na świat pod wodą, dały zdumiewające wyniki. Dzieci te, od pierwszych chwil życia przyzwyczajane do pływania, są zdrowsze, silniejsze, spokojniejsze i praktycznie nie lękają się niczego. Sama byłam świadkiem tego, jak Igor Czarkowski, przebywający na zaproszenie Estelle w Sydney, prowadził „szkolenie" dla *water babies*, czyli wodnych niemowlaków, w basenie naszej koleżanki. Po prostu wrzucał kilkutygodniowe i kilkumiesięczne bobasy do wody – a one, pod warunkiem, że przepełnione lękiem matki były daleko!! – po jakimś czasie spokojnie wypływały na powierzchnię, brały oddech jak małe delfinki, po czym nurkowały jeszcze głębiej. Jedna z matek nie wytrzymała nerwowo i rzuciła się na ratunek swemu pierworodnemu w stronę basenu. W tym momencie jej syn zaczął tonąć. To było niesamowite. Czarkowski odepchnął matkę, wyłowił sinego malca, coś do niego mówił, pomasował go, ewidentnie usuwając traumę z jego ciałka. Po chwili z zimną krwią ponownie zanurzył go w wodzie, puścił, a chłopiec sam wypłynął na powierzchnię i zademonstrował nam wielki uśmiech i głęboki, swobodny wdech! W filmie *Oceania* pokazane są noworodki oraz dzieci pływające i bawiące się pod wodą. Obliczono, że dzieci takie są w stanie pływać na głębokość 60 m i wstrzymywać oddech na 16 minut! Dzieciom tym nadano miano *homo delphinus* (człowiek-delfin). Byłby to nowy gatunek człowieka, znakomicie przystosowany do życia na lądzie i w wodzie, silny, nieulękniony, o łagodnej naturze i niezwykłym potencjale rozwojowym.

Dzięki Estelle wzięłam udział w organizowanej przez nią międzynarodowej konferencji HOMO DELPHINUS w Australii, gdzie doszło do spotkania czołowych autorytetów, m.in. Horace Dobbsa, Betsy Smith, Johna Lilly, Ricka O'Barry (trener delfinów występujących w serialu telewizyjnym *Flipper*). Uczestniczył też w niej mój idol, Jacques Mayol. Ten francuski mistrz nurkowania, autor książek i filmów, jest pierwszym człowiekiem-delfinem. Opowiada, że to dzięki kontaktom z delfinami zapuszczanie się na głębokość ponad 60 metrów i wstrzymywanie oddechu na ponad 4 minuty jest dla niego naturalne. Towarzyszący mu płetwonurkowie (oczywiście z aparatami tlenowymi) potrzebują półtorej godziny na dekompresję! O życiu i osiągnięciach Mayola opowiada magiczny film *Wielki błękit*, wyreżyserowany przez Luca Bessona na podstawie własnego scenariusza. Mayol był konsultantem tego filmu. Miałam przyjemność poznać Bessona w czasie jego wizyty w Sydney i wysłuchać ciekawej historii, związanej z castingiem do głównej roli.

Obejrzałam *Wielki błękit* kilkanaście razy, pokazuję go nieustannie moim przyjaciołom, często słucham muzyki Erica Serra z tego filmu. Za każdym razem jest to dla mnie wielkie przeżycie.

Inne wewnętrzne doświadczenie z delfinami stało się udziałem Lancy Monroe, żony autora głośnych, wydawanych także w Polsce książek (*Podróże poza ciałem, Dalekie podróże*). W czasie zabiegu chemioterapii na jej rękę przypadkowo wylał się preparat chemiczny, co spowodowało silny ból, opuchliznę i szybko rozprzestrzeniające się czernienie ręki. Natychmiast po tym incydencie, namówiona przez swoją przyjaciółkę, badaczkę delfinów Shay St. Jones, zwizualizowała siedem delfinów płynących przez strumień swojej krwi. Ukierunkowując pracę delfinów, mentalnie przekazała im, że chemia w jej ręce należy do nich, więc mogą ją zjeść. Ze zdumieniem obserwowała, jak ręka zaczęła jaśnieć, opuchlizna zmniejszać się, a ból przeszedł. Po upływie kilku godzin ręka była zdrowa! Kobiety podziękowały delfinom za pomoc i, zainspirowane tym wydarzeniem, powiedziały im, że mogą codziennie żywić się komórkami rakowymi Nancy. W ten sposób powstała organizacja DEC (Dolphin Energy Club – Klub Energii Delfinów), licząca dzisiaj kilkaset członków w różnych krajach. Metoda leczenia propagowana przez DEC sprowadza się do ćwiczeń wizualizacyjnych i NAWIĄZANIA KONTAKTU Z WŁASNYM DELFINEM. Energia tego zwizualizowanego delfina pomaga w leczeniu wielu chorób, zmniejsza ból i poprawia stan psychiczny pacjenta. Z tego co wiem, pierwsza część pracy polega na leczeniu siebie, druga natomiast na leczeniu innej osoby, która poprosiła o pomoc. Członkowie DEC pomagają sobie wzajemnie w wielu problemach i przypadłościach, także na odległość, wiedzą bowiem, że odległość fizyczna nie jest żadną przeszkodą.

Zapamiętaj

Ty też możesz nawiązać kontakt ze SWOIM DELFINEM.

W USA od dawna prowadzi się badania nad tym, w jaki sposób delfiny mogą pomagać ludziom. A jednak ich życie nadal pozostaje w dużym stopniu niezgłębioną tajemnicą. Te zagadkowe stworzenia obdarzone są urokiem, wdziękiem, urodą i dobrocią. Od średniowiecza ujrzenie wieloryba czy delfina uważano za dobrą wróżbę.

Delfiny są niezwykle towarzyskimi i łaskawymi stworzeniami. Niczego od ludzi nie potrzebują, a jednak odnosi się wrażenie, że szukają z nimi kontaktu, by dzielić się cudownym poczuciem radości życia.

Żyją około 50 lat, a rozmiar i waga, w zależności od gatunku, waha się od 30 do 200 kg. Wydają na świat tylko jednego potomka, którym opiekują się troskliwie od 12 do 18 miesięcy. Delfiny słyną ze swej inteligencji i wesołego usposobienia. Ich mózg ma mniej więcej takie same możliwości jak nasz. Biorąc pod uwagę wielkość ciała, u delfinów przypada około 220 gramów mózgu na odcinek ciała długości 35 cm, podczas gdy u człowieka – około 255 gramów. W obu przypadkach kora mózgowa – obszar, który zawiaduje inteligencją, koordynacją ruchów i równowagą jest porównywalnych rozmiarów. Szybkość, z jaką delfiny się uczą, jest dowodem ich inteligencji, podobnie jak zdolność do zgodnego współżycia w wielkich stadach i współpracy z innymi osobnikami tego samego gatunku. Delfiny są bardzo stadnymi zwierzętami, żyją w bardzo dużych gromadach, dochodzą- cych nawet do tysiąca sztuk. Stada zwykle rozpadają się na mniejsze, jeżeli brakuje ryb.

Między członkami stada wytwarzają się bardzo silne więzi i niezawodne metody wzajemnego porozumiewania za pomocą dźwięków, które są czymś w rodzaju mowy. Wydają dwa rodzaje odgłosów: pierwsze z nich służą do orientacji przestrzennej, gdyż działają na zasadzie echosondy pozwalającej lokalizować prze-szkody i innych członków stada. Drugie służą do komunikowania stanów emocjonalnych, informowania o zagrożeniach i tak naprawdę nie wiadomo do czego jeszcze.

Gdy stado znajduje się w niebezpieczeństwie, starsze delfiny tworzą krąg wokół młodych, zapewniając im ochronę. Delfiny są bardzo lojalne wobec pozostałych członków stada. Młode oraz stare i niedołężne osobniki są podciągane ku powierzchni wody, by mogły zaczerpnąć powietrza. Jeśli któryś z delfinów zostanie zraniony, inne natychmiast gromadzą się wokół i starają się mu pomóc. Często biorą go na grzbiet i na zmianę holują. Rzadko opuszczają towarzysza w potrzebie. Ten altruizm dotyczy także ludzi. Znane są z tego, że nieraz odpędzały czające się rekiny i wspomagały pływaków w chwili kryzysu, często przyjmując rolę przyjaciela i opiekuna. Jest wiele relacji o tym, jak delfiny służyły pomocą ludziom w potrzebie i bezpiecznie eskortowały ich do brzegu; narosły wokół tego legendy. Ostatniego lata na jednej z plaż Sydney opowiadano przez wiele miesięcy historię surfera, który przeżył atak rekina dzięki „wstawiennictwu" delfinów, które odgoniły od rannego pływaka drapieżcę i nosami doholowały deskę, na której leżał nieprzytomny już z upływu krwi młody człowiek. Pchnęły go na piasek, gdzie czekali ludzie, i odpłynęły!

Zapamiętaj

Delfiny zdają się doświadczać czystej radości i umiłowania świata, które przenika do każdego obszaru ich życia. Uczmy się od nich!

Delfiny uwielbiają się bawić. Na wolności swawolą z każdym stworzeniem, które znajdzie się na ich szlaku. Naturalna szybkość, żywość i ciekawość znalazły dobry użytek w sztuce zabawy. Samice „pożyczają" młode od swych towarzyszek, by cieszyć się ich igraszkami, a także zajmują się dzieckiem, gdy jego mama wyrusza na połów.

Prócz człowieka nie zagraża im wiele drapieżników. Niestety, za swój przyjazny stosunek do człowieka płacą wysoką cenę. Człowiek zazwyczaj nie odwzajemniał się im tym samym. Były czasy, kiedy masowo je zabijano w celu uzyskania oleju wysokiej jakości do precyzyjnych mechanizmów. Na szczęście dzisiaj produkt ten można już uzyskać z innych źródeł. Miliony delfinów zginęło w sieciach poławiaczy tuńczyków. **Na szczęście** akcje bojkotów, do których doszło w USA, doprowadziły na początku lat 90. do porozumienia, na mocy którego producenci konserw kupują tuńczyki od poławiaczy, łowiących na terytoriach, gdzie nie ma delfinów. **Te puszki są specjalnie zaznaczone wizerunkiem delfina. Nie kupuj innych puszek!**

Na jaw wychodzą coraz to nowe fakty, świadczące o wykorzystywaniu delfinów do celów militarnych. Marynarka amerykańska podobno do dnia dzisiejszego „zatrudnia" w swojej służbie te inteligentne zwierzęta, chociaż oficjalnie się do tego nie przyznaje. Wykorzystuje je do głęboko niehumanitarnych celów i zadań w swych operacjach podwodnych, np. jako straży łodzi atomowych. Wiadomo też, że sowiecka flota wojenna na Morzu Czarnym używała delfinów do odnajdywania min wroga oraz obcych nurków. Kiedy czasy się zmieniły, okazało się, że dla 70 uwięzionych w Sewastopolu delfinów brak już zadań; były one bliskie zagłodzenia. **Na szczęście** ktoś wpadł na pomysł, aby wykorzystać je do nowej roli – do terapii dzieci z różnego rodzaju zaburzeniami psychicznymi. Delfiny te leczą również stany lękowe, nocne moczenie się i wiele innych zaburzeń fizjologicznych. W programie tym bierze udział około 20 delfinów i – niestety! – są traktowane czysto instrumentalnie. Nie wiadomo, czy wykorzystywane są również do cel ów militarnych. Brak informacji, co stało się z pozostałymi zwierzętami.

Jeżeli chcesz wiedzieć więcej, poczytaj

- Lisa Tenzin-Dolma – *Uśmiech delfina* (Pusty Obłok, 1994).

Płyty CD

- Ewa Foley – *Sen z delfinami* – wizualizacja pływania z delfinami oraz muzyka ze śpiewem delfinów nagranym w Australii (ISI, 1997).
- Ewa M. Tęczowska – *Delfinowy relaks ucznia* (wyd. autorka, 1998).

O jodze

Praktyka jogi przywraca pierwotne poczucie miary i proporcji. Jest to idealna technika zapobiegająca fizycz-nym i psychicznym chorobom, rozwija-jąca poczucie niezależności i zaufanie do siebie, wypracowująca spokojny oddech, zrównoważony umysł i nieugiętą wolę.

Yehudi Menuhin

Joga jest jedną z najstarszych metod jednoczenia umysłu i ciała. Słowo „joga" oznacza jedność, zjednoczenie. Z sanskrytu: *yuj* – wiązać, łączyć lub obarczać brzemieniem, kierować i skupiać na czymś uwagę. Joga jest jednym z sześciu ortodoksyjnych systemów filozofii indyjskiej. Jest to całościowy system myślenia i działania, który uczy człowieka samodyscypliny, pozwalającej zarówno radzić sobie z codziennym życiem w sposób zrównoważony, jak i rozwijać się na drodze duchowej. Ten system wiedzy został sformułowany ponad dwa tysiące lat temu przez Patańdżalego. Składa się z ćwiczeń fizycznych (*asany*) i ćwiczeń oddechowych (*pranajamy*).

W XIX wieku ludzie wracający z Indii oraz badacze filozofii hinduskiej zaczęli propagować jogę na Zachodzie. Od tej pory jej popularność szybko rosła, czemu sprzyjały wyjazdy za Zachód Hindusów praktykujących jogę (joginów), m.in. B. K. S. Iyengara, Vivekanandy i Vishnu Devanandy.

Ten najstarszy hinduski system filozoficzny współcześnie z powodzeniem może być wykorzystywany do celów leczniczych. Chociaż u większości ludzi joga kojarzy się z dziwnymi pozycjami skręcającymi ciało i ze staniem na głowie, to aktywność fizyczna stanowi tylko jeden z wielu aspektów jogi.

Rozróżnia się siedem ścieżek jogicznych:

- *Hatha-joga,* pierwszy etap duchowego rozwoju człowieka. Poprzez ćwiczenia uzyskuje się właściwy przepływ energii życiowej.
- *Karma-joga,* dochodzenie do rozumienia karmy (przeznaczenia).
- *Bakt-joga,* nauka o miłości do bliźnich, do siebie, do Boga.
- *Mantra-joga,* wyższy poziom. Powtarzanie specjalnie dobranych dźwięków.
- *Dżnani-joga (gnajana-joga),* droga dalszego doskonalenia duchowego mędrców i uczonych.
- *Radża-joga (joga królewska),* suma wszystkich ścieżek jogi.
- *Tantra-joga,* ukoronowanie rozwoju duchowego jogi.

Hatha-joga, jedyna forma jogi, która zajmuje się ciałem. Jest to najbardziej popularna odmiana jogi i często praktykuje się ją dla utrzymania sprawności ciała. Stanowi ona niewielki, ale bardzo ważny fragment całego systemu. Hatha-joga jest bowiem pierwszym stopniem do samopoznania *(samadhi).* Dopiero gdy panuje się nad ciałem, umysł i dusza mogą dostąpić wyzwolenia. Hatha-joga jest ukierunkowana na zachowanie zdrowia, a nie na rozwój mięśni, który może być przyjemnym, ale ubocznym efektem. Można ją stosować w postaci prostych ćwiczeń, które przynoszą wyniki rzadko osiągane w gimnastyce innego rodzaju. Są nim głęboki relaks i spokój umysłu.

Odkryłam jogę, gdy miałam 33 lata. Pierwsza lekcja z moją pierwszą nauczycielką, której nigdy nie zapomnę, 62-letnią Pamelą Brown w Woden Valley School of Yoga w Canberrze, była objawieniem: przeciąganie przychodziło mi łatwo, dawało radość, relaks i uspokojenie. Czułam się znakomicie, ustąpiły prześladujące mnie bóle kręgosłupa, miałam więcej energii i chęci do życia niż przed lekcją! W miarę praktykowania pod czujnym okiem Pameli zdrowiałam, młodniałam i szczuplałam. Zmieniało się moje ciało i moje życie. Joga przyniosła ostateczne pojednanie z moim ciałem. Codziennie odkrywam piękno jogi – im dłużej ćwiczę, tym lepiej się czuję! Dzień bez ćwiczeń to dzień stracony.

Tajemnica jogi polega na rozciąganiu mięśni, a nie na ich napinaniu – jak w ćwiczeniach gimnastycznych. Pozycje jogi poprawiają ukrwienie określonych narządów, które dzięki temu wzmacniają się i regenerują. Prawidłowe ukrwienie jest bardzo ważne dla zdrowia i dobrego samopoczucia.

Zapamiętaj

Ćwiczenia jogi należy wykonywać powoli i ostrożnie, aby można było je przerwać w razie pojawienia się najmniejszego bólu.

Tego sygnału ostrzegawczego nie wolno lekceważyć, bo właśnie bólem ciało chroni się przed nadmiernym obciążeniem i uszkodzeniem. Pozycje wykonujemy do momentu, do którego nie sprawia nam to trudności, i wytrzymujemy je dopóty, dopóki możemy. Należy jednak pamiętać, że dłuższe pozostawanie w danej pozycji wzmaga jej intensywność. W jodze, jak w życiu, chodzi o to, aby docierać do granic swoich możliwości i aby te granice stopniowo przekraczać. Zapewnia to nieskończone możliwości samodoskonalenia i rozwoju.

Następnie uczęszczałam do szkoły jogi Satyanandy w Sydney. Po kilku latach ćwiczenia w niej zdecydowałam się na kilkumiesięczny kurs dla nauczycieli w aśramie w Mangrove Mountain. Rygor aśramu służył mi, byłam szczęśliwa. Wstawałam o świcie na *kirtan*, medytację i praktykę *joga-nidry*, pod superwizją lekarza ajurwedy (medycyna hinduska) odbyłam mój pierwszy dłuższy post, nauczyłam się procedur oczyszczania organizmu (*neti, szankaprakszalana*), ćwiczyłam praktyki oddechowe (*pranajama*) i kontemplacyjne, pracowałam w polu i kuchni (*karma-joga*), godzinami przebywałam w ciszy... Najwspanialsze było uczucie świeżości, energii i chęci życia. Po powrocie do domu zaczęłam prowadzić zajęcia z pierwszymi grupami. Od tego dnia wnoszę światło jogi do wszystkich moich programów edukacyjnych.

Wierzę, że tylko wykwalifikowany instruktor jogi nauczy cię, jak prawidłowo wykonywać poszczególne postawy (a jest ich ponad 800!). Najlepiej więc jest znaleźć odpowiedniego dla siebie nauczyciela jogi i ćwiczyć pod jego okiem kilka miesięcy czy lat. Poprawi on twoje pozycje i wskaże odpowiedni kierunek ćwiczeń dla twojego ciała. Zasady nauczania jogi są bardzo rozmaite i dlatego dobór nauczyciela powinien być bardzo staranny.

Zapamiętaj

Joga relaksuje i odmładza, usprawnia funkcjonowanie organizmu, dodaje energii i urody Przynosi ulgę zestresowanym, pomaga w kłopotach z trawieniem, we wszelkiego rodzaju bólach, bezsenności. Jest dobra na wszystko!

Oddech w jodze

Według założeń jogi dwie zawarte w powietrzu siły (energie) o uzupełniających się biegunach biegną dwiema drogami (nie istniejącymi realnie z anatomicznego, organicznego punktu widzenia), czymś w rodzaju kanałów, nazywanych *ida* i *pingala*, krzyżują się w okolicy innego kanału, tym razem organicznego, bo jest nim kręgosłup, nazywany *susumma*. Te dwie energie krążą między centrum zwanym czakrą – miejscem krzyżowania się owych dwóch kanałów, usytuowanym w rejonie miednicy – a sześcioma innymi czakrami, zlokalizowanymi odpowiednio nad narządami rozrodczymi, w okolicy pępka, serca, gardła, między oczami i na szczycie czaszki. „Kanał" subtelny, *ida*, przechodzi przez prawy otwór nosa, drugi kanał, *pingala*, przez otwór lewy. Oddychanie przez nos ma zatem większe znaczenie zdaniem joginów, w przeciwieństwie do Europejczyków, którzy myślą jedynie o jego funkcji ocieplania i filtrowania powietrza. Naprzemienne oddychanie przez nos oczyszcza kanały energetyczne, przeciwdziała fizycznemu i psychicznemu napięciu.

Jeżeli chcesz wiedzieć więcej, poczytaj

- B. R. S. Iyengar – *Światło jogi, Pranayama* (Virya, 1997).
- Karen Zebroff – *Joga dla każdego* (Świat Książki, 1994).
- Vimla Lalvani – *Joga* (Diogenes, 1998).
- Lucy Lidell – *Joga. Ilustrowany przewodnik* (Delta, 1996).

Plyty DVD „Joga z Ewą"

- lekcja l, lekcja 2 (45 minut każda – ISI, 1997).

Polecam szkołę jogi

Akademia Hatha-Jogi Sławomira Bubicza
ul. Wałowa 5, 00-201 Warszawa
tel. (22) 635 68 69, 601 33 19 39
e-mail: joga@ahj.pl, www.ahj.pl

Metoda nauczana w Akademii pochodzi od indyjskiego mistrza B. K. S. Iyengara. Jest to holistyczny system, obejmujący całe życie człowieka i uświadamiający mu powiązania między sferami fizyczną, psychiczną i duchową. Praktykując jogę, doświadczamy tych wzajemnych związków i wielowymiarowości własnego człowieczeństwa. Joga nauczana w Akademii przywraca harmonię zakłóconą przez stresującą pracę, niezdrowe życie, nieprawidłowe odżywianie się. Podstawą aktywności Akademii są asany – ćwiczenia z ciałem – będące jądrem metody. Wzmacniają mięśnie i zwiększają ich elastyczność, zapobiegają zwyrodnieniu i chorobom stawów, uwalniają napięcia psychiczne, mające swoje korzenie w ciele. Następnym krokiem są pranajamy – ćwiczenia z oddechem – które jeszcze bardziej niż asany regenerują ciało i uspokajają umysł.

Przy Akademii powstała prawdziwa oaza dla poszukujących schronienia przed zgiełkiem miasta i stresem: GALERIA SADHU CAFE (www.sadhu.pl, tel. 22 635 81 39). Uwielbiam odwiedzać tę restaurację po mojej lekcji jogi, bo rozbudza marzenia o podróży w krainę egzotycznych smaków, kuszących zapachów, niezwykłych dźwięków i barw... Drewno ze starych stodół, ogień płonący w kominku, wiekowe kufry, krzesła i stoły, światło świec tworzą niepowtarzalną atmosferę ciepła i intymności.

O WEWNĘTRZNYM DZIECKU

Nigdy nic jest za późno na szczęśliwe dzieciństwo.

Większość z nas żywi przekonanie, że powinniśmy być jedną zintegrowaną osobowością, toteż często zastanawiamy się, dlaczego jesteśmy tacy niekonsekwentni. Jednego dnia czujemy się świetnie, a drugiego beznadziejnie. Czasami te zmiany nastrojów mogą następować dosłownie z minuty na minutę. Trzeba zdać sobie sprawę, że nie jesteśmy jedną osobą: wszyscy mamy wiele „innych" w swoim wnętrzu, wiele różnych podosobowości. Każda nich jest bardzo specyficzną osobą, mającą swoje własne potrzeby, pragnienia, poglądy i opinie. Mamy na przykład taką osobowość, która uważa, że najważniejszą sprawą w życiu jest praca. Jeżeli ta osobowość miałaby kierować naszym życiem, nie robilibyśmy nic innego, tylko ciężko pracowali. Ale możemy mieć w swoim wnętrzu kogoś zupełnie innego. Kogoś, kto lubi odpoczywać, relaksować się, nawet leniuchować, cieszyć się życiem. Na ogół silniej identyfikujemy się z jedną z tych osób. Jeżeli jesteśmy pracoholikami, będziemy silnie identyfikowali się z tą częścią nas, która jest zainteresowana tylko pracą, i ignorujemy, wypinamy lub odsuwamy na bok ten drugi aspekt siebie, tę osobę, która jest hedonistą, uwielbia oddawanie się przyjemnościom albo po prostu lubi nic nie robić. Często pomiędzy nimi istnieje konflikt interesów. Odczuwamy to jako wewnętrzny konflikt i nie wiemy, czego tak naprawdę chcemy. Każda z tych podosobowości jest tak samo ważnym i zasługującym na szacunek aspektem naszej tożsamości; warto się z nim poznać, zaprzyjaźnić, docenić. Właśnie poprzez pozwolenie sobie na wyrażenie tych różnych podosobowości możemy osiągnąć wewnętrzną równowagę i spokój. Zamiast identyfikować się z jednym z tych spolaryzowanych aspektów, warto poznać je oba, a potem ŚWIADOMIE dokonać wyboru, w którym momencie naszego życia jeden z nich powinien przejąć rolę wiodącą.

Zaznajamianie się z tymi różnymi częściami swojego „Ja" jest fascynującym doświadczeniem. Lubię myśleć, że nie jestem jedną osobą, lecz rodziną, która mieszka w moim wnętrzu. Jak w większości rodzin – także i w tej – jest miłość i są konflikty oraz różnice zainteresowań. Chodzi o to, aby pozwolić każdemu członkowi swojej wewnętrznej rodziny na odegranie własnej roli i pełną ekspresję – tak aby rodzina ta żyła w harmonii.

Jednym z najważniejszych aspektów nas jest wewnętrzne dziecko, czyli to dziecko, które mieszka w naszym wnętrzu. **Tak naprawdę mamy w sobie wiele dzieci; mamy w sobie dzieci w różnym wieku, ze wszystkich okresów swojego dzieciństwa – od wewnętrznego niemowlęcia aż do wieku dojrzewania.** Mamy w sobie bardzo wrażliwe, emocjonalne dziecko. To właśnie czujące, wrażliwe dziecko jest bazą naszych emocji. Żeby więc nawiązać kontakt ze swoimi emocjami i móc je zaakceptować, musimy pozostawać w kontakcie z tym właśnie dzieckiem. Jest też dziecko rozbawione. To dziecko chce się bawić, umie to czynić, bo wszyscy jako małe dzieci umieliśmy to wspaniale robić. Wszyscy mamy też w sobie dziecko, które jest radosne, rozpromienione, rozbawione, rozgląda się za okazją do dobrej zabawy. Mamy w sobie także magiczne dziecko – naturalnie połączone z magią wszechświata. Niestety, większość z nas traci to połączenie w procesie dorastania. Będąc dziećmi mieliśmy bezpośredni dostęp do innych wymiarów. Niektórzy z nas widzieli elfy, duchy natury, rozmawiali z krasnoludkami lub niewidzialnymi przyjaciółmi. Nasz magiczny wymiar pochodzi właśnie od tego dziecka. Jest w nas także mądre dziecko. To ten aspekt nas, który wszystko wie i widzi. Zna prawdę i mówi tylko prawdę. Wie, co czuje i co czują inni. Potrafi się przebić przez fasadę sztuczności, tak popularną w świecie dorosłych.

Tak jak z innymi naszymi podosobowościami, z którymi chcemy nawiązać kontakt, dobrze jest zacząć od kontaktu z zewnętrznymi, prawdziwymi dziećmi. Wielu z nas oświadczyło wszechogarniającego porozumienia podczas kontaktu wzrokowego z małym dzieckiem. Wielu, obserwując bawiące się dzieci, miało ochotę się pobawić. Niekiedy dziecko na ulicy czy w sklepie powie do nas coś tak mądrego i głębokiego, iż mamy wrażenie, że to dziecko wie o nas dużo więcej niż my sami. **Dzieci odzwierciedlają nasze wewnętrzne dziecko.** Często polecam uczestnikom moich zajęć, aby spędzili co najmniej 24 godziny z małym dzieckiem, najlepiej tej samej płci. Można się w ten sposób wiele o sobie dowiedzieć.

Wierzę, że to właśnie wewnętrzne dziecko jest najważniejszym aspektem, z którym należy nawiązać kontakt. Dlaczego? Odpowiedź jest prosta. My – istoty duchowe – przychodzimy na świat jako dzieci. **Dziecko jest tą cząstką osobowości, która jest najbliżej naszej esencji duchowej**. Nowo narodzone niemowlę w istocie jest czystą esencją duchową. Dlatego właśnie wzrusza i głęboko przejmuje przebywanie z bardzo małymi dziećmi – widzimy wtedy odbicie swojego ducha. Im bardziej nawiązujemy kontakt z własnym wewnętrznym dzieckiem, tym bliżej jesteśmy swojej prawdziwej esencji duchowej. Kultywowanie naszego związku z wewnętrznym dzieckiem automatycznie umożliwia połączenie z tą esencją, która wtedy może się w pełni wyrazić.

Nawiązanie kontaktu ze swoim wewnętrznym dzieckiem jest ważne też dlatego, że ma ono klucz do naszej kreatywności. Wszyscy wiemy, jak twórcze są dzieci; bez końca tworzą, ciągle wymyślają różne gry i zabawy. Wypełnione wyobraźnią i kreatywnością, lubią rysować, malować, wymyślać piosenki, tańczyć. Są nieprawdopodobnie twórczymi istotami. Ostatnio obserwowałam małą dziewczynkę, kiedy postanowiła być „głupią myszką" – biegała rozrzucając klocki i śmiała się do rozpuku. Ilu z nas zabawa w „głupią myszkę" uratowałaby przed depresją i chorobami??? My, dorośli, też mamy w sobie tę twórczą esencję. Kontakt z wewnętrznym dzieckiem wyzwala drzemiącą w nas kreatywność. Tę cząstkę, która nie boi się eksperymentować i próbować nowych rzeczy. Jeżeli masz ochotę zrobić coś, czego jeszcze nie robiłeś – śpiewać, malować czy lepić garnki z gliny – to ZRÓB TO jak najszybciej! Gdy dziecko rysuje obrazek, nie zastanawia się, jak będzie on oceniony przez krytyków. Robi to, bo sprawia mu to radość! Właśnie w ten sposób możemy uwolnić swoją kreatywność – poprzez wyzwolenie esencji dziecka, które po prostu chce się bawić, spróbować wszystkiego, co jest dobrą zabawą, ryzykiem, radością... Dzieci nie boją się być inne, nie boją się ryzykować, aby zaspokoić swoją ciekawość.

Im więcej pomagam ludziom w skontaktowaniu się z energią wewnętrznego dziecka, tym wyraźniej widzę, jak proces ten pomaga w rozwinięciu twórczego potencjału, w zdobywaniu większej niezależności, podnoszeniu poczucia własnej wartości, a także w przekraczaniu winy, niepożądanych nawyków, nadmiernego krytycyzmu i... wstydu. Im bliżej pozostajemy swoje wewnętrzne dziecko, tym lepszymi rodzicami jesteśmy. Wyobraźcie sobie sami, jakie to śmieszne i patetyczne, gdy kilkuletnie dzieci w dorosłych ciałach usiłują wychowywać kilku lub kilkunastoletnie własne dzieci!

Innym ważnym powodem kontaktowania się z wewnętrznym dzieckiem jest fakt, że ma ono klucz do bliskości w związ-

kach z innymi ludźmi. Dziecko jest tą cząstką nas, która odczuwa najgłębsze emocje, która naprawdę potrafi kochać, która jest wrażliwa, otwarta i bezbronna. Nie możesz doświadczyć prawdziwej bliskości z partnerem, jeżeli nie jesteś otwarty na miłość i bezbronny. Sondra Ray, doświadczona trenerka i autorka *Cudu związków miłości*, mówi: *Miłość odkrywa wszystko to, co nią nie jest. Miłość zawsze leczy, jeżeli jej na to pozwolisz.* To właśnie wrażliwe dziecko pozwala nam zbliżyć się do ludzi. Jeżeli nie będziemy z nim w kontakcie, nigdy nie doświadczymy prawdziwej intymności w związku partnerskim. W czasie procesu uczenia się bycia z dzieckiem, opiekowania się nim, chronienia go, pozwalania mu na wyrażanie siebie w odpowiedni sposób możemy doświadczyć radości płynącej z bliskich relacji partnerskich.

Niektórzy z nas mają bliski kontakt ze swoim wewnętrznym dzieckiem albo znają takich, co go mają. Pewnie wiesz, kogo mam na myśli. To ci, z którymi przebywanie jest prawdziwą przyjemnością i zabawą, z którymi dobrze się czujemy, którzy wzruszają nas tak samo jak małe dziecko. Niestety, większość z nas wyparła się lub zapomniała o swoim wewnętrznym dziecku. Bardzo wcześnie odkryliśmy, że świat nie jest bezpiecznym miejscem. Tak więc wcześnie zaczęliśmy wznosić mury obronne wokół dziecka. **Struktura naszej osobowości jest tak skonstruowana, aby jak najlepiej chronić tę wrażliwą, delikatną esencję.** Te mury obronne stają się coraz potężniejsze. Wytwarzamy również coraz więcej mechanizmów uniemożliwiających przeżycie tego niewinnego dziecka. W końcowym etapie dochodzi do tego, że przywalone jest ono stertą gruzu w naszym wnętrzu. I właśnie w takim stanie funkcjonuje większość z nas. Dziecko ukryte jest tak głęboko, że nawet nie wiemy o jego istnieniu. Podobnie jak automaty, uruchamiane są nasze systemy obronne i mechanizmy przeżycia. Zapominamy, że robimy to, by chronić swoje wewnętrzne dziecko. A ono cierpi, gdyż potrzeby jego nie są zaspokajane. **Dziecko nigdy od nas nie odej-**

dzie, nie dorośnie, nie umrze! Jest w nas przez całe życie. Jego potrzeby stają się naszymi potrzebami. Jeżeli nie jesteśmy ich świadomi, to nie zdając sobie z tego sprawy, cały czas będziemy usiłowali je zaspokoić.

Dziecko desperacko upomina się o zaspokojenie swoich potrzeb i na poziomie nieświadomym właśnie to staje się główną motywacją naszych działań. Tak więc na przykład możemy rozwinąć podosobowość pracoholika. Ciężko pracujemy usiłując zarobić wystarczająco dużo pieniędzy, by dziecko czuło się bezpiecznie. Tak spędzamy całe życie: ciężko pracując, gromadząc pieniądze i inne dobra materialne. Osiągamy sukces i dziwimy się, dlaczego nie daje nam to satysfakcji. Dlatego, że zapomnieliśmy o dziecku, którego bezpieczeństwo było głównym motorem naszego działania. Czasami dziecko sabotuje naszą szansę na osiągnięcie sukcesu, ponieważ wie, że JEGO potrzeby nie będą w ten sposób zaspokojone. Często zauważam, że u osób, które marzą o sukcesie, ale nie mogą go osiągnąć, blok ten pochodzi od dziecka, którego podstawowe potrzeby nie są zaspokojone. Wtedy dziecko w sprytny sposób zablokuje każdą szansę na osiągnięcie sukcesu – do momentu kiedy nim się nie zaopiekujemy, otoczymy miłością, zaczniemy spędzać z nim więcej czasu, bawić się, słuchać jego potrzeb.

Tak więc skontaktowanie się z dzieckiem jest prawdziwym wyzwaniem. **Wyzwaniem jest ŚWIADOMA nad nim opieka.** Świadome zaspokajanie jego potrzeb. Automatycznie pozwoli nam to na osiągnięcie równowagi i określenie swojego systemu wartości w życiu. Każde dziecko potrzebuje miłości, uwagi, kontaktu, radości, możliwości uczciwego, kreatywnego wyrażania siebie. Jeżeli mu to umożliwimy, cała nasza osobowość zacznie się harmonizować w zdrowy i zrównoważony sposób. Nareszcie będziemy mogli być w pełni sobą.

JAK SKONTAKTOWAĆ SIĘ ZE SWOIM WEWNĘTRZNYM DZIECKIEM

Jest wiele sposobów. Możemy to zrobić praktykując śpiewanie, tańczenie, malowanie, rysowanie, zabawę, przebywanie z dziećmi, dziecięce zabawy. Możemy to takie uczynić przebywając na łonie natury i na przykład ze zwierzętami. Dzieci kochają zwierzęta. Niedawno moja chrześniaczka Ania z entuzjazmem pokazała mi swojego nowego przyjaciela: królika. Ania mówi o sobie „królik", a o Babci „konik". Weźmy z niej przykład i zwracajmy się do siebie ulubioną zdrobniałą formą swojego imienia. Ja się rozpływam, gdy mój ukochany mówi do mnie „Ewuś". Jest to kojący balsam dla mojej „małej dziewczynki". Od razu ją widzę, jak podskakuje z radości, szczerząc bezzębny uśmiech! Jedna z uczestniczek mojego treningu UZDROWIENIA WEWNĘTRZNEGO DZIECKA w Krakowie nawiązała kontakt ze swoją „małą dziewczynką" poprzez wyjście na środek i recytowanie wierszyków zawstydzonym, sepleniącym głosem, kręcąc róg niewidzialnego fartuszka. To było piękne i wzruszające. Płakaliśmy i śmieliśmy się jednocześnie, bijąc jej brawa na bis. Możemy też po prostu kupić sobie ulubioną zabawkę z dzieciństwa lub pluszowego misia. Możemy pozwolić dziecku wyrazić, czego potrzebuje, pracując z lustrem. To bardzo proste. Popatrz sobie w oczy i zapytaj swojej wewnętrznej dziewczynki czy chłopczyka: *Co mogę dzisiaj dla Ciebie zrobić? Na co masz ochotę?* Poczekaj na odpowiedź i ZRÓB TO. Może chce iść na lody lub na spacer? Spełnij codziennie JEDNĄ prośbę swojego dziecka, a twoje życie zacznie się zmieniać. Także do lustra codziennie powiedz swojemu dziecku: *Kocham Cię i nigdy Cię nie opuszczę!*

Często polecam napisanie listu od dużej Ewy do małej Ewuni. Może on wyglądać tak:

Kochana Mała Ewuniu,
wiem, że jesteś bardzo samotna i przerażona. Wiem, jak bardzo boisz się być sobą. Wiem, jak ci smutno; że nikt nie wie, jaką jesteś wspaniałą dziewczynką i co naprawdę czujesz. Ja przynależę do twojej przyszłości i wiem najlepiej, jak wiele wycierpiałaś i jak ci jest ciężko. Wybacz mi, że tak bardzo cię zaniedbałam, że cię opuściłam. Kocham cię i obiecuję, że zawsze będę miała dla ciebie czas. Pozwolę ci być naprawdę sobą, taką jaką jesteś. Nauczę cię równowagi i pozwolę ci się bać, złościć, cieszyć i smucić. Proszę, pozwól mi być z tobą na zawsze.

Twoja kochająca
duża Ewunia

A potem napisanie listu od zranionego i opuszczonego dziecka. Ten list dobrze jest napisać lewą ręką (prawą dla leworęcznych). Mój list był taki:

Droga Duża Ewo,
wybaczam ci. Proszę, przyjdź po mnie. Ukrywam się pod stołem od 40 lat Boję się. Bardzo ciebie potrzebuję.
Przyjdź i nie opuszczaj mnie już nigdy.

mała Ewunia

Jeszcze innym sposobem kontaktowania się i „oswajania” dziecka jest regularnie praktykowana wizualizacja spotkania z wewnętrznym dzieckiem.

Jeśli chcesz wiedzieć więcej, poczytaj

- John Bradshow – *Żeby przyjść do siebie – otoczenie opieką skrzywdzonego dziecka wewnętrznego* (Medium).
- Alice Miller – *Cena wyparcia urazów z dzieciństwa.*
- Hubertus von Schoenebeck – *Antypedagogika – być i wspierać zamiast wychowywać.*
- Tana Luuvas – *Jestem tutaj* (Ravi, 1995).

Płyta CD

- Ewa Foley – *Wewnętrzne Dziecko* (ISI, 1994) – wykład i wizualizacja spotkania wewnętrznego dziecka.

O WEWNĘTRZNYM KRYTYKU

Jedna z moich podosobowości, głos, który nazywam wewnętrznym krytykiem, uaktywnił się i rozgadał jak oszalały, gdy tylko postanowiłam podzielić się odkryciami i przemyśleniami na jego temat w mojej książce. Natychmiast przystąpił do ataku: *A co ty możesz na ten temat wiedzieć?* Mówił jak nakręcony i długimi wywodami w mojej głowie udowadniał mi niekompetencję. *Co daje ci prawo pisania o mnie?! Co ty na ten temat wiesz? Czy w ogóle na jakikolwiek temat...! Jesteś za głupia!! Na niczym się nie znasz!* – krzyczał. *Daj sobie spokój... po co ludzie mają wiedzieć o moim istnieniu, to nie jest w końcu takie ważne; jest tyle innych form pracy nad sobą...* – szeptał obłudnie. Udało mu się – unieruchomił mnie na dłuższy czas. Ugrzęzłam i nie byłam w stanie zabrać się do pisania tego rozdziału.

Dziś jestem mu za to wdzięczna, bo dzięki temu zobaczyłam wyraźnie jego nieprawdopodobną sprawność i skuteczność. Obserwowałam tę „energię" w moim wnętrzu bardzo uważnie i postanowiłam po raz kolejny zaprzyjaźnić się z nią. Doszłam do wniosku, że nie mam żadnych szans w tej nierównej walce – w końcu mój wewnętrzny krytyk wygrywał ze mną od 48 lat i dalsza walka na pewno nic nie zmieni. No i pewnego majowego dnia on (bo to męski głos w mojej głowie) robił to, co zawsze robi, czyli krytykował mnie bezlitośnie, a ja mu po prostu podziękowałam za nadzór „kontroli jakości", usiadłam do mojego laptopa i zaczęłam pisać.

Wierzę, że to właśnie wewnętrzny krytyk sieje największe spustoszenie w naszej psychice i jest szczególnie odpowiedzialny za ludzkie nieszczęścia, ból i cierpienie. Najbardziej paraliżuje nas jego głos. To on sprawdza nasze myśli, kontroluje zachowania i powstrzymuje od twórczego działania. Myśli, że chroni nas przed zranieniem, porzuceniem, odrzuceniem. Ale tak naprawdę to ten właśnie krytyczny głos wewnętrzny jest przyczyną toksycznego wstydu, niepokoju, depresji, wyczerpania i niskiego poczucia własnej wartości. Jego działania sabotują nasze intymne związki i przyczyniają się do nadużywania alkoholu i narkotyków. To on każde nam się skupiać na swoich niedociągnięciach i porażkach. Powoduje, że wstydzimy się tego, kim jesteśmy. Przez wiele lat żyłam pod presją niewytłumaczalnego wstydu i nieracjonalnego lęku, że „się wyda!" Co? Jak to co? To, jaka naprawdę jestem! Że wyda się moja niepewność, niespójność, niewiarygodność... wszystko to, co ciągle udowadniał mi wewnętrzny krytyk!

Wierzę, że temat ten dotyczy nas wszystkich. Gdy zastanawiam się nad jego wpływem na współczesny świat, na sytuację ekonomiczną, to zdaję sobie sprawę, że istnienie tego systemu jest zależne od wewnętrznego krytyka. Wiele wskazuje to, że potrzebujemy silnego i zdrowego krytyka, aby wszystko mogło trzymać się kupy! Co by się stało, gdyby w jakiś sposób udało nam się uciszyć ten głos, zapanować nad nim? Przede wszystkim oznaczałoby to upadek sektora wydawniczego, bo już niepotrzebne byłyby te wszystkie książki na temat samodoskonalenia, podnoszenia poczucia własnej wartości, budowania pewności siebie.

A co z psychoterapeutami? Gdyby wszyscy ludzie czuli się ze sobą tak dobrze, że nic nie chcieliby u siebie poprawiać, odkrywać, uzdrawiać, rozwiązywać, uwalniać – co wtedy? Nie byłoby dla nich pracy. A chirurdzy plastyczni? Pewnie 99 procent z nich przeszłoby na bezrobocie, bo ludzie nie mieliby potrzeby „poprawiania" swoich nosów, ud, pośladków, piersi... Po prostu kochaliby te wszystkie skórki pomarańczowe, piegi, kurze łapki. A co z przemysłem farmaceutycznym i środkami uspokajającymi? Jest oczywiście wiele powodów, dlaczego ludzie biorą leki. Wierzę, że ciągłe ataki wewnętrznego krytyka na pewno są jednym z nich. W końcu trzeba je jakoś złagodzić... Ciągle słyszę od ludzi, że muszą się zrelaksować i odpocząć. Od czego? Od ciągłego ataku wewnętrznego krytyka, ulokowanego w ich głowach.

Jest on też dobrym powodem do zapalenia papierosa, wypicia drinka, zjedzenia ciastka czy czekolady... No tak – alkohol. Co by się stało z przemysłem monopolowym, gdyby ludzie nie potrzebowali alkoholu do tłumienia negatywnego dialogu toczącego się w ich głowach? A kosmetyki i cały przemysł kosmetyczny? Co by się z nim stało, gdy budząc się rano, patrząc w lustro nie słyszałybyśmy nagle głosu, mówiącego, co trzeba poprawić, udoskonalić, wygładzić za pomocą najnowszej generacji kremu odstresowującego skórę...

Bardzo dużo się nauczyłam w czasie pisania tego tekstu, przeczytałam wiele książek, wykonałam ogromną pracę wewnętrzną. Moim głównym nauczycielem był mój własny krytyk, ale miałam też innych doskonałych przewodników w tej podróży Mam na myśli amerykańskie małżeństwo psychologów dra Hala Stone'a i dr Sidrę Winkelman-Stone, autorów nowoczesnej metody terapeutycznej Voice Dialogue oraz książki pt. *Embracing Your Inner Critic: Turning Self-Criticism into a Creative Asset* (Obejmując Twojego Wewnętrznego Krytyka: jak zamienić samokrytycyzm w twórczy zasób). W książce tej znalazłam doskonałe sugestie pracy z energią krytyka.

Stone'owie twierdzą, że najważniejszą rzeczą jest wzięcie pod opiekę swojego wewnętrznego dziecka, zadbanie, troska

o nie. W rozdziale o wewnętrznym dziecku piszę, jak to zrobić. Jeżeli już to uczynimy, będzie nam dużo łatwiej pracować z wewnętrznym krytykiem, gdyż jego głównym zadaniem jest właśnie ochrona dziecka. Krytykując nas jako pierwszy myśli, że chroni nasze dziecko przed krytyką innych. A tak naprawdę to tym ciągłym krytycyzmem zatruwa nam życie, umysł i serce, niszczy nasze związki. Dlatego uważam, że zrozumienie tej energii jest bardzo ważne.

Warto wiedzieć

- Kim naprawdę jest WK, skąd się wziął, jak rozpoznać jego głos?
- Jak ty rozmawiasz ze swoim WK, jak on funkcjonuje, jak sabotuje nasze związki z innymi?
- Jak radzić sobie w czasie ataków WK?
- Jak zrozumieć istotę niepokojów WK?
- Jak nad nim zapanować?
- Jak stać się dla niego uważnym rodzicem, bo tylko wtedy on może stać się naszym sprzymierzeńcem?
- Jak przetransformować tę energię z wrogiej i niszczącej na wspierający nas, twórczy zasób?

Pierwszy raz spotkałam się „twarzą w twarz" z tą energią kilka lat temu w czasie sesji terapeutycznej prowadzonej przez dr Joy Manne, nauczycielkę Dialogu z Głosem. Sesja ta zrobiła na mnie ogromne wrażenie. Nagle przemówił zimny, suchy głos podporządkowany jednej jedynej czynności: krytykowaniu. Mnie i innych. Jasne się stało dla mnie, że nic innego oprócz krytykowania nie potrafi. To jego jedyna umiejętność. A ja tak długo traktowałam ten wewnętrzny głos poważnie. Tak na serio. Niszczył mnie i moje życie. Często wręcz chciał mnie zabić ciągłym, nieustającym, często niedorzecznym krytycyzmem. Prawie mu się to udało... Przez lata zabierał mi nadzieję, entuzjazm, energię życiową... Podważał moje poczucie własnej wartości, niszczył związki partnerskie. Prowadził ze mną niekończącą się wojnę. Zrozumiałam wtedy, że moją jedyną szansą jest nie grać w jego grę!! **I potraktować go bardzo poważnie...** Wielomiesięczna praca z nim pomogła mi zrozumieć, o co mu tak naprawdę chodzi i jak uczynić sprzymierzeńca z tego obezwładniającego wroga.

Jak funkcjonuje wewnętrzny krytyk?

Podobnie jak radio. Łatwo przyzwyczaić się do grającego w tle radia w czasie jazdy samochodem albo krzątania się po domu. Po prostu przestajemy je słyszeć. Albo jak kaseta magnetofonowa nagrana dawno temu, we wczesnym dzieciństwie i zostawiona na autorewersie. Nikt już tego nie zauważa, lecz ona ciągle gra. Nie ma kto jej wyłączyć. I ciągle płyną ulubione stwierdzenia krytyka, takie jak *Twój problem to... Jesteś brzydka. Nic ci nie pomoże. Nie zasługujesz na miłość. Tak naprawdę nikt cię nie lubi. Jesteś takim egoistą. Jesteś niedobra. Coś jest z tobą nie w porządku. Jesteś nie taka jak trzeba. Jesteś za gruby. Jesteś tłusta. Jesteś za niski. Jesteś za wysoka. Starzejesz się. Źle się ubierasz. Śmiesznie w tym wyglądasz. Na niczym się nie znasz. Masz zero talentu. Jesteś nudziarzem. Nie powinieneś był tego mówić. Powinnaś zrobić sobie plastykę nosa, no i tych powiek. Udało ci się ich oszukać, uwierzyli, że jesteś mądra – ale poczekaj, i tak się wyda. Jesteś fałszywy, ciągle udajesz kogoś, kim nie jesteś.*

Hal i Sidra Stone nazywają wewnętrznego krytyka supergwiazdą naszej wewnętrznej rodziny. Twierdzą, że dobrze jest zapoznać się ze wszystkimi głosami w swoim wnętrzu, ale żaden z nich nie ma takiego wpływu na nasze życie i związki jak właśnie krytyk. Powiadają też, że ten aspekt nas zdolny jest do całkowitego zatrzymania procesu rozwoju osobistego i świadomości.

Jak on to robi?

Przykład z mojego życia: wiele lat temu, kiedy nie miałam żadnego pojęcia o energiach w swoim wnętrzu, przechodziłam bardzo trudny okres w życiu osobistym. Którejś nocy nie mogłam spać, wstałam, poszłam do lodówki i zjadłam dwie kanapki z masłem orzechowym... Coś w mojej głowie – dzisiaj wiem, że to głos WK – zaczęło mówić, że *to na pewno bulimia, że jak mogę być doradcą dla osób z zaburzeniami żywienia, kiedy sama mam symptomy bulimii i ewidentnie jestem zaburzona.* Jednym słowem, popełniłam właśnie przestępstwo najwyższej klasy! Czułam się tak okropnie, że natychmiast musiałam zjeść dwie następne kanapki z nutellą i zagryźć kilogramem lodów. Czułam się winna i ciężka.

Nie byłam w stanie zatrzymać w moim wnętrzu gadaniny głosu, który krytykował mnie tak bezwzględnie, że nie mogłam zrobić nic innego, tylko ponownie podejść do lodówki. I tak było całą noc. Tak właśnie działa WK! Używa on mocnych terapeutycznych modnych słów: symptom, zespół, syndrom. Diagnozuje natychmiast i ocenia, wytaczając ciężką artylerię. Nie daje nam szansy na spokojne zastanowienie się nad swoim życiem, wyciągnięcie wniosków i dokonanie pozytywnych zmian.

Stone'owie po raz pierwszy zidentyfikowali głos wewnętrznego krytyka w czasie sesji Voice Dialogue wiele lat temu. Ujawnił się jako jedna z podosobowości. Przedstawił się jako krytyk. Od tej pory zaczęli rozmawiać z własnymi i swoich klientów krytykami, potem przez wiele miesięcy przesłuchiwali nagrania z tych sesji. Doszli do wniosku, że WK przez cały czas mówi w głowach wszystkich ludzi. Dr Hal Stone w swojej książce opowiada, jak był zaskoczony odkryciem tego zimnego, ciętego, atakującego, osądzającego, nienawidzącego go głosu w swoim wnętrzu, który, go stale krytykował, a on – mimo kilkudziesięciu lat pracy nad sobą, długoterminowej psychoterapii i psychoanalizy – nigdy nie obejmował świadomością jego istnienia! Dr Stone twierdzi, że większość osób, z którymi kiedykolwiek pracował jako terapeuta, nie zdawała sobie sprawy z istnienia tego głosu. A nieliczni, którzy to sobie uświadomili, i tak nic nie mogli z nim zrobić, byli wobec niego bezradni.

Zdecydowanie miało to miejsce w moim przypadku – byłam zdumiona istnieniem tego zimnego głosu. Do dnia mojego pierwszego dialogu z wewnętrznym krytykiem uważałam, że jestem kobietą pewną siebie, o wysokiej samoocenie, która odniosła wiele sukcesów w różnych dziedzinach życia. **Byłam zaskoczona, co ten głos do mnie i o mnie mówił.** Zdałam sobie sprawę, że dopadające mnie często poczucie wewnętrznego paraliżu i niepewności było spowodowane tym ciągłym krytycyzmem. Doprowadziło to do mojej choroby wrzodowej. To trochę tak jak byśmy szli pod górę z workiem cementu na plecach. Tak się do tego przyzwyczailiśmy, że nie mamy pojęcia o jego istnieniu, aż ktoś do nas podejdzie i zapyta: *Po co dźwigasz ten worek cementu na plecach?* Co? Ja? Jaki worek!?

Wewnętrzny krytyk rodzi się w nas, kiedy jesteśmy bardzo mali i wrażliwi na ocenę innych. Krytyk pojawia się już w drugim roku życia, by chronić nas przed tymi osądami. Jest przekonany, że jeżeli on pierwszy nas skrytykuje, wtedy poprawimy się, będziemy robić wszystko jak należy i już nikt inny nie będzie musiał nas krytykować! Jest on bardzo związany z podosobowością, zwaną obrońcą/kontrolerem, która decyduje, jacy powinniśmy być. Krytyk z czasem przejmuje tę rolę. Niestety u większości z nas rozrasta się on do monstrualnych rozmiarów: Jest genialny, nieprawdopodobnie inteligentny i ma ogromną intuicję. Używa tej błyskotliwej inteligencji do wykazania, co jest z nami nie w porządku, intuicji zaś, aby dotknąć naszych najciemniejszych sekretów i bez skrupułów wyciągnąć je na światło dzienne. Zna nasze najsłabsze punkty, uderza w najczulsze miejsca.

Państwo Stone odważnie i zdecydowanie twierdzą, że wystarczyłoby, gdyby ludzie w swoim procesie rozwoju osobistego nie zrobili nic więcej, tylko rozpoznali swojego wewnętrznego krytyka i odseparowali się od niego. Nie musieliby i już brać udziału w żadnym seminarium dotyczącym rozwoju osobowości ani poddawać się psychoterapii. Po prostu byliby szczęśliwi i zdrowi, żyjąc pełnią życia. Uważają też, że dosyć trudno jest mówić o krytyku bez wzięcia pod uwagę innych podosobowości, które z nim współpracują: kontrolera, który ustanawia zasady gry, racjonalnego obserwatora, perfekcjonisty, popychacza, sędziego. Często słyszałam w sesjach Dialogu z Głosem, jak krytyk mówi: *jeżeli ja ją skrytykuję pierwszy, to krytyka innych jej tak nie zrani.* Zrozumiałam wtedy, że krytyk naprawdę się o nas martwi i chce nas chronić. Trochę tak jak rodzic, który pragnie, abyśmy dobrze się zachowywali, bo wtedy nic nam nie zagrozi. Często nurtuje go głęboki niepokój. **W cieniu krytyka kryje się nasze bezbronne i przerażone dziecko.** Krytyk doskonale wie o jego istnieniu i aby zapewnić dziecku bezpieczeństwo, stanowczo domaga się od nas „właściwych" zachowań.

Innym zdumiewającym aspektem krytyka jest to, że jego głos brzmi zawsze jak największego autorytetu, który dokładnie wie, co jest z nami nie w porządku. **Krytyk wie wszystko o wszystkim:** jest ekspertem każdego aspektu świadomości i nurtów filozoficznych, jest ekspertem w utrzymaniu domu, wychowywaniu dzieci, fizycznego piękna, analizy snów, wie najlepiej, jak należy medytować, jak czytać książki, jak pisać artykuły, jak ćwiczyć jogę, jak pracować. Gdy przemawia przez ciebie twój krytyk, a ty o tym nie wiesz – bardzo trudno jest utrzymać dobre samopoczucie, bo przecież on wie, jak należy myśleć, czuć i funkcjonować w świecie. Inaczej niż ty to robisz teraz!

Ataki krytyka

Czasami krytyk przystępuje do ataku. Trzeba zrozumieć, że współpracuje on z osądami innych. Jeżeli mamy silnego wewnętrznego krytyka, istnieje duże prawdopodobieństwo, że będziemy przyciągali do siebie ludzi z silną potrzebą osądzania, czyli z silnym wewnętrznym sędzią. Innymi słowy, nasz krytyk wręcz prowokuje innych do osądzania. Dr Stone często żartuje, że gdyby silny krytyk spotkał się ze świeżo narodzonym niewinnym króliczkiem, to już po 5 minutach ten króliczek zamieniłby się w pełni dojrzałego sędziego. Działa to tak: jeżeli jesteśmy na łasce wszechobecnego, wszystkowiedzącego głosu, który ciągle ocenia, co robimy i co czujemy – to wtedy zaczynamy na zewnątrz szukać potwierdzenia, że jesteśmy ok. Jeżeli ktoś wyrazi opinię na nasz temat, to krytyk sprytnie podkreśli wszystko, co może brzmieć lekko negatywnie i powiększy to do gigantycznych rozmiarów. Pamiętam sytuację, kiedy jako młoda żona ugotowałam nową potrawę, a mój mąż zapytał: *Gdzie znalazłaś na to przepis?* Było to zupełnie niewinne pytanie, ale ja oczywiście wiedziałam, co on chciał przez to powiedzieć: że nie umiem gotować, że mu nie smakuje, no i oczywiście, że jestem w związku z tym do niczego.

Inna ciekawa zasada: jeżeli przebywamy z osobą, która ma silnego wewnętrznego sędziego, to krytyk ma szansę odpocząć. Pamiętam słowa krytyka dopiero co rozwiedzionej kobiety: *Przez 15 lat była żoną faceta, który ją osądzał, więc on za mnie robił moją pracę. Teraz go nie ma, więc ja muszę się wziąć do roboty.*

Inny przykład. Mąż pyta żonę po przyjściu z pracy: *Kochanie, czy zaniosłaś moje koszule do prania?*, patrząc na przygotowaną paczkę. Jeżeli żona ma słabego WK, to po prostu odpowie: *Nie udało mi się dzisiaj. Zrobię to jutro.* Jeżeli jej krytyk jest silny, to ona usłyszy w jego głosie osąd: *Znowu tego nie zrobiłaś! Wiesz, jak bardzo mu na tym zależało. Chciał, żebyś to zrobiła dzisiaj.* W ten sposób dochodzi do konfliktów.

Krytyk przystępuje ostro do działania, kiedy ujawniają się wyparte energie. Kiedyś na przyjęciu moja wyparta kobiecość namówiła mnie do rozpięcia jeszcze jednego guzika bluzki. Krytyk od razu na to zareagował: *Wszyscy to widzieli, zachowałaś się niewłaściwie, zrobiłaś z siebie idiotkę, powinnaś się wstydzić takiego zachowania!!!* Tak bardzo chce on nas ochronić przed wstydem i ośmieszeniem. Trzeba zrozumieć, że gdy zachowujemy się w nieodpowiedni sposób – ryzykując osąd i negatywną ocenę innych – to nasze wewnętrzne dziecko czuje się niepewnie, obawia się osądu. Wtedy krytyk swoim atakiem chce skorygować nasze zachowanie – chce ochronić dziecko.

Jak zaczynają się ataki krytyka?

Pewne okoliczności powodują ujawnienie się krytyka – kiedy jesteśmy zestresowani i przemęczeni. Jesteśmy też bardziej podatni na jego ataki, gdy jesteśmy głodni i osłabieni. On nienawidzi słabości. Albo kiedy jesteśmy w nowych miejscach czy w długiej męczącej podróży, kiedy czujemy się niepewnie na nowym gruncie – i możemy zrobić coś nieodpowiedniego. Krytyk nigdy nam tego nie daruje. Na przykład młoda mama, która właśnie urodziła dziecko, czuje się niepewnie. Jej krytyk oczywiście wie dokładnie – a przynajmniej daje młodej mamie wyraźnie do zrozumienia, że wie jak wychowywać dziecko i co robić z noworodkiem. Na początek wymieni, co robione jest źle. Może nie wiedzieć, jak to zrobić dobrze, ale ona to wszystko robi nie tak. *Źle trzymałaś dziecko, woda do kąpieli była za zimna, za późno mu dałaś jeść, za długo trzymałaś przy piersi itp.* Krytyk zawsze sugeruje, że jest jakiś WŁAŚCIWY sposób, a my robimy to niewłaściwie!

Krytyka bardzo obchodzi, co myślą o nas inni ludzie, jak nas oceniają i odbierają. Mówi nam coś takiego: *ja z tobą zrobię porządek. Upewnię się, żeby oni nie myśleli o tobie niczego złego,* a zaraz potem doda. *Bez względu na to, co i jak zrobisz, to i tak nie będzie to wystarczająco dobre.* Uświadomienie sobie strategii krytyka jest wielkim krokiem w stronę przerwania tego szalonego tańca. Bo oczywiście można iść posłusznie za każdą jego radą, robić wszystko to, co on każe, można poświęcić całe swoje życie niewolniczo: zmienić swoją psychikę, wykonać operacje plastyczne, zmienić kolor włosów, rozciągnąć się, żeby być wyższym, skrócić swoje nogi, żeby nie być tak wysoką, odmłodzić się o 100 lat, powiększyć piersi, przemodelować nos, zmienić osobowość. I gdy to wszystko już będzie zrobione, krytyk spokojnie powie: *Ale jesteś głupia, że mnie słuchałaś. Po co to wszystko zrobiłaś? Przecież tak naprawdę liczy się naturalność, powinnaś zostać taka jaka byłaś – zobacz, co z siebie zrobiłaś!!* I tu nastąpi pełen zwrot i będziemy krytykowani dokładnie za przeciwieństwo tego, co poprzednio!!! Pamiętajmy, że jedyną, absolutnie jedyną możliwością wygrania gry, jaką prowadzi krytyk, to niebranie w niej udziału!

Krytyk atakuje też w sytuacjach, kiedy patrzą na nas ludzie, kiedy jesteśmy w centrum uwagi: w czasie wykładu, wystąpienia publicznego, prowadzenia seminarium. Może nas zupełnie sparaliżować! Zdarzyło mi się to kilka razy. Uaktywnia się też zawsze, kiedy na kimś nam zależy – wyraża opinię na nasz temat. Jeżeli nauczyciel nas ocenia – a cały system edukacji oparty jest na wystawianiu ocen – krytyk upewni się, żeby wyłapać jakiś szczegół, np. *To ostatnie zdanie nie było najlepsze.* No i się zaczyna: *Tak naprawdę całe to wypracowanie jest do kitu, a pamiętasz, jak w zeszłym roku na matematyce nie znałeś odpowiedzi na jedno pytanie... itd.*

Krytyk atakuje też w trudnych sytuacjach życiowych. Pamiętajmy, że rusza do ataku, by bronić nasze wewnętrzne dziecko! Ilekroć bezbronne dziecko jest przerażone czy zaniepokojone – może to być utrata pracy, złe stopnie w szkole czy odejście partnera – krytyk zaczyna automatycznie wypominać, co zrobiliśmy nie tak I CO JEST Z NAMI NIE W PORZĄDKU, co trzeba poprawić. Stale domaga się podnoszenia jakości. Pamiętajmy, że przyczyną jego działań jest panika opuszczonego, bezbronnego, odrzuconego, zalęknionego wewnętrznego dziecka. Tylko ten aspekt nas może doświadczać takiego pierwotnego poczucia porzucenia. Krytyk w ten specyficzny sposób reaguje na ów stan dziecka, chce mu pomóc, desperacko usiłując nas poprawić. Ale – paradoksalnie – powoduje, że czujemy się coraz gorzej.

Ulubione słowa wewnętrznego krytyka

Jednym z najbardziej ulubionych słów krytyka jest: BŁĄD. Z jego punktu widzenia ciągle popełniamy błędy. Krytyk nie rozumie procesu życia: że po akcji następuje reakcja. Twierdzi, że każdy błąd jest BŁĘDEM OSTATECZNYM i nienaprawialnym. Ulubiony czas krytyka to między 2 a 4 rano; jak komputer pamięta wszystko, co się wydarzyło w ciągu dnia, wszystko, co zostało powiedziane, *a ta okazja, którą straciłaś, a twoje bezsensowne zachowanie, a te nieprzemyślane słowa...* Umie odtworzyć cały dzień jak na filmie, wskazując na wszystko, co było według niego nie tak. A interpretacje krytyka dotyczące snów! Wszystkie rozpoczynają się tak samo: *to był zły sen, na pewno zapowiada jakieś nieszczęście.* W świecie krytyka wszystko jest albo dobre albo złe i koniecznie chce nas o tym przekonać. Wciąga nas w swój świat błędów i oczekiwań, w świat dualizmu. A jak mu się zdarzy pochwalić sen, to zaraz doda: *A czy słyszałaś, jaki Kowalska miała wczoraj sen? To był dużo ciekawszy, głębszy sen od twojego!*

Innym ulubionym słowem krytyka jest: SYMPTOM. Nasze najdrobniejsze porażki określi jako symptom, jako patologię. Następne to: PORAŻKA. Ponosisz porażkę, kiedy odejdzie od ciebie partner, kiedy twoje dziecko ma za niskie oceny w szkole, kiedy stracisz pracę, kiedy nie zdasz egzaminu. Przy pomocy tych trzech słów: błąd, symptom, porażka, można bardzo skutecznie kontrolować życie innych ludzi, tak jak krytyk kontroluje nas.

Krytyk zawsze zwraca uwagę na to, co jest z nami nie w po-rządku. Ale to nie wszystko. Ma jeszcze inne ulubione zajęcie: uwielbia porównywać! *Zobacz, jaka ona szczupła, kiedy ty taka będziesz? A ten wykład, jaki wspaniały! Ty nigdy nie będziesz umiał tak do ludzi mówić! Ona jest dużo ładniejsza od ciebie. On osiągnął większy sukces, jeździ lepszym samochodem, więcej zarabia, jest skuteczniejszym terapeutą.*

Krytyk zna się doskonale na anatomii. Szczególnym miejscem jego popisów jest siłownia: *Popatrz tylko na jego bicepsy – ty nigdy takich nie będziesz miał; ona jakie ma jędrne pośladki, nigdy nie uda ci się poprawić swoich.* Porównania krytyka mogą dotyczyć wszystkiego: *Ona jest taką ciepłą, wyrozumiałą i mądrą matką, a ty nie potrafisz nawet rozmawiać ze swoim synem; jesteś taką egoistką, zobacz, jak ona dba o swoją rodzinę, jak ona elegancko się ubiera – a ty? Popatrz tylko na siebie!*

Warto też pamiętać, ze krytyk czyta z nami wszystkie książki i czasopisma, chodzi z nami na wykłady i seminaria, słucha z nami każdej kasety relaksacyjnej i motywacyjnej. Jest więc oczywiście specjalistą od rozwoju osobistego. Po przeczytaniu tego rozdziału stanie się też ekspertem w zakresie wewnętrznego krytyka. Powie ci, że twój krytyk od lat kieruje twoim życiem, że jesteś w związku z tym beznadziejny, bo nie powinieneś był być zdany na jego łaskę tak długo; powie ci, że jesteś głupia, że i do tej pory o tym nie wiedziałaś, przecież powinnaś wiedzieć o wszystkim, albo że ta teoria to kolejna bezsensowna amerykańska bzdura!! Pamiętaj, że ten głos z założenia krytykuje każdy nasz aspekt: fizyczny, emocjonalny, intelektualny, duchowy. Nawet holistyczny – przecież ma szerokie zainteresowania holistyczne. Po prostu wic wszystko o wszystkim!

Mam nadzieję, że pomogłam wam zdobyć pewien dystans do swojego wewnętrznego krytyka. Nie mam też cienia wątpliwości, że aby uwolnić się od tego terrorysty w swoim wnętrzu, potrzebujemy dużej dawki poczucia humoru. Nie bierz tego głosu od dzisiaj zbyt poważnie!

O cieniu

Cień to ukryte, czyli nieświadome aspekty człowieka, zarówno dobre, jak i złe, które ego albo stłumiło, albo nigdy ich nie uznało (...).

Daryl Sharp,
Leksykon pojęć i idei C. G. Junga

Każdy człowiek już jako struktura cielesna rzuca swą „smugę cienia". Ten cień ma charakter przestrzenny i fizyczny. Ale każdy z nas ma także swój cień – a ściślej biorąc, dwa cienie – w aspekcie czasowym (eterycznym). (...) Mamy dwa cienie: cień naszej przeszłości i cień naszej przyszłości. Oba leżą w mniejszym lub większym stopniu poza naszą aktualną świa domością; jeden już poza nią, drugi jeszcze przed nią. Oba cienie zachowują pewien związek z naszą świadomością (stąd ich tylko szara barwa): cień przeszłości żyje jeszcze w naszych wspomnieniach, cień przyszłości zarysowuje się w naszych fantazjach, marzeniach czy wreszcie planach i zamie-rzeniach.

Jerzy Prokopiuk,
Wtajemniczenie spontaniczne: CIEŃ
„Czwarty Wymiar", nr 3, 2000

Wierzę, że każda osoba pojawiająca się w moim życiu jest odbiciem pewnej części mnie samej. Jeżeli czuję do niej antypatię, to znaczy, że odzwierciedla taki mój aspekt, którego nie lubię w sobie. Jeżeli jej obecność mnie niepokoi, to wiem, że ma mi do zaofiarowania prawdziwy dar: ukazuje mi mój cień. Ten mechanizm psychologia nazywa projekcją. Ma ona miejsce, kiedy zaprzeczamy swojemu własnemu uczuciu, projektując je na zewnątrz poprzez dostrzeganie go w innych. Projekcja to dostrzeganie ukrytych części nas samych w innych.

Cień to ta strona własnej osobowości, z którą nie możemy się pogodzić i której istnienie negujemy. Większość z nas traci mnóstwo energii, by utrzymać swój **ciemny cień** poza świadomością, łatwo się jednak dowiedzieć, jaki aspekt wypieramy, gdyż są nim zazwyczaj cechy, których nie tolerujemy u innych.

Jednak cień to nie tylko ciemna strona osobowości. To także nasze talenty, umiejętności, instynkty, pozytywne cechy, które dawno zostały pogrzebane lub nigdy nie były świadome. Nazywam to **jasnym cieniem**. Dlatego też cechy, które podziwiamy i kochamy u innych, też są odzwierciedleniem cienia, tylko że tego „pozytywnego". Mój nauczyciel i przyjaciel, Marshall Thurber, którego nazwisko od kilkunastu lat niezmiennie ukazuje się na liście *top educators* w USA, w odpowiedzi na mój podziw skierowany pod jego adresem powiedział:

If you spot it, you've got it.
Jeżeli to zauważasz – to to masz.

Robert Bly, poeta amerykański, porównuje cień do długiej torby, którą ciągniemy za sobą. Przez dzieciństwo i wczesne lata młodzieńcze bez przerwy napełniamy swą torbę. Są w niej te wszystkie aspekty, których nie akceptowali rodzice, o których nauczyciele mówili „okropne", które księża nazywali „grzesznymi"... i tak dalej. Kiedy torba jest pełna i zaczyna nam ciążyć, w końcu ją zauważamy. Wtedy przystępujemy do jej opróżniania, dzięki czemu odzyskujemy swoją utraconą moc.

Nasz cień przechowuje każdy naturalny impuls i uczucie, których kiedykolwiek się wstydziliśmy Wstyd jest uczuciem, którego się uczymy, które podporządkowuje nas innym, abyśmy mogli przetrwać, lecz jednocześnie budzi lęk i poczucie bezsilności. Wstyd jest uczuciem władającym nami i wpływającym na wszystkie nasze uczucia. Im bardziej wstydzimy się, tym dłuższy jest nasz cień i sztywniejsze maski, które zakładamy, żeby go ukryć. Najpowszechniejsze maski to: zadowalacz, ofiara, uwodziciel, perfekcjonista, grzeczna dziewczynka/chłopczyk, kontroler, fanatyk, pracoholik, wściekły, buntownik, manipulator, szantażysta emocjonalny. Włączyć tu też należy wszystkie nałogi. Maski te zakrywają nasze Ja i rzucają cień na naszą duszę. Ceną za noszenie tych masek jest utrata naturalnych zdolności, obniżona umiejętność odczuwania radości, spokoju, mądrości, twórczości i szczęścia. Tracimy kontakt ze swoją prawdziwą naturą, chorujemy i tracimy głębię swojego odczuwania. Rzadko odczuwamy pozytywne emocje, nie żyjemy pełnią życia i cierpimy z powodu niskiego poziomu samouznania. Na tym właśnie polega niebezpieczeństwo niezbadanego cienia.

Wygląda na to, że im bardziej jesteśmy niezrównoważeni, tym głębszy jest nasz cień. Tak więc człowiek do przesady starający się zadowolić innych będzie ciągnął za sobą głęboko wyparty cień gniewu. Inny przykład stanowią ludzie prześladujący homoseksualistów – często sami nie mogą dojść do ładu z własną seksualnością, próbują więc tłumić swój cień, dostrzeżony u innych. Przychodzi na myśl słynna, genialnie zagrana i sfotografowana scena z filmu *American Beauty*, który w 2000 roku zdobył tyle Oscarów: ojciec – utajony homoseksualista „widzi" swojego syna w relacji homoseksualnej z sąsiadem.

Diana Cooper tak mówi o cieniu:

Nasz cień może przybierać odcienie od głębokiej czerni do szarości. Im bardziej nam zależy, by zasługiwać na sympatię, tym głębiej zagrzebujemy, ukrywamy i negujemy przeciwną, niemiłą stronę własnego Ja. I tym czarniejsza się ona staje. Uczucia gniewu i niechęci są wewnątrz nas niczym wulkan. Długo wstrzymywane, mogą nagle wybuchnąć, gdyż ich tłumienie pochłania mnóstwo energii psychicznej. (...) Kiedy w jakiejś części jesteśmy niezrównoważeni, pojawia się cień. Występuje jako postać w snach. Na przyczajony cień wskazują nasze przesadne reakcje, a także ludzie i sprawy, których nienawidzimy. ***Kiedykolwiek czujemy się w prawie*** *kogoś osądzać, przyczyna zawsze leży w czymś, co tłumimy w sobie. Jeśli przyjmiemy do wiadomości, że nie jesteśmy bez wad, i zaakceptujemy własną niedoskonałość, przestaną być dla nas problemami wady innych osób.*

JAK ROZPOZNAĆ SWÓJ CIEŃ?

Uczciwie odpowiedz sobie na kilka pytań:

- Kogo nienawidzisz lub bardzo nie lubisz?
- Jakie jego cechy są najbardziej nieznośne?
- Co takiego niepokoi cię najbardziej w innych ludziach?
- Kogo podziwiasz lub bardzo szanujesz?
- Co w tej osobie podoba ci się najbardziej?

To właśnie są różne aspekty twojego cienia. Powszechnie uważa się, że nie ma skutecznej metody asymilacji cienia. Powiada się, że najpierw trzeba cień zaakceptować i poważnie potraktować jego istnienie. Dokonuje się tego przez sumienną obserwację własnych nastrojów, sympatii i antypatii, fantazji i impulsów. Można też odbyć podróż wewnętrzną i spotkać się ze swym cieniem w medytacji.

> Jest terapeutyczną koniecznością, ba, pierwszym wymogiem wszelkiej metody psychologicznej, żeby świadomość stanęła twarzą twarz z cieniem.
>
> C. G. Jung

Przykład wizualizacji oświetlającej cień światłem świadomości

Przygotowanie: jeżeli do tej pory nie praktykowałeś wizualizacji, warto przeczytać rozdział *Moc wizualizacji* oraz wielokrotnie przesłuchać kasetę *Twórcza wizualizacja*, żeby wyćwiczyć tę umiejętność. Poproś bliską osobę, by przeczytała ci ten tekst, albo nagraj go na kasetę swoim głosem i posłuchaj. Zatroszcz się o spokój, by nikt nie przeszkadzał ci w czasie wykonywania tego ćwiczenia.

Zaczynamy: Zamknij oczy. Przez chwilę skup uwagę na oddechu. Oddychaj naturalnie i łagodnie. Teraz przenieś uwagę na serce – oddychaj przez serce. Obserwuj, jak twoja pierś unosi się i opada. Kiedy poczujesz przyjemne ciepło i rozluźnienie, wyobraź sobie pomarańczowe promienne słońce rosnące w twej piersi. Pozwól mu promieniować na wszystkie strony.

Skup się teraz na jednej z cech, których u kogoś nie cierpisz. Zwróć uwagę, w jakiej części ciała poczułeś największy dyskomfort. Skoncentruj się na tej części ciała, delikatnie i spokojnie skieruj do niej oddech, pozwól, by wyłoniło się z niej jakieś zwierzę... Bądź rozluźniony i opanowany... W swoim wewnętrznym świecie jesteś bezpieczny, nic nie może cię zranić. Zwierzę jest lękliwe i może wpaść we wściekłość, bo przecież tak długo zaprzeczałeś jego istnieniu. Powiedz mu spokojnie, że teraz chciałbyś je poznać i zrozumieć. Zapewnij, że nie zamierzasz już więcej się go wypierać ani odrzucać, cokolwiek by uczyniło.

Twoje zwierzę ma w sobie mnóstwo spętanych emocji, więc pozwól mu ryczeć, piszczeć, hałasować w jakikolwiek sposób lub też trząść się ze strachu. Długo ukrywało swe uczucia, gdyż sądziło, że nienawidzisz go i porzucisz przy pierwszej okazji. Słuchaj uważnie wszystkiego, co ci powie, nie przerywając i w żaden sposób nie oceniając... Jeśli wysłuchałeś go do końca i czujesz, że zrozumiałeś, zapytaj, czego od ciebie oczekuje.

Zrób to. Nie żałuj czasu i wysiłku na spełnienie tych oczekiwań. Zostańcie przyjaciółmi. Poklep je lub pogłaszcz czule. Pozwól, by zwierzę wróciło do twojego ciała, i odnotuj, jak zmieniły się twoje fizyczne doznania.

Powtórz to ćwiczenie z kilkoma wymagającymi uwagi cechami swojego cienia – ciemnego i jasnego. Potem otwórz oczy. Jak się czujesz? Czy masz więcej energii? Czy odblokował się przepływ w twoim ciele? Zapisz, czego doświadczyłeś podczas tej wizualizacji.

Pod koniec 1995 roku rozpoczęłam pracę ze swoim cieniem pod przewodnictwem anioła w ludzkim ciele, Christiny Thomas, w czasie pobytu w USA w założonym przez nią Instytucie Światła Wewnętrznego. Potem przez kilka lat przewodnikiem w tej pracy był mój ukochany nauczyciel Lazaris. Od kilkunastu lat jest przewodnikiem dla milionów ludzi na świecie. Napisał książkę *Working with your shadow* (Pracując ze swoim cieniem) oraz nagrał serię kaset audio na ten temat.

Podjęcie pracy z cieniem było dla mnie wyzwaniem. Długo z tym zwlekałam. Dzisiaj, kiedy czuję się coraz to lepiej i jestem szczęśliwa, zastanawiam się, dlaczego tak długo czekałam. Widocznie byłam niegotowa. Zadaj sobie pytanie: Czy jestem gotów? Czy jestem gotowa?

Dzisiaj

Załóż swój zeszyt pracy z cieniem. Zapisuj w nim swoje spostrzeżenia, wglądy, odkrycia, doświadczenia w czasie powyższej wizualizacji.

O MISTRZOSTWIE CIAŁA

AUTOHIPNOZA SEKRETEM ODCHUDZANIA

... moje ciało zmienia się z czasem, mój umysł nie ulega czasowi, a moje serce pozostaje poza czasem.

Brock Tully

Ludzie mądrzy wyczytają twoje przeszłe losy z Twojego wyglądu, kroku, zachowania. Cechą całej natury jest ekspresja siebie. Nawet najdrobniejszy szczegół ciała coś wyjawia. Człowiek jest jak wspaniały zegar. Jego twarz, jak przeźroczysta tarcza, wyraża to, co dzieje się w środku.

Ralph Waldo Emerson

Organizm ludzki to nie tylko ciało, ale również duch, a także umysł.

Alexander Lowen

Poważne badania nad związkiem między ciałem i umysłem zaczęto prowadzić, gdy Zygmunt Freud po raz pierwszy zaprezentował swoją teorię podświadomości. Freud opierał się na technikach terapii słownej i nie rozumiał, dlaczego nie zawsze była ona skuteczna. Sprawę wyjaśnił jeden z jego uczniów, psychiatra i psychoanalityk Wilhelm Reich. Twierdził on, że ciało potrafi trwale przechowywać ustalone wzorce myślowe i że sama rozmowa nic nie pomoże – potrzebna jest bezpośrednia interwencja wobec ciała. Reich leczył metodą uciskania obszarów napięcia tak długo, aż pacjent poprzez ponowne przeżycie zablokowanych emocji rozładowywał napięcie. Ta nowa metoda nie spotkała się z przyjaznym przyjęciem psychiatrii lat 20. i 30. i w konsekwencji uznano Reicha za heretyka.

Mniej więcej w tym samym czasie prowadzone były badania nad znaczeniem psychicznego relaksu dla zdrowia fizycznego oraz nad wpływem ekspresji ruchowej na zdrowie psychiczne człowieka. Badania te udowadniały, że między mięśniami i narządami, z jednej strony, a myślami i emocjami, z drugiej, istnieją wzajemne powiązania. David Boadella, terapeuta ze szkoły Reicha, w swojej książce *Przepływy życia* pisze tak: *Rozłożenie napięć w ciele człowieka można dostrzegać jako zastygły obraz jego życia.*

Mimo że wydarzenia z przeszłości ukształtowały aktualną strukturę, kształt i wagę naszego ciała, okazuje się, że jesteśmy w stanie zmieniać przyszłość i swoje ciało, odrzucając stare wzorce myśli i zachowań, a ucząc się nowych. To jest właśnie mistrzostwo ciała. Wierzę, że każdy z nas może stać się mistrzem swego ciała.

Zwykle gdy chcemy schudnąć, próbujemy podporządkować sobie swoje ciało poprzez niejedzenie lub zastosowanie jakiejś specjalnej, najmodniejszej w obecnej chwili diety-cud. Po każdej takiej diecie zaczynamy jeść jeszcze więcej. To jest efekt jojo: chudniemy, a potem w szybkim tempie przybywają nam stracone kilogramy, czasami nawet kilka dodatkowych. Rezultatem tego typu postępowania jest ciągłe niezadowolenie z siebie i poczucie porażki. Z każdą kolejną porażką utrwala się w nas przekonanie, że następna próba też zakończy się niepowodzeniem. Niewiele osób jest w stanie zaakceptować poczucie deprywacji, tak więc odmawianie sobie jedzenia nie jest sposobem na uzyskanie smukłej sylwetki. Możemy natomiast osiągnąć zdrową, normalną dla nas wagę za pomocą autohipnozy i utrzymać tę wagę bez wysiłku, jedząc, co nam się podoba. Można to osiągnąć bez posiadania silnej woli, bez narkotyków czy pigułek odchudzających.

Teoria jest bardzo prosta. Większość z nas myśli, że nadwaga jest skutkiem niewłaściwego sposobu odżywiania, podczas gdy w istocie jest ona spowodowana przez niewłaściwe, czyli negatywne myśli i emocje. To właśnie te myśli należy zmienić. Gdy pozbędziemy się negatywnych myśli, lęków i urazów, pozbędziemy się także zbędnych kilogramów.

Wyzwolenie ciężaru z serca wyzwoli ciężar z ciała

Negatywne uczucia mają tendencję do tłumienia energii życiowej, naturalnie płynącej przez nasze ciało. Gdy te negatywne uczucia zostaną wyzwolone, będziemy pulsowali energią naszej idealnej wagi i zaczniemy po prostu chudnąć.

Mistrzostwo ciała to rezygnacja z samoudręczania, samoobwiniania, frustracji i obaw. Mistrzostwo to przenosi się na wszystkie obszary naszego życia. Podczas gdy twoje ciało zmienia się i ulega transformacji – taką samą transformację i zmianę zaobserwujesz w swoim życiu.

Czasami trudno uwierzyć, że prosty, nagrany na taśmę tekst głęboko relaksujący może wprowadzić nas w stan podobny do transu. Doświadczamy w nim odmiennego stanu świadomości. Autohipnoza była stosowana – w takiej czy innej formie – przez tysiące osób, które uważają ten proces za jedno z najważniejszych odkryć w swoim życiu. Dzięki przeprogramowaniu podświadomości w czasie autohipnozy ludzie zrzucili tysiące kilogramów.

Osoby z nadwagą mogą bardzo pragnąć świadomie ograniczyć jedzenie, lecz często jest to dla nich niewykonalne. Mimo że świadomy umysł posiada zdolność rozumowania i decydowania, co należy zrobić – nie jest on w stanie zacząć realizować żadnej decyzji bez zgody podświadomości. Nawet najpotężniejsza wola sobie z tym nie poradzi. Być może, będziemy stosować dietę przez jakiś czas, ale jeżeli podświadomość nie zostanie zmieniona – stare nawyki odżywiania wcześniej czy później wrócą.

Wyobraź sobie, że twój umysł to łąka zarośnięta wysoką trawą, a twoje myśli to ścieżki prowadzące przez tę łąkę. Aby stworzyć nową neurościeżkę dla swoich myśli, musisz wydeptać nową ścieżkę przez łąkę. Osoby, które próbowały przejść przez zarośniętą łąkę, wiedzą dobrze, jak trudne są te pierwsze kroki. Ale jeżeli będziesz konsekwentnie chodzić tą samą drogą, wkrótce będzie ona wygodnie wydeptana. Wtedy stereotypy myślowe, takie jak: *Nigdy nie schudnę. Nic na to nie poradzę. Na pewno mi się nie uda. To nie działa* itp., zaczynają zarastać, bo się po nich nie chodzi. A nowe ścieżki, takie jak: *Mam idealną dla siebie wagę. Jestem szczupła i atrakcyjna,* stają się realne. W ten prosty sposób tworzymy nowe neuroschematy w umyśle i myśli wkrótce będą automatycznie podążały tymi nowymi drogami. Ciało po jakimś czasie dostosuje się do owych nowych myśli.

Ludzie niezadowoleni ze swojej wagi chcą, aby ich ciało uzyskało upragniony kształt przez robienie rzeczy, które nie dają im zadowolenia, tak jak drastyczne ograniczanie jedzenia lub zmuszanie się do ćwiczeń. Robią to, bo wydaje im się, że będą szczęśliwsi, gdy zmienią swoje ciało. No i stają się coraz bardziej nieszczęśliwi z powodu narzucanych sobie ograniczeń. Ludzie ci zaczęli od próby zmiany swojego ciała fizycznego. Nasze ciało nie może być oddzielone od wyobrażenia o sobie. Należy więc rozpocząć od wytworzenia pozytywnego wizerunku siebie. Należy siebie polubić, pokochać, nauczyć się obchodzić ze sobą łagodnie i z miłością, zrezygnować z ciągłej krytyki i karania siebie.

Zapamiętaj

Fizyczny kształt twojego ciała nie jest efektem określo-nego sposobu odżywiania czy gimnastyki. Jest wyrazem podejścia, jakie masz do siebie.

TWOJE CIAŁO JEST ODZWIERCIEDLENIEM STANU TWOJEGO UMYSŁU. Innymi słowy, to twój umysł rządzi twoim ciałem.

Regularne słuchanie taśmy z tekstem relaksu, nagranego przez siebie lub czyjś inny hipnotyczny głos, wprowadzi pozytywne stwierdzenia do twojej podświadomości jak do komputera. Uwolnią cię one od destrukcyjnych nawyków żywieniowych, pozwolą ci jeść z przyjemnością, bez ograniczeń i bez poczucia winy.

Oto niektóre z nich:

1. Jesz tylko wtedy, kiedy jesteś głodna.
2. Łakniesz tylko i wyłącznie pokarmów, które są dla ciebie odpowiednie.
3. Jesz w nowy sposób: myślisz tylko o kęsie, który jest w twoich ustach. Większość otyłych osób je bardzo szybko i myśli ciągle o następnym kęsie – zamiast rozkoszować się tym, co mają w ustach.
4. Rozwijasz nowe poczucie smaku; myślisz tylko o pokarmie, który masz w ustach, i rozkoszujesz się jego smakiem.
5. Twoje poczucie smaku staje się coraz bardziej wyrafinowane i uzyskujesz coraz większą satysfakcję z tego, co jesz.
6. Jesz coraz wolniej.
7. Jesz mniej, lecz czerpiesz z tego większą przyjemność.
8. Wyglądasz wspaniale i czujesz się świetnie, podobasz się sobie.
9. Twoja wewnętrzna mądrość prowadzi cię i oświetla twoją drogę – a twoje ciało odżywia się pokarmem ducha.
10. Rezygnujesz ze wszystkiego, co nie przyczynia się do twojego promiennego zdrowia i szczupłej figury.

W czasie słuchania takiego programu powyższe stwierdzenia zarejestruje twoja podświadomość i w zdumiewająco szybkim czasie zmienią myśli, które są prawdziwą przyczyną twojej nadwagi. W ten sposób osiągniesz zdrową, normalną wagę i na stałe ją utrzymasz, jedząc tyle, ile chcesz. Lecz nie będziesz jeść więcej, niż twoje ciało potrzebuje. Będziesz jeść tylko wtedy, gdy naprawdę poczujesz głód.

Jak osiągnąć idealną figurę i żądaną wagę

Po pierwsze – zdecyduj, ile chcesz ważyć. Jaka jest twoja idealna waga? Na kartce papieru napisz zdanie:

Moja idealna waga to___________ kilogramów.

Po drugie – wyobraź sobie, że ważysz właśnie tyle kilogramów, już teraz. Osoby, które od dłuższego czasu mają nadwagę, mogą mieć trudność z wyobrażeniem sobie siebie jako szczupłych, bo nigdy szczupli nie byli. Jeżeli nie masz swojego zdjęcia, kiedy byłaś szczupła, i nie możesz zobaczyć się smukłą, znajdź zdjęcie osoby, której ciało ci się podoba. Wytnij to zdjęcie i wyobrażaj sobie, że to ty. Naklej swoją twarz na to zdjęcie. Noś je przy sobie i wielokrotnie w ciągu dnia na nie patrz. Wiedz, że twoje ciało przyjmie właśnie taki kształt. To, czego pragniemy, czego się spodziewamy, staje się naszą rzeczywistością.

Nie pozwalaj sobie na zazdrość, gdy zobaczysz kogoś, kto wygląda tak, jak ty byś chciała. Powiedz sobie: *To dla mnie. To ja.* Przez wyobrażanie sobie swojego wymarzonego ciała możemy nie tylko zmniejszyć wagę, ale także zmienić kształt ciała, rysy twarzy i ogólny wygląd.

Po trzecie – kochaj pokarm na swoim talerzu. Zacznij zawsze od pobłogosławienia go. Pokarm to przecież energia. Powiedz sobie: *Wszystko, co jem, zamienia się w zdrowie i piękno.* Ciesz się pięknem pożywienia. Jedz zawsze na czystym obrusie, używając pięknej zastawy i sztućców. Zadbaj o wygląd jedzenia na talerzu, o kolory. Niech każdy posiłek będzie przeżyciem duchowym – bez względu na to, czy jesz sama, czy w towarzystwie. Rozkoszuj się jedzeniem i świadomie wybieraj przyjemne, pozytywne myśli o sobie, o świecie. Nie jedz przed telewizorem i nie czytaj przy jedzeniu, a już na pewno nie dopuszczaj do burzliwych dyskusji przy stole.

Po czwarte – patrz na to, co jesz, w pełni doświadczając smaku i zapachu pokarmu. Bądź w pełni zrelaksowana i rozkoszuj się każdym kęsem. Weź głęboki oddech przy każdej łyżce jedzenia. Żuj kilkanaście razy każdy kęs. Jedz powoli.

Po piąte – kochaj swoje ciało. Obdarz je przyjaźnią. Traktuj je tak, jak traktowałabyś swoją najbliższą przyjaciółkę. Jeżeli ciągle powtarzasz: *Nie lubię mojego ciała* – to twoje ciało zrobi dokładnie to, czego nie chcesz, by zadowolić twoją podświadomość. No i w rezultacie ciało będzie coraz cięższe, coraz grubsze. Kochaj swoje ciało – nawet jeżeli w tej chwili masz nadwagę. Polub je. Przecież twoje ciało robi dokładnie to, czego ty od niego oczekujesz. Podświadomie chcesz mieć nadwagę, więc twoje ciało daje ci to, czego skrycie pragniesz. Pamiętaj, że ciało jest zawsze posłuszne. Zawsze reaguje na twoje myśli. Toteż pokochaj i zaakceptuj swoje ciało takim, jakie jest teraz dopiero wtedy może dokonać się zmiana. Trudno jest zmienić coś, czego nie akceptujemy. (Przeczytaj uważnie rozdział *Moc akceptacji*).

Dobrym sposobem okazywania miłości dla swojego ciała jest sprawianie mu przyjemności takich jak masaż, długa kąpiel w piance, głębokie oddychanie czy szczotkowanie na sucho. Dostarczaj swojemu ciału przyjemności i tlenu. Przeczytaj rozdział *Zakochaj się w oddechu*. Polecam odbycie kilku sesji oddechowych u profesjonalnego terapeuty oddechu (rebirthera). Już po kilku takich sesjach oddechowych wiele osób zauważa, że ciało staje się lżejsze, że chętniej z nami współpracuje.

Po szóste – wybaczenie. Często nadwaga związana jest z podświadomym uczuciem złości na kogoś lub na jakąś sytuację z przeszłości. Bardzo pomocne jest zadanie sobie pytania: *Kogo lub co obwiniam poprzez utrzymywanie nadwagi?*

Jeżeli przyjdzie ci ktoś do głowy – wybacz. Po prostu wybacz. Wybacz także sobie. Uświadom sobie, o co masz do siebie żal, i wyzwól go. Traktuje o tym rozdział *Moc przebaczenia*. Wybacz, a nadwaga po prostu zniknie. Sondra Ray w książce *Jedyna dieta jaka jest* propaguje dietę wybaczenia. Przez 7 dni 70 razy dziennie piszesz jedną afirmację. Pierwszy tydzień zaczynasz od przebaczenia temu ze swoich rodziców, z którym masz trudniejszą relację. Ta afirmacja brzmiałaby tak:

Ja_________ (twoje imię) całkowicie wybaczam mojej matce.

W drugim tygodniu wybaczenia przez 7 dni piszesz 70 razy dziennie afirmację:

Ja____________ całkowicie wybaczam swojemu ojcu.

To jest bardzo silny proces. Znam osoby, które po przeprowadzeniu tej diety zrzuciły wiele kilogramów.

Wiele lat temu nagrałam sama dla siebie specjalną kasetę z medytacją wybaczenia. Jeżeli czujesz, że w twoim życiu są lub były osoby, do których żywisz żal lub urazę, zacznij pracować z tą medytacją jak najszybciej lub stwórz na jej przykładzie swoją własną.

Po siódme (i najważniejsze) – twoja duchowa droga. Bez względu na to, kto jest twoim najwyższym duchowym autorytetem – oddaj mu swój problem z nadwagą. Podziękuj za to, że problem jest już rozwiązany. Wiedz, że tak się stanie. Zaufaj.

Jak tylko przyłapiesz się na myśleniu, że twoje ciało nie odpowiada twoim marzeniom: STOP!! Zatrzymaj ten proces myślowy, skieruj swoje myśli do Boga lub do tego, do kogo zwracasz się o duchowe przewodnictwo. Oczekuj pomocy. Wiedz, że ją otrzymasz. Zaufaj!

Spodziewaj się, że idealny kształt twojego ciała osiągnie swoją pełną ekspresję. Twoje ciało odżywia się nie tylko jedzeniem, ale też twoimi myślami. **Nigdy więc nie pozwalaj sobie na negatywne myśli podczas jedzenia.** Niech przy stole towarzyszą ci najwspanialsze myśli, na jakie cię stać. Niech to będzie uczta w gronie najwspanialszych przyjaciół. Twoje ciało ma wtedy właśnie doświadczyć idealnego stanu, który wpłynie na komórki i urzeczywistni to idealne ciało, o jakim marzysz i na jakie zasługujesz.

Niechaj duch Twojej istoty ujawni się w pełni, świecąc w ciele promieniującym pięknem i spokojem.

Poczytaj, jeżeli chcesz wiedzieć więcej

- Joan Borysenko – *Księga życia kobiety* (GWP, 1999).
- Joanna Komorowska – *Autohipnoza – psychotera-pia dla każdego* (Wiedza Powszechna, 1995).
- Sara Martin – *Ciało i umysł – znane i mniej znane formy terapii* (Medium, 1993).
- Elżbieta Zubrzycka – *Jak schudnąć bez wysiłku* (GWP, 1995).

Płyta CD

- Ewa Foley – *Mistrzostwo ciała* (ISI, 1995).

Ta medytacja przeprogramowuje podświadomość zamieniając stare, negatywne wzorce myślowe na nowe, konstruktywne myśli. Odbywa się to przez podanie sugestii bezpośrednio do podświadomości, poprzedzone wprowadzeniem w stan głębokiego, spokojnego relaksu. Sugestie te mają na celu zmianę obrazu samej siebie oraz zmianę nastawienia, które powoduje nadwagę. Im częściej będziesz słuchać tej medytacji, tym pewniejsze będzie przeprogramowanie. Polecam słuchanie jej 2 razy dziennie przez 3 tygodnie, potem wystarczy raz dziennie. Wiele osób osiągnęło dzięki tej wizualizacji spektakularne rezultaty.

W medytacji tej przenosisz się w wyobraźni do swojego sekretnego pokoju – pomieszczenia z wielkim lustrem na ścianie. Patrzysz tam na swoją piękną, szczupłą sylwetkę – prawdziwą siebie. Ogromnie się sobie podobasz. Przyglądasz się sobie w lustrze z życzliwością. Coraz bardziej identyfikujesz się ze swoim odbiciem w lustrze. Ty i twoje odbicie zbliżacie się do siebie z każdym dniem. Stajesz się tym odbiciem. Jesteś nim. Wszyscy zauważają, jak świetnie wyglądasz. Prawią ci komplementy. Coraz częściej się uśmiechasz. Czujesz się coraz lepiej ze sobą, coraz bardziej podoba ci się twój wygląd. Jesteś szczęśliwa, bo masz pełną kontrolę nad swoim umysłem, swoim ciałem i swoim duchem.

Gdy twoje ciało potrzebuje pożywienia – jesz powoli, rozkoszując się każdym kęsem. Jesz tylko tyle, ile potrzebuje twoje ciało. Nie przejadasz się. Gdy zaczynasz myśleć o jedzeniu, a nie jesteś głodna – masz na to bardzo przyjemne rozwiązanie.

Hipnotyzujesz siebie w następujący prosty sposób:

Bierzesz długi głęboki wdech – zatrzymujesz go – i powoli odliczasz do 10. Potem zamykasz oczy i podczas wydechu powtarzasz w myślach: *spokój, relaks, spokój, relaks...* To twoje kluczowe słowa. W czasie wydechu pozwalasz sobie na doznanie pełnego relaksu – rozluźnia się każdy mięsień, nerw, ścięgno, organ w twoim ciele, a ty w wyobraźni przenosisz się do swojego pięknego pokoju, choćby tylko na kilka sekund. Widzisz siebie przed lustrem – czujesz się lekko, jesteś szczupła i atrakcyjna. Po czym otwierasz oczy i decydujesz, czy masz ochotę coś zjeść, czy też już tego nie potrzebujesz.

O SZCZĘŚCIU

Większość ludzi ma tyle szczęścia, na ile sobie pozwoli.

Abraham Lincoln

Są dwa rodzaje szczęścia:
Jedno małe – być szczęśliwym!
Drugie duże – uszczęśliwiać innych!

O szczęściu nie decyduje to, co nam się w życiu przydarza, ale jak na to reagujemy. Jeden człowiek w utracie związku czy pracy widzi tragedię, a drugi dostrzega otwierające się możliwości.

Bycie szczęśliwym to być może jedno z największych wyzwań, jakie stawia przed nami życie. Bycie szczęśliwym wymaga od nas ogromnej determinacji, wytrwałości i samodyscypliny. Kilka lat temu podarowałam mojemu synowi kartkę z kalendarza *Instrukcje do życia*, gdy po raz kolejny był nieszczęśliwy i smutny. Było na niej napisane:

Nothing is worth being unhappy about.
Nic nie jest warte, by być z tego powodu nieszczęśliwym.

Zapamiętał to wydarzenie i kiedy wpadłam w mój ulubiony kanał nieszczęścia i krzywdy, Maciuś przytulił mnie mocno i szepnął: *Nic nie jest warte, by być z tego powodu nieszczęśliwą, pamiętasz, mamo?* Mój stan natychmiast się zmienił – uśmiechnęłam się do niego promiennie z podziękowaniem za to przypomnienie. Jak dobrze jest mieć przy sobie kogoś mądrzejszego, kto przypomni mi, że to ja panuję nad moim szczęściem i umysłem, kiedy zapominam, czego nauczam i rozpatruję bez końca czyjeś przykre słowa, kiedy zapominam, że bycie szczęśliwą wymaga skupienia się na pozytywnych, dobrych myślach.

Jeśli któregoś dnia masz być szczęśliwy, czemu nie zaczniesz od dzisiaj?

Zapamiętaj

Pewien indyjski guru powiedział kiedyś swemu uczniowi fanatycznie poszukującemu szczęścia: *Zdradzę ci tajemnicę szczęścia, jeżeli chcesz być szczęśliwy – bądź szczęśliwy.*

Dzisiaj

1. Postanów, że będziesz naprawdę szczęśliwy w życiu.
2. Zrozum, że szczęście jest decyzją, jest świadomym wyborem.
3. Zapytaj kilka szczęśliwych osób, jak im się udało osiągnąć szczęście.
4. Zdecyduj, że masz dość zawodów, samotności, biedy i ____________ (tu wstaw jakiś „prześladujący" cię stan emocjonalny).
5. Postanów to zmienić. Wybierz coś innego.

W ręku trzymasz pędzel i farby. Najpierw malujesz raj, a potem do niego wchodzisz.

Kazandzakis

6. Uszczęśliw kogoś bezinteresownie: podaruj bukiet kwiatówczy wartościową książkę, przekop ogródek, umyj okna, obierz ziemniaki, poświęć swój czas, kup ciastko...

Od dzisiaj

1. Pamiętaj, że od twojego wyboru zależy, co widzisz, co myślisz i co słyszysz. Jedna osoba widzi filiżankę do połowy pustą, a druga do połowy pełną. Jedna osoba widzi piękny ogród za oknem, a druga brudną szybę.
2. Codziennie sobie przypominaj, że TO ŻYCIE TO JEST TO, że masz ograniczony czas i chcesz jak najlepiej go wykorzystać.
3. Codziennie potwierdzaj doskonałość wszechświata:

Niechaj będzie pozdrowiona doskonałość wszechświata!

4. Codziennie przypominaj sobie, że świat już jest piękny i nie trzeba go zmieniać. Możesz natomiast zmienić siebie.
5. Jeżeli dopadnie cię chandra, jak najszybciej znajdź sobie jakieś zajęcie. Zajmij się czymś przez 5 minut, inwestując całą swoją energię. Po tych pięciu minutach poczujesz się lepiej.
6. Wiedz, że najlepszym sposobem na polepszenie własnego samopoczucia jest zrobienie czegoś dla kogoś innego.
7. Jeżeli dopadnie cię pokusa bycia nieszczęśliwym, przeczytaj poniższe słowa umierającego starca:

Gdybym jeszcze raz miał przeżyć swoje życie, tym razem usiłowałbym popełniać więcej błędów. Nie starałbym się być taki doskonały. Więcej bym odpoczywał. Rozluźniałbym się, byłbym bardziej beztroski i wiele spraw traktował poważniej. Byłbym bardziej szalony.

Wykorzystywałbym więcej szans, więcej bym podróżował, przewędrował więcej gór, przypłynął więcej rzek, odwiedził więcej nie znanych mi miejsc. Jadłbym więcej lodów, a mniej sałaty.

Miałbym więcej prawdziwych, a mniej wydumanych zmartwień! Prawda jest taka, że byłem jednym z ludzi, którzy godzina za godziną, dzień za dniem, pędzili asekuracyjny tryb życia, roztropny i przemyślany. Och, gdybym znowu mógł przeżyć moje życie, delektowałbym się każdą chwilą.

Byłem jednym z tych, którzy nigdzie nie ruszają się bez termometru, termoforu, wody do płukania gardła, płaszcza przeciwdeszczowego i spadochronu. Gdybym miał jeszcze raz przeżyć moje życie, tym razem podróżowałbym z małym bagażem.

Gdybym miał jeszcze raz przeżyć życie, wiosną wyskakiwałbym boso z łóżka, a jesienią wstawał później, częściej bym jeździł na karuzeli, obejrzał więcej wschodów słońca i więcej bym się bawił z dziećmi. Gdybym miał przeżyć życie od nowa.
Ale nie przeżyję.

Poczytaj

- Andrew Matthews – *Bądź szczęśliwy!* (Medium, 1996).

O CHOROBIE

Wierzę, że ciało i umysł są dwoma aspektami jednego organizmu. Dolegliwości fizyczne mogą być dla nas wielkim darem, a choroba sprzymierzeńcem, jeżeli tylko będziemy chcieli zrozumieć przesłanie, które przychodzi do nas w ten sposób. *Pokochaj swoją chorobę – ona może utrzymać się w zdrowiu* to tytuł książki australijskiego lekarza dra Johna Harrisona. Wierzę, że ciało jest naszym najlepszym nauczycielem. Fizyczne wyzwania, których doświadczamy, mogą uzdrawiać i równoważyć nas w inny, nieuświadomiony do końca sposób.

Choroba może mieć wiele przyczyn: niewłaściwa dieta, czynniki genetyczne, zatrucie środowiska, stres. Aby zrozumieć proces powrotu do zdrowia, ważne jest zrozumienie procesu choroby. Ból i cierpienie są informacjami zwrotnymi, które podpowiadają, co dobrze by było zmienić w swoim życiu. Symptomy choroby pozwalają zatrzymać się i zastanowić nad swoim życiem. Zmuszają nas do szukania pomocy, do wprowadzenia w swoje życie większej dawki miłości i zrozumienia. Często tylko kryzys lub bardzo poważna choroba może spowodować refleksję nad tym, co jest naprawdę ważne. Ciężko chorzy ludzie mówią, że ich choroba przyczyniła się do głębokiego zastanowienia się nad swoim dotychczasowym życiem, do dokonania poważnych zmian. Postanawiają: *Jeżeli się z tego wyciągnę, to będę spędzać więcej czasu z moją rodziną. Albo: Jak tylko wyzdrowieję, zajmę się swoim rozwojem.*

Choroba może być wielkim darem. Arnold Mindell, fizyk, psycholog i terapeuta, twórca psychologii zorientowanej naproces, nazywa chorobę „sprzymierzeńcem". Psychologia tego typu ma swoje źródła w teorii C. G. Junga, buddyzmie i taoizmie. Jest jedną z najciekawszych współczesnych koncepcji psychologicznych, a także metodą terapeutyczną, oferującą bardzo ciekawe sposoby pracy z psychiką i ciałem. Mindell w swojej pracy zaprasza do odkrywania ukrytego znaczenia odczuć cielesnych i symptomów chorobowych. Pokazuje, w jaki sposób choroby i inne odczucia związane z ciałem mogą pomagać w pełniejszym rozumieniu siebie i swojego życia, jak mogą stać się drogą do samopoznania i rozwoju.

Wierzę, że pierwszym krokiem w kierunku uzdrowienia jest zrozumienie, iż symptomy choroby nie są ani złe, ani niewłaściwe. Na jakimś poziomie są dla korzystne i przyczyniają się do twojego rozwoju, tak więc obejmij swoją chorobę światłem świadomości. Oczywiście, nie chcę przez to powiedzieć, że musimy się rozchorować, aby zacząć się rozwijać. Wręcz przeciwnie: wierzę, że przyszedł czas rozwijania się i uczenia przez radość, spełnienie i szczęście.

Fizyczne niedomagania, których doświadczasz, uzdrawiają i równoważą cię w inny, często zupełnie nieuświadomiony sposób. *Nie znamy pełnego obrazu.* Myślę, że gdybyśmy znali pełny obraz, nie martwilibyśmy się trudnymi sytuacjami. Warto zrozumieć, dlaczego chorujemy, bo wtedy będziemy mogli skierować swoją energię gdzie indziej. Ale nawet gdybyś nigdy nie poznał przyczyny doświadczania trudności fizycznych, nawet gdybyś nigdy nie poznał pełnego obrazu, wiedz, że jesteś w życiu prowadzony i każde doświadczenie – bez względu na to, czy oceniasz je jako pozytywne, czy negatywne – prowadzi do stania się pełniejszym człowiekiem.

Chcę opowiedzieć ci pewną historię. Niektórzy mówią, że jest to opowieść sufich, inni – że pochodzi z Chin:

W pewnej wiosce mieszkał stary człowiek. Był bardzo skromny i biedny. Jego jedyną własnością był przepiękny biały koń. Nawet król mu zazdrościł tego rumaka i oferował za niego wielkie sumy. Ale stary człowiek odmawiał, mówiąc: *Kocham mojego konia. To mój przyjaciel. Nie sprzedaje się przyjaciół.* Pewnego ranka wszedł do stajni i nie zastał tam konia. Wieśniacy powiedzieli: *Ty stary głupcze. Powinieneś był sprzedać tego konia. Ale nieszczęście.* A stary człowiek odpowiedział: *Nie jest to ani dobre, ani złe. Po prostu jest. Nie oceniajcie tego. Po prostu powiedzcie, że w stajni nie ma konia. To tylko fragment. Nie mamy pełnego obrazu.* Ale mieszkańcy śmiali się ze starca.

Po kilku dniach biały koń wrócił, a wraz z nim całe stado dzikich koni. Wieśniacy znowu się zgromadzili: *Starcze, miałeś rację – to nie było nieszczęście, że biały koń uciekł. To było wielkie błogosławieństwo. A stary człowiek odpowiedział: Nie jest to ani dobre, ani złe. Po prostu powiedzcie, że koń wrócił.* Nic mu na to nie odpowiedzieli. Ale wiedzieli, że nie ma racji.

Stary człowiek miał jedynego syna, który zaczął ujarzmiać dzikie konie. Któregoś dnia chłopak spadł z konia i złamał obydwie nogi. Wieśniacy zebrali sięi powiedzieli: *Starcze, miałeś rację. Konie okazały się nieszczęściem – twój jedyny syn został kaleką, nie będziesz miał żadnej pomocy na starość.* A stary człowiek odpowiedział: *Jak możecie tak mówić. Nie znamy całego obrazu. Czy znacie całą książkę po przeczytaniu jednej strony?*

Po jakimś czasie w królestwie zaczęła się wojna i wszyscy młodzi chłopcy z wioski zostali powołani do wojska. Wszyscy, z wyjątkiem syna starego człowieka. Wioska była pogrążona w żałobie. Królestwo przegrywało wojnę i pewne było, że większość młodych ludzi nigdy nie wróci do domu. Przeto ludzie powiedzieli starcowi: *Znowu miałeś rację – to było szczęście, że twojego syna zrzucił koń. Jest kaleką, ale przynajmniej jest z tobą.* A starzec odpowiedział: *Nie jest to ani dobre, ani źle. Nie oceniajcie, bo nie znacie pełnego obrazu...*

To samo dotyczy twojego zdrowia. Nie obwiniaj się, że chorujesz czy doświadczasz dolegliwości fizycznych. **Pamiętaj, że to tylko fragment całego obrazu.** Jeżeli przykleisz chorobie etykietę, że jest zła – przestaniesz patrzeć na nią jak na sprzymierzeńca i niezwykłą okazję do rozwoju, a zobaczysz w niej atakującego ciebie wroga.

Zaufaj mądrości swojego ciała.
Spodziewaj się cudów.
Zaakceptuj miejsce, w którym jesteś.
Pokochaj siebie takim, jaki jesteś.

Jeżeli nie akceptujesz tego, co jest, walczysz z życiem i ze swoim ciałem, opierasz się – to życie i trudności napierają.

Zapamiętaj

To, czemu się opierasz – napiera.

W mojej wieloletniej praktyce terapeutycznej wielokrotnie widziałam, że dopiero gdy pacjent pogodził się i w pełni zaakceptował swój stan, wydarzał się cud. Dopiero w przestrzeni pełnej akceptacji i zgody możesz dokonać nowego wyboru. Choroba nie ma wtedy nad tobą władzy i zmiana staje się możliwa. Nie oznacza to poddania się chorobie. Gdy akceptujesz, zamiast walczyć, masz więcej energii do uzdrowienia siebie. Akceptacja to twój pierwszy krok na drodze powrotu do zdrowia.

Kolejnym krokiem jest zrozumienie prawdziwej przyczyny swojej dolegliwości. Bez względu na to, jaką nalepkę jej przykleimy – choroba dziedziczna, wieku starczego, wypadek, wirus, bakteria – okazuje się, że każda dolegliwość ma **dobrą intencję**. Jeżeli znajdziesz tę intencję, wtedy możesz wyzdrowieć. Uświadomione przyczyny nie powodują choroby, to nasze podświadome przekonania i stłumione uczucia nie pozwalają nam wyzdrowieć. Znam pewnego chorego mężczyznę, który świadomie bardzo chce wyzdrowieć. Zdecydowanie, bez cienia wątpliwości chce się lepiej czuć. A podświadomie jest bardzo niezadowolony ze swojej pracy. Wyzdrowienie oznacza powrót do pracy, której nie cierpi. Nawet gdy na poziomie świadomości chce wyzdrowieć, to w warstwie nieświadomości woli pozostać chory. I jest chory. Tak wielka jest potęga podświadomości.

Czasami trudno jest samodzielnie dostrzec przekonania, nie pozwalające nam wyzdrowieć. Sygnały ciała mogą pomóc nam dotrzeć do tych podświadomych wierzeń. Ciało cały czas do ciebie mówi i zawsze odzwierciedla twój stan świadomości. Pozwól ciału przemówić i słuchaj uważnie swoich symptomów cielesnych.

Zapamiętaj

Prawdziwie przeżyte uczucia nie pozostają w ciele, są wyzwolone. Pozostają w nim wszystkie wyparte, stłumione emocje.

Sytuacje, w których nie pozwoliliśmy sobie na wyrażenie silnej emocji, swojego bólu, smutku czy gniewu, powodują napięcia i bloki w ciele. Kiedy odcinasz się od bolesnego, trauma- tycznego wydarzenia, odcinasz się także od pola, w którym możliwe jest uzdrowienie. Niewyrażone emocje destrukcyjnie wpływają na stan twojego zdrowia. Na przykład złość uważana jest za emocję niezdrową i naganną. A przecież gniew może być bardzo pozytywną, budującą emocją, jeżeli jest czysto i bezpiecznie wyrażony. Równie szkodliwe dla naszego zdrowia są nieświadome negatywne przekonania o sobie. Na przykład jeżeli mówiono ci, gdy byłeś mały, że jesteś niezdarą, a ty w to uwierzyłeś – to w dojrzałym wieku możesz ciągle się potykać i ranić. Nie dlatego, że jesteś niezdarą, ale dlatego, że masz takie o sobie przekonanie. Albo będąc dzieckiem słyszałeś: *Jak dorośniesz, będziesz mieć problemy z sercem. Wszyscy w naszej rodzinie mają problemy z sercem.* Takie stwierdzenia mogą naprawdę wpływać na stan twojego serca!

Zapamiętaj

Nasze oczekiwania stają się samospełniającą się przepowiednią.

Jeżeli spodziewasz się problemów z sercem, twoje szanse, że je będziesz mieć, są dość duże. Podświadomy umysł ma ogromny wpływ na nasze zdrowie. Jeżeli wierzymy, że coś nam może zaszkodzić, to nam zaszkodzi. Jeżeli wierzymy, że coś nas może uzdrowić, to nas to uzdrowi. To nie metoda uzdrawia, ale reakcja ciała na nią! Reakcja ta opiera się na twoim podświadomym przekonaniu. Niektórzy bardzo wierzą w lekarzy – więc lekarze pomagają im w zdrowieniu. Inni wierzą, że pomoże im kryształ czy bioenergoterapeuta, i tak się dzieje.

Ciało zaczyna się zmieniać, gdy zmieniamy swoje myśli i przekonania. Samo powtarzanie, że zdrowiejemy, lub przestrzeganie przepisanej przez naszego uzdrowiciela wizualizacji czy też mistycznej zasady czy inwokacji – niekoniecznie zmieni przechowywane głęboko w podświadomości przekonania. Jednym ze sposobów zrozumienia, co się dzieje na poziomie podświadomym, bez wchodzenia w żaden specjalny proces, jest słuchanie tego, co symbolicznie chce powiedzieć nam ciało. Ta symbolika ciała może być ważnym kluczem do zrozumienia siebie i uzdrowienia. Na przykład gardło jest ośrodkiem komunikacji. Osoby, które mają problemy z gardłem, mają na ogół odpowiadający im problem w dziedzinie komunikacji czy porozumiewania się. Problem z gardłem bardzo często może być związany z niewypowiadaniem swojej prawdy, niewyrażaniem siebie. Jeżeli cierpisz na zapalenie krtani, to być może za dużo mówisz i powinieneś zamilknąć. Jest takie powiedzenie: „zatkało mnie". „Zatyka" nas, kiedy czujemy emocje i nie mówimy o nich. To nie przypadek, że wiele potocznych określeń dotyczy ciała. Wskazują one miejsce, w którym ciało przechowuje niewyrażoną emocję lub negatywne przekonanie. Wyrażenia, których zwyczajowo używasz, mogą ułatwiać ci wgląd w twój podświadomy umysł. Na przykład zwrot „nie mam do tego serca" czy „złamał mi serce" – określi problemy z sercem; „nie mogę tego znieść" – odsyła w kierunku nóg lub rąk; „wyrzucić z siebie" – sugeruje astmę, chorobę płuc. Obserwuj, jakich określeń używasz. Zmień je – w ten sposób przeprogramujesz swój podświadomy umysł. Jeżeli często mówisz: „Nie mogę tego znieść", zmień to na: „Ten problem jest dla mnie wyzwaniem". Wyłapuj i zmieniaj odruchowo używane przez siebie negatywne wyrażenia.

Każde ciało jest inne. Warto jednak dowiedzieć się czegoś więcej na temat emocji umiejscowionych w konkretnych organach. Jest to bardzo dobrze opisane w książce Louise L. Hay *Możesz uzdrowić swoje życie*. Na przykład kolana i nerki przechowują stłumiony lęk. Zauważ, że kiedy się obawiasz, masz miękkie kolana lub nagłą potrzebę opróżnienia pęcherza. Problemy z wątrobą mogą wskazywać na wyparty gniew lub resentyment (żal). Oczy mogą symbolizować coś, czego nie chcesz zobaczyć w swoim życiu. Ludzie cierpiący na żylaki często mają problemy z przepływem wewnętrznej energii. Dolegliwości nóg mogą wskazywać na trudności w staniu na własnych nogach w niektórych sytuacjach. Schorzenie trzustki może sugerować twoją niezdolność do przetwarzania uroków życia, niezdolność do brania dobra w życiu, odpychanie komplementów i pochwał.

Powtórzmy: pierwszym krokiem do uzdrowienia jest zaakceptowanie swojego ciała takim, jakie jest teraz. Drugim – uświadomienie sobie, że twoja dolegliwość ma intencję, być może jeszcze dla ciebie niewidoczną, ma swoją przyczynę w stłumionych emocjach czy też negatywnych/niezdrowych przekonaniach. Przekonanie jest niezdrowe, jeżeli na 3 z podanych pytań odpowiesz NIE (wg racjonalnej terapii zachowania):

Test przekonań

1. Czy jest oparte na rzeczywistych faktach?
2. Czy chroni nasze życie i zdrowie?
3. Czy pomaga osiągać bliższe i dalsze cele?
4. Czy pomaga uniknąć najbardziej niechcianych konfliktów z innymi?
5. Czy pomaga nam czuć się tak, jak chcemy się czuć?

A co z wypadkami? Czy wypadki też są wynikiem stłumionych emocji i podświadomych przekonań, czy też po prostu się zdarzają? Wierzę, że wszystko, czego doświadczamy, jest przez nas wybrane na jakimś poziomie. Wierzę też, że jest poziom wyboru, którego konsekwencją będzie wypadek. Rozmawiałam na ten temat z wieloma hipnoterapeutami w kraju i za granicą. Wielu z nich twierdzi, że podczas regresji do czasu tuż przed wypadkiem okazuje się, że prawie zawsze pacjentowi przypomina się myśl lub decyzja, która doprowadziła do tego wydarzenia.

Zapamiętaj

Nie ma ofiar – są tylko ochotnicy.

Bycie ofiarą w życiu zużywa ogromną ilość energii. Podobnie jak wypieranie mocy, którą każdy z nas ma w sobie. Porzucenie przekonania, że jesteśmy ofiarą, i wiara w to, iż wszystkie doświadczenia są naszą kreacją i że zgłaszamy się po nie na ochotnika, jest ogromnie wzmacniające, prowadzi do wolności. Jeżeli teraz, w tej chwili, trudno ci jest uwierzyć, że to ty, a nie ktoś inny jest autorem twojego życiowego scenariusza – spróbuj przynajmniej przez chwilę zastanowić się, jakie korzyści przyniosły ci twoje – także te przykre i negatywne – doświadczenia życiowe. Nie skupiaj się na stratach. **Skup się na korzyściach.** Ta zmiana percepcji będzie znacząco wspomagała twój proces zdrowienia.

W naszym społeczeństwie zaznacza się też tendencja do oceniania choroby jako czegoś złego, niepotrzebnego, niekorzystnego czy nieadekwatnego duchowo – a wypadki oceniane są jako naturalne, jako coś, co po prostu się wydarza. Dlaczego kolano uszkodzone w czasie gry w koszykówkę ma być wyrazem silnego charakteru, a rak skóry – słabości duchowej? Dlaczego nasz umysł ma być dumny z kontuzji doznanej w czasie biegu maratońskiego, a wstydzić się uszkodzenia nogi spowodowanej przez gościec? **Wierzę, że wszystko, czego doświadczamy – wypadki, kontuzje, choroby, nawet urazy okołoporodowe – ma swoją przyczynę w nieuświadomionych wierzeniach i nierozwiązanych sytuacjach z przeszłości** (często z poprzednich wcieleń). Głęboki, prawdziwy kontakt z tymi sytuacjami w czasie psychoterapii, rebirthingu czy pracy w grupie wsparcia często prowadzi do wyzdrowienia. Jeżeli uzdrowienie ma być trwałe, musi służyć umysłowi i życiu.

Tak naprawdę to uzdrowienie jest ciągle wielką tajemnicą. Tajemnicą zarówno dla ludzi nauki, jak i dla tych stojących na czele rozwoju myśli ludzkiej.

Płyta CD

- Ewa Foley – *Wewnętrzny uzdrowiciel – Jak być zdrowym?*, program edukacyjny na dwóch kasetach (ISI, 1997)
  Ścieżka 1 – wykład o metafizycznym znaczeniu choroby i alternatywnych drogach powrotu do zdrowia.
  Ścieżka 2 – unikalna, uzdrawiająca na poziomie komórkowym medytacja spotkania swojego wenętrznego uzdrowiciela.

Płytę CD Ewy Foley *Wewnętrzny uzdrowiciel* polecam chorym, smutnym i zdesperowanym. Pacjenci stwierdzają, że działa on uzdrawiająco, obniża ciśnienie krwi, regeneruje i uspokaja oraz – co najważniejsze – zmienia ich spojrzenie na chorobę. Uważam, że systematyczne słuchanie tego programu może wzmocnić siły witalne, dać poczucie wewnętrznej harmonii, radości życia. Medytacja spotkania wewnętrznego uzdrowiciela była dla mnie wielkim przeżyciem i osobistym doświadczeniem.

dr Ewa Lorek, lekarz

O ŻYCIU ŚWIADOMYM

To pytanie powtarza się najczęściej na prowadzonych przeze mnie seminariach. Sama zadaję je sobie od lat. Chętnie podzielę się tym, co pomaga mi żyć świadomie. W tej chwili najważniejsze jest dla mnie inspirowanie do podjęcia wyzwania, jakim jest świadome życie najwyższej jakości.

Dlatego też we wrześniu 1997 roku wraz z moją przyjaciółką Małgorzatą Bojanowską założyłyśmy w Warszawie Instytut Świadomego Życia – szkołę dla doradców rodzinnych i trenerów rozwoju osobistego. Pierwszy rok studiów w instytucie obejmuje intensywny program dla osób zainteresowanych systematycznym rozwojem swojego potencjału, mocy, życia emocjonalnego, relacji. Drugi rok wypełnia program trenerski, uczący, jak uczyć innych. W szkole uczymy się czerpania satysfakcji ze swego obecnego życia, odkrywamy swoją życiową pasję i rozwijamy życiowy potencjał. Do współpracy zapraszamy szczególnie tych, którzy doświadczyli dobrodziejstwa świadomego życia i chcą się nim podzielić z innymi ludźmi. Wszyscy mamy jeden świat i ten świat może być lepszy. Hasło instytutu brzmi:

Możesz nauczyć się sam, możesz nauczyć innych.

Prowadzimy różnorodne kursy rozwoju potencjału, takie jak treningi sukcesu, negocjacji, rozwiązywania konfliktów, zarządzania czasem, inteligencji emocjonalnej. Oferujemy także seminaria nt. radzenia sobie ze stresem, kierowania ludźmi i profilaktyki zdrowia.

Naszymi uczestnikami są ludzie, którzy lubią pytać: *Jak to działa?* A zaraz potem: *Co ja mogę z tego mieć?*

> Jakie korzyści daje zwykłym śmiertelnikom rewolucja poznawcza w takich naukach jak medycyna, psychologia, neurologia, informatyka, fizyka? Praktyczne zastosowanie wiedzy o działaniu ludzkiego umysłu daje realne efekty przełożone na ilość sukcesów w każdej dziedzinie życia. Gdyby to nie było takie oczywiste, z pewnością wielki biznes nie wykładałby tylu pieniędzy na szkolenia menedżerów, dyrektorów i pracowników. Szczęście, subiektywne ludzkie szczęście może być przedmiotem nauki, i to bardzo przyjemnej nauki.
>
> Małgorzata Bojanowska

Wierzę, że świadomie żyć oznacza

1. Wiedzieć, że umysł jest wspaniałym narzędziem, które właściwie użyte – pomaga nam kreować takie życie, jakiego pragniemy i o jakim marzymy.

   Zatem myśl pozytywnie, pracuj z afirmacjami, zacznij pisać codziennie swoje cele, podejmij jakąkolwiek praktykę koncentrującą umysł, taką jak np. relaks czy medytacja! Jeżeli chcesz się tego wszystkiego nauczyć pod moim przewodnictwem, zapraszam! Przyślij do mnie zaadresowaną kopertę ze znaczkiem, a ja chętnie przekażę Ci pełen program Instytutu Świadomego Życia.
2. Cieszyć się każdą chwilą z pełną świadomością, że przeszłość minęła, przyszłość jeszcze nie nadeszła i TO jest jedyny ważny moment.

Zatem przestań się zamartwiać tym, co było, i tym, co może się wydarzyć. Bądź obecny tu i teraz! Pomoże ci następująca myśl: „Jestem tutaj, nigdzie się nie spieszę i to, co teraz robię (oddycham, obieram ziemniaki, słucham mojego partnera, bawię się z dziećmi itd.), jest dla mnie najważniejsze".

3. Żyć uważnie, czyli zauważać swoje przeżycia, nastroje, odruchy, zachowania.

   Zatem zmień rytuały życiowe, które prowadzą do rozczarowania, niezadowolenia i depresji. Uwierz, że zmiana jest możliwa i że zależy tylko i wyłącznie od ciebie!

4. Pragnąć zrozumieć, „co jest grane", i mieć wielką chęć dotarcia do wzorców i przekonań, które podnoszą jakość życia.

   Zatem pamiętaj, że to, na czym się koncentrujesz, rozrasta się – skup się na pozytywach i proś o więcej!

5. Być gotowym do zrewidowania starych założeń.

   Zatem zrób listę swoich myśli o sobie, o ludziach, o życiu, o miłości. Jeżeli na tej liście znajdą się negatywne przekonania, to je zmień na pozytywne jak najszybciej! To Ty decydujesz, w jakim świecie chcesz żyć. Oto najszybsza procedura zmiany przekonań: dodaj „do niedawna" i wypowiedz/napisz/pomyśl to przekonanie w czasie przeszłym, np. „Do niedawna bałam się ciemności. Do niedawna uważałam, że nikt mnie nie kocha. Do niedawna nic mi się nie udawało. Do niedawna myślałam, że jestem nic niewarta. Do niedawna ludzie mnie nie rozumieli".

6. Zauważać i korygować swoje błędy. Wierzę, że jedyny moment, kiedy możemy nauczyć się czegoś nowego, ma miejsce wówczas, gdy popełniamy błąd.

   Zatem zacznij nazywać błędy lekcjami. Ciesz się, kiedy popełnisz błąd, i wyciągaj odpowiednie wnioski. Przestań siebie krytykować!

7. Poszukiwać i zdobywać nową wiedzę. Być zainteresowanym swoim wnętrzem.

   Zatem:

   - Czytaj, czytaj, czytaj. Pytaj, co czytają ludzie, którzy już teraz żyją takim życiem, jakiego Ty pragniesz. Uważnie przejrzyj pozycje wydawnicze, które polecam na końcu książki. Zrób swoją listę i zacznij czytać! Umów się ze sobą, że w ciągu dwóch lat przeczytasz je wszystkie.
   - Zapisz się na roczny lub dwuletni program rozwoju osobistego prowadzony przez nauczycieli, którym ufasz. Nic nie zastąpi systematycznej edukacji w grupie.
   - W każdej wolnej chwili, także w nocy, słuchaj kaset znanych i szanowanych przez siebie autorów. Nagraj własną kasetę.

8. Świadomie oddychać!

   Zacznij zwracać uwagę i obserwować swój oddech. Pamiętaj, że jakość twojego oddychania odzwierciedla jakość twojego życia. Rebirthing (w języku angielskim oznacza odrodzenie, ponowne narodziny) jest sztuką świadomego oddychania, prowadzącą do odrodzenia psychofizycznego. Poszukaj profesjonalnego rebirthera, przeczytaj książki na ten temat. Wielokrotnie w ciągu dnia ZATRZYMAJ SIĘ i weź serię dwudziestu świadomych połączonych oddechów.

9. Świadomie jeść!

   Zatem pamiętaj, że nie jest ważne, co jesz, lecz to, co myślisz o tym, co właśnie wkładasz do ust. Jedzenie będzie ci służyło lub szkodziło w zależności od twoich przekonań o nim.

10. Cieszyć się życiem i każdą jego chwilą, bo życie jest największym darem.

Dokończ poniższe zdania

Świadome życie dla mnie to:

Gdybym w tym roku żył o 5 procent bardziej świadomie, to:

Gdybym podchodził bardziej świadomie do kontaktu z moim partnerem, rodziną i ludźmi, to:

Gdybym zwracał większą uwagę na to, co czuję, co myślę, co robię, to:

Wierzę, że jeżeli zaczniesz świadomie oddychać, czuć, mówić, myśleć, działać to twoje życie zmieni się na lepsze, to znacząco podniesiesz jakość swojego życia.

Nie módlcie się o łatwiejsze życie.
Módlcie się, abyście byli silniejsi.

To twoje życie! Tylko ty możesz je zmienić! Postanów TERAZ, że ten rok będzie najlepszym rokiem twojego życia. A następny będzie jeszcze lepszy. Zdradzę ci wielką metafizyczną tajemnicę: życie zawsze mówi TAK i dostarcza dokładnie to, o co prosisz... świadomie lub nieświadomie! W jaki sposób wolisz prosić? Decyzja należy do ciebie! ŻYCIE JEST WYBOREM. Ty, i tylko ty, jesteś w tej komfortowej, sprzyjającej sytuacji, w której możesz dokonywać świadomych wyborów w swoim życiu. Twoje wybory zawsze są dla ciebie dobre, bo ty dobrze wiesz, co jest dla ciebie najlepsze.

Słuchaj muzyki, która gra w twoim sercu! To muzyka twojej duszy... Ona zaprowadzi cię prostą drogą tam, dokąd pragniesz dotrzeć. Niechaj PRAGNIENIE będzie twoim przewodnikiem.

Część IV

Tęczowy most Polska-Australia

Naszym jedynym obowiązkiem jest ocalić swoje marzenia.

Amadeo Modigliani

Pomysł Tęczowego Mostu przyszedł do mnie po raz pierwszy na początku 1998 roku. Trochę na jawie, a trochę we śnie, w stanie, który nazywam „świadomym śnieniem", zobaczyłam planetę Ziemię, a nad nią ogromną tęczę. Ta mieniąca się kolorami tęcza była rozpostarta pomiędzy Polską a Australią, moją duchową ojczyzną. Jakiż to był piękny widok! Tęcza od lat towarzyszy mi w podróżach (tych wewnętrznych i tych zewnętrznych). Od razu wiedziałam, że ta wizja ma znaczenie. Wiedziałam, że w ten dziwny sposób dotarła do mnie informacja, na którą należy zwrócić uwagę. Dusza lubi komunikować się z nami przez symbole. Kiedy ma nam coś ważnego do przekazania, używa symboli mocno z nami rezonujących. Byłam bardzo głęboko poruszona. *Co to znaczy?* – zapytałam, kierując gałki oczne w górę. Lubię pytać „górę". W ogóle lubię pytać. Ciągle zadaję pytania – więc dostaję odpowiedzi i rozwiązania. Pytania moje kieruję do Boga, do Wyższego Ja, do Mądrego Ja, do Duszy, która mnie prowadzi, do Przewodników z innych wymiarów, do Anioła

Stróża, do Opiekunów ze świata zwierząt, do Wielkiego Białego Ducha, do Kali. Często po pytaniu proszę, aby *odpowiedź była mi przekazana w jasny i zrozumiały dla mnie sposób*. Wtedy jedynym moim zadaniem jest być uważną i receptywną, być tu i teraz, aby nie przegapić dalszego ciągu instrukcji. Innymi słowy, usunąć siebie i to, co wiem, swoje pomysły, percepcje, założenia, a otworzyć serce na nieznane. Nazywam to słuchaniem serca. Inni nazywają to słuchaniem intuicji albo wewnętrznego przewodnictwa.

W ciągu kilku dni tajemnica tej wizji została mi ujawniona w medytacji. Tęcza to duchowy pomost pomiędzy Polską a Australią. Miał zostać stworzony przez grupę Polaków oddanych rozwojowi duchowemu. Pojadą kontynuować swój rozwój w Australii. Tam przekroczą granice tego, co dla nich jest możliwe w swojej ojczyźnie, w codziennych i znanych punktach odniesienia. Mam zebrać tę grupę i uruchomić Tęczowy Most. Otworzy go uczestnictwo w 28-dniowym odosobnieniu w ośrodku Breathconnection w Australii, malowniczo położnym w buszu na granicy Nowej Południowej Walii i Queensland. Ośrodek ten został założony przez Nemi Nath, czołową trenerkę australijską w dziedzinie rozwoju potencjału osobistego i rebirthingu (metoda odradzania psychofizycznego). W czasie tego programu odbędzie się inicjacja grupy w Soul Consciousness (Świadomość Duszy). Uczestnicy zostaną przygotowani do przyszłej pracy dla najwyższego dobra swojego, swoich rodzin, swojego kraju, ludzkości. Przewiozą oni tę nową energię z powrotem do Polski, aby wspierać uzdrowienie ziemi słowiańskiej i jej mieszkańców, aby załagodzić wojenne rany w polskich sercach i duszach, dramat obozów koncentracyjnych i wiele więcej... Do Australii natomiast przywiozą bezcenny dar czystości słowiańskich dusz. Będzie to pełna miłości wymiana uzdrawiających energii na najwyższym kosmicznym poziomie!

Kupiłam ten pomysł od razu. Powiedziałam TAK. Była to cudownie brzmiąca muzyka dla mojej duszy, kojący balsam, w pełni zgodny z wyznawanymi przeze mnie wartościami. Ten balsam pachniał i promieniował wygraną dla wszystkich, intensywnym uczeniem się, zabawą i radością, przygodą i rozwojem, dzieleniem się i poszerzaniem świadomości. Jednym słowem, duchowa podróż w nieznane. Włączyłam się w to w 100 procentach! W pełni zaangażowałam się w realizację tego pomysłu. Moje życie jest w rzeczywistości bardzo proste – po prostu mówię mu TAK! Innym kluczem mojego sukcesu jest to, że **działam natychmiast** po otrzymaniu informacji. **Nie odkładam niczego na później.**

Kiedy podzieliłam się tym pomysłem z Nemi (chwała poczcie elektronicznej), ona nie była zaskoczona moją propozycją. Powiedziała, że od jakiegoś czasu myślała o tego rodzaju międzynarodowym wydarzeniu w jej centrum Kaivalya Meru (co w sanskrycie oznacza świętą górę, a ośrodek rzeczywiście jest położony u podnóża świętej wg wierzeń aborygenów góry, zwanej Śpiąca Kobieta). Pozostał ten ostatni problem: PO CO?, czyli ustalenie intencji, celu tej przygody, i KIEDY?, czyli ustalenie daty. Kwestię JAK? postanowiłyśmy oddać w ręce sił wyższych. **Naszą wspólną motywacją był POKÓJ NA ZIEMI.** Datę ustaliłyśmy na 1–28 października 1999 roku, na koniec Roku Ziemnego Królika. Pomyślałam, że będzie to doskonałe przygotowanie do Roku Metalowego Smoka. Ostatni raz Rok Metalowego Smoka był 60 lat temu – sławetny rok 1940. Wiedziałam, że rok 2000 będzie potężnym energetycznie wydarzeniem i że warto się do niego przygotować. Ja jestem Wodnym Smokiem, tym łagodnym.

Metal jest dla mnie wyzwaniem, jest mi obcym elementem. Od dawna wszystko, co inne i nieznane, bardzo mnie interesuje. Z natury jestem bardzo ciekawa. Nieustannie uczę się tolerancji i szacunku dla inności. Lubię odkrywać inności w sobie i u innych. Zawsze stanowi to bogatą lekcję.

I tak to się zaczęło. Reszta jest historią. Postanowiłam nie ogłaszać się w żadnych gazetach, tylko puścić tę informację „pocztą pantoflową", w przekonaniu, że informacja dotrze we właściwym czasie do właściwych ludzi, którzy podejmą właściwe dla nich decyzje. Informacja o tej „wycieczce" włączona została do programu szkoleniowego mojej firny Inspiration Seminars International (ISI) i Instytutu Świadomego Życia. Oczywiście. mówiłam o tym w kółko przez cały rok. Rozmawiałam o tym pomyśle z każdą spotkaną na mojej drodze osobą. Lubię mówić o moich marzeniach! Gdziekolwiek byłam, zawsze miałam przy sobie ulotkę. Zapraszałam wszystkich. Reakcje były różne: niektórzy wzdychali zniechęceni: *Ach, Australia – zawsze chciałem tam pojechać, ale...* i tu następowała długa lista powodów, dlaczego to jest niemożliwe. Inni skakali w górę z entuzjazmem: *Tak! Australia! To moje marzenie od lat. Jadę z wami!!* Nietrudno zgadnąć, którzy znaleźli się na lotnisku Okęcie 28 września 1999 roku w grupie uśmiechniętych, podekscytowanych, pełnych entuzjazmu wędrowców, pionierów Tęczowego Mostu. Dwadzieścia kobiet i pięciu mężczyzn. Tak bardzo różnych, w różnym wieku, z różnych miast, o różnych zainteresowaniach i zawodach: terapeuci, studentka medycyny, biznesmeni, kosmetyczki, agent ubezpieczeniowy, ekonomistka, inżynier budowlany, psycholog, prawnik, dziennikarka, praktycy integracji oddechem (rebirtherzy), muzyk, młynarz, copy writer. Dla wielu była to **podróż życia**, o której marzyli od długiego czasu. Posprzedawali swoje samochody, wzięli pożyczki bankowe, sięgnęli po życiowe oszczędności, by zapłacić za wyprawę na antypody.

W maju 1999 roku niespodziewanie pojawił się dodatkowy element: **Nowa Zelandia!** Marina Sisson, piękna i szalona Rosjanka mieszkająca w Nowej Zelandii, żona dobrze znanego w Polsce nowozelandzkiego nauczyciela integracji oddechem i autora Colina P. Sissona (*Wewnętrzne Przebudzenie, Podróż w głąb siebie*), autorka książki *Być, robić, mieć* oraz kasety audio *Zwyciężyć lęk i zwątpienie* zaprosiła całą grupę na swój 9-dniowy trening Ścieżka Duszy w Auckland, w Nowej Zelandii. To tylko 2 godziny lotu z Australii. Być tak blisko i nie odwiedzić kraju zwanego przez jego rdzennych mieszkańców Maorysów Białą Długą Chmurą? Poza tym – pomyślałam – Australia jest jang, a Nowa Zelandia jin; przyda nam się takie zrównoważenie przed powrotem do kraju. Potem okazało się to bardzo zasadne. Z wdzięcznością przyjęliśmy zaproszenie. Powiedzieliśmy TAK.

Kiedy piszę te słowa, 28-dniowy program właśnie się skończył uroczystym przyjęciem. Oprócz polskich uczestników były także cztery Niemki i jedna Angielka. Wzajemnie dobrze sobie służyliśmy. Pracowaliśmy solidnie. Także dosłownie, bo założyliśmy nowy ogród biodynamiczny i oczyściliśmy staw z lotosami. Sięgaliśmy w głąb siebie. Oddychaliśmy z intencją po precyzyjnym określeniu „problemu". Podróżowaliśmy w inne czasy, w życia poprzedzające obecną egzystencję. Stawaliśmy twarzą w twarz ze swoimi lękami w rytualnym szałasie pary. Odkrywaliśmy swoje ciemne sekrety i badaliśmy magię ciszy. Zdejmowaliśmy maskę za maską. Przechodziliśmy po kolei niezwykłe inicjacje w 12 czakramach. Malowaliśmy przepiękne mandale. Wyrażaliśmy swoją ukrytą agresję, przemoc i cień, ale też równie głęboko ukrytą miłość, oddanie i radość. Odwiedzaliśmy miejsca mocy w naturze. W najbardziej wysuniętym na wschód miejscu Australii (Eastern Point) przypłynęły do nas delfiny, a wieloryb zamachał nam potężnym ogonem. Wylewaliśmy łzy bólu i łzy wzruszenia. Krzyczeliśmy z intensywnością zupełnie nam dotąd nieznaną. Zaczynaliśmy dzień od wspólnej medytacji i lekcji jogi. Uczyliśmy się nowego sposobu gotowania i odżywiania. Pielęgnowaliśmy ogród i zasadzone przez siebie pierwszego dnia słoneczniki. Przeszliśmy ponad słowa... Przeszliśmy ponad to, co wydawało się nam fizycznie niemożliwe. Przekraczaliśmy swoje psychofizyczne i emocjonalne ograniczenia. Odzyskiwaliśmy swoją duszę, siebie...

Jest takie hinduskie powiedzenie:

> Każdy z nas jest domem z czterema pokojami: fizycznym, mentalnym, emocjonalnym i duchowym. Większość z nas mieszka w jednym z tych pokoi przez większą część czasu, ale dopóki codziennie nie zaczniemy odwiedzać każdego pokoju – chociażby tylko po to, by go przewietrzyć – dopóty nie będziemy pełną osobą.

My postanowiliśmy w pełni zamieszkać w swoim domu. Toteż pod czujnym okiem naszej trenerki robiliśmy w nim porządki. Otworzyliśmy na oścież wszystkie okna w środku australijskiego buszu. Do dźwięku cykad, patrząc co rano na skubiące spokojnie trawę kangury, medytując z pytonem, który z nami zamieszkał, zawinęliśmy rękawy i do roboty! Wtedy zaczęły dziać się cuda.

Po kolei odkrywaliśmy piękno swojej Duszy, czystość Ducha i prawdziwą boską tożsamość Jam Jest. Jedno po drugim wchodziliśmy w Światło. Osiągaliśmy wyznaczone przez siebie cele. Każdy z nas otrzymał także BONUS. Moją nagrodą był wewnętrzny spokój i integracja tak zwanych „negatywnych" aspektów osobowości. Spokój, płynący ze świadomości, kim jestem. Spokój, oparty na dojrzałości i zrozumieniu. W czasie tych 28 dni wraz z moim partnerem oczyściliśmy – materiał nagromadzony w ciągu wspólnie przeżytych lat. Zaczynamy od nowa. Jestem szczęśliwa, pełna, wolna i bezpieczna.

Patrzę na błogi wyraz zadowolenia na twarzy Nemi i na szczęśliwe, błyszczące twarze uczestników. Moje serce wypełnia się wdzięcznością, a oczy łzami. Ja też jestem zadowolona i usatysfakcjonowana. Ta satysfakcja pochodzi z wiedzy, że zrobiłam dobrą robotę, że się przydałam, że byłam użyteczna, że przyczyniłam się do podniesienia poziomu świadomości na tej Planecie, a poprzez to do przetrwania Życia. Moja codzienna modlitwa napływa łagodnie:

Ojcze, Matko, Boże. Proszę o ochronę i otoczenie Światłem Ducha Świętego. Proszę, aby każda uwolniona w mojej pracy czy wokół mnie negatywność została przeniesiona do Wyższego Poziomu i tam przetransformowana dla najwyższego dobra ogółu. Bycie w służbie jest wielkim przywilejem. Niechaj tak się stanie. Tak już jest.

Planuję wracać tu co roku z inną grupą Polaków. Tęczowy Most został zainstalowany i działa – trzeba go używać. Wiem, że w BREATHCONNECTION w roku Metalowego Smoka spotkają się na 28-dniowym programie Polacy, Australijczycy, Niemcy, Anglicy, Hiszpanie, Austriacy, Rosjanie, Włosi i inni mieszkańcy planety. Pragniemy, aby stało się to wydarzeniem międzynarodowym, poświęconym burzeniu granic i barier pomiędzy krajami i kulturami. Pragniemy spotkać się na ten miesiąc, by celebrować swoją inność, aby pielęgnować swoje dusze, aby świętować Życie na tej Planecie. Jeśli się wahasz, przeczytaj którąkolwiek z podanych niżej relacji z tego pobytu. Dotkną one twego serca tak jak ludzie, którzy je napisali, dotknęli mojego. Ich dotyk zmienił mnie, nigdy nie będę taka sama jak przedtem. **Czy chcesz się zmienić?**

PS. Tymczasem ośrodek Breathconnection można odwiedzić na stronie internetowej www.breathconnection.com.au., a kwiaty australijskie, które nas zachwyciły w czasie naszego pobytu, pięknie wibrują na stronie www.ausflowers.com.au.

Polskie tęczowe listy

Nieprawdopodobna podróż w dorosłość. Odkryłam tutaj ogromną lukę pomiędzy poziomem mojej świadomości i moimi emocjami. To zszokowało mnie – moje ciało emocjonalne ma zaledwie kilka lat! Nauczyłam się tutaj w bezpieczny sposób, że jestem również matą, uskrzydloną dziewczynką. Byłam zdolna wyrażać emocje, które zastygły w moim ciele i potajemnie rządziły moim życiem. Byłam prawdziwie zawsty-

dzona – wiedziałam, że tylko pokazując i wyrażając tę niedojrzałą część mnie pomogę jej dorosnąć.

Iwona

Czuję teraz, że mężczyzna jest również zdolny czuć i kochać w pełni. Mam teraz całkowicie nowe, dorosłe spojrzenie na relacje z innymi ludźmi. Zacząłem teraz od nowa tworzyć intymny związek z moją partnerką, w którym komunikuję się w pełni i wyrażam swoje uczucia.

Andrzej

Zdałam sobie sprawę tutaj, że żyłam w głowie całe moje życie, filtrując moje uczucia poprzez moją głowę i mówiłam z przestrzeni głowy. Teraz wiem, dlaczego często nie byłam rozumiana i dlaczego ludzie często mówili, że mnie nie czują. To wpływało na moje relacje. Myślałam, że jestem jedną z tych, które potrzebują długiego czasu, aby znać coś dobrze. Obecnie rozumiem, że to było niemożliwe mnie czuć. Naprawdę obawiałam się buszu, pijawek, węży i dużych mrówek. Po pobycie tutaj czuję się bezpieczna, ponieważ ufam Ziemi. To takie proste – wszystko, co masz zrobić, to zaufać.

Henia

Aż do wyprawy do Australii nie miałem pojęcia, czym jest świadomość. Moja duchowość była na poziomie małego chłopca, idącego do komunii ze złożonymi w modlitwie rękami. Tutaj skontaktowałem się z najbardziej intymnymi stronami mnie samego. Obecnie z przestrzeni dorosłego mężczyzny na swojej duchowej ścieżce wiem, że jest to jedyna droga, by osiągnąć sukces w moim życiu.

Jerzy

W czasie tego seminarium pokonałam największy lęk mojego życia – zdradę. Pozwoliłam Światłu wejść w mój cień, który mnie zabijał.

Dzięki mojemu mężowi Jurkowi i temu, co zrobił przez cale życie, przybyłam do przestrzeni tantry, miłości, niewinności i czystości.

Basia G.

W tęczowym samolocie mojego ciała
Na bezkresnym oceanie możliwości
W niebie pełnym gwiazd – moi przyjaciele
Ja fruwam, ja stoję, ja kocham, Jam Jest.

Agata

Ten trening musiał się zdarzyć w Australii. Cała natura wspierała moje uzdrowienie. Kangury mówiły do mnie podczas porannej ciszy. Góra Sleeping Woman pokazywała mi wiele twarzy. Podczas zajęć interaktywnych nauczyłam się, jak kochać tę Ziemię. Czułam, że jestem dzieckiem tej Ziemi. Czułam całym swoim jestestwem, jak ważne jest troszczyć się o naszą Planetę. Ta ziemia odpłaciła mi głębokim wglądem, z odkryciem nieznanych kontynentów mojej psyche. Pracując na tej ziemi mogę lepiej kontaktować się z moją kobiecością. I to był jeden z moich celów przybycia tutaj. Otrzymałam także specjalny prezent. Spotkałam ludzi pracujących z opalami. Odkryli dla mnie te sekrety Matki Ziemi, które są bramą do innych wymiarów.

Basia D.

Fascynująca podróż do czasów, gdzie – nieświadom konsekwencji – nie wyrażałem siebie w pełni, co uniemożliwiało mi życie w pełni. Podczas tych warsztatów odblokowałem zastałą energię w moim ciele i wróciłem do życia.

Grzegorz

Zrozumiałam, że będąc w mojej własnej prawdzie i wyrażając z tej przestrzeni moje „negatywne" emocje nie ranię innych, ale zbliżam się do zrozumienia i intymności. Spotkałam się również z australijską przyrodą. Przestałam obawiać się pijawek, pająków i węży.

Alicja

W czasie tej podróży odkryłam najpiękniejsze i najciemniejsze strony mnie samej. To było jednocześnie bardzo piękne i trudne. Teraz mogę objąć siebie w pełni. Wiem, kim jestem! Jestem w stanie realistycznie planować moje życie, wierząc, że odniosę sukces. Nauczyłam się tak wiele w czasie tego miesiąca. Zauważyłam i zaakceptowałam moje ciało. Jestem teraz wdzięczna mojemu ciału, że służy mi tak dobrze. Nauczyłam się także, jak możliwe jest wyrażanie moich uczuć, i że wszystkie uczucia mogą być akceptowane. Odnalazłam także moją duchowość. To daje mi teraz wiarę, że wszystko w moim życiu jest możliwe.

Dagmara

Podczas tego programu skontaktowałam się z tą częścią mojej osobowości, która bardzo cierpiała, była pełna bólu, a którą to zepchnęłam bardzo głęboko. Dotąd moje życie było pełne nerwowości i byłam ciągle zajęta. Uleczyłam siebie. Jestem inną osobą. Wiem teraz, jak żyć. Mam spokój, ciszę i radość we mnie. Mogę budować Nowe Nobliwe Życie. Dziękuję Australijskiej Ziemi i Nemi za podróż głęboko w głąb siebie.

Basia M.

Dotarłam do całkowicie nieświadomych aspektów. Odkryłam dawno stracone prawdy.

Ida

Poprzez uczestnictwo w tym treningu jestem teraz w stanie wyrażać moje uczucia. Nauczyłam się także wyrażać siebie.

Danusia

Dla mnie była to lekcja współodczuwania, otwarcia na siebie samą i innych, otwarcia na miłość, wyrażanie moich emocji i potrzeb. Cudowna podróż w moją głębię, w której towarzyszyli mi cudowni ludzie. Dopiero tutaj zauważyłam problem, jaki miałam z otwarciem się na innych ludzi, mówieniem o moich uczuciach i potrzebach. Nie miałam pojęcia, jak to robić. Teraz już wiem. Jeśli chcesz żyć w Prawdzie i Miłości, przyjedź tutaj.

Beata

Po seminarium czuję się bardzo wrażliwa i otwarta – na mnie samą i innych ludzi. Jestem teraz gotowa na codzienną, nigdy nie kończącą się pracę wewnętrzną, i tutaj leży piękno życia.

Ewa B.

Ten cały miesiąc był dla mnie niekończącym się procesem głębokich wglądów. Było to możliwe dzięki niewiarygodnemu otwarciu na siebie członków grupy. Odkryłam, jak wielki miałam problem w wyrażaniu moich uczuć – szczególnie tych „negatywnych". I to tutaj wyrażałam mój gniew i agresję po raz pierwszy w życiu. Zrozumiałam dynamikę moich relacji z rodzicami. Teraz wiem, jak krytycyzm mojej matki działał na mnie. Zrozumiałam, że gniew mojego ojca jest spowodowany tym, że nie biorę odpowiedzialności za moje życie. Zobaczyłam także moją relację z moim ciałem – totalne odcięcie i brak troski, brak ćwiczeń. Wszystko to odwrotnie działało na moją witalną i kreatywną ekspresję. 28 dni codziennej jogi całkowicie zmieniło moje zwyczaje. Odzyskałam swoją siłę i pozbierałam zagubione aspekty mojej duszy. Skontaktowałam się z dorosłą kobietą we mnie i z tej przestrzeni mogę wyraźnie zobaczyć niedojrzałe dziecko, jakim byłam.

Joanna

To największy dar umieć słuchać innych sercem i wyrażać siebie poprzez miłość z niego płynącą. To dar, który pozwala więcej widzieć, słyszeć i czuć. Kiedy to odkryłem, świat stał się dla mnie bardziej przyjazny, barwniejszy i pełen miłości. Nie spodziewałem się aż tak wiele dostać.

Zygi

Przyjemność i radość przebywania na Ziemi Australijskiej, podróż życia do mojego wnętrza i wszystko, co zaszło we mnie i poza mną, nie potrafię w pełni oddać słowami. Z tęczowymi pozdrowieniami.

Ania B.

Jestem wdzięczna sama sobie, że zdecydowałam się na trening Nemi w Australii. Całe życie robiłam coś dla kogoś, a teraz zrobiłam coś pięknego dla siebie. Odkryłam siłę, która zawsze drzemała we mnie, i przekonałam się, że mogę być jednocześnie delikatną, wrażliwą i subtelną kobietą, nie tracąc swojej siły i mocy. Piękno bycia sobą polega na wyrażaniu całej gamy swoich emocji, nie tłumiąc, nie oceniając tych, które podczas procesu wychowania zostały nam sprzedane jako niewłaściwe. Tak sobie myślę: jeżeli ja nie będę w pełni sobą, to kto na tym świecie będzie mną?

Agnieszka

Była to dla mnie lekcja współodczuwania, uważności, otwierania się na siebie i innych. Otwierania się na miłość, wyrażania swoich emocji i potrzeb.

Teresa

Impresje z podróży

Rozwój w buszu

Moja wizyta w Breathconnection, czyli w Kaivalya Meru, Australia

Breathconnection jest działającym od 7 lat przodującym ośrodkiem szkolno-treningowym położonym w bardzo malowniczym miejscu Australii: na granicy dwóch stanów: Queensland i New South Wales (Nowa Południowa Walia), w pobliżu magicznej góry Mt. Warning, uważanej przez aborygenów za miejsce mocy. Ośrodek szkoli trenerów z dziedziny, jak głosi ulotka: „podstawowego ludzkiego rozwoju" (*essential human development*) i uzdrawiania.

Założycielką i dyrektorem tego 50-akrowego ośrodka jest nauczycielka duchowa Nemi Nath. Jest ona doświadczonym międzynarodowym trenerem z długoletnim stażem, nauczycielem jogi. Przez wiele lat studiowała rebirthing i transpersonal psychodynamics z Ararah Bhakti. Uczyła się też u Stanisława Groffa i Leonarda Orra. Nemi ma niezwykłe poczucie prawdy i wspaniałą zdolność wpływania na zmianę swych uczniów w kwestii podejścia do sedna sprawy. Mówi o sobie, że jest odkrywcą świadomości i pionierem pracy transformacyjnej.

Po raz pierwszy spotkałam Nemi, kiedy przyjechała do Polski w 1995 roku na międzynarodową konferencję GLOBAL INSPIRATION. Ma bardzo silną osobowość i po prostu wyczuwa się jej obecność nawet w tłumie ludzi. Zafascynowana jej prezentacją na konferencji, poprosiłam, aby została przez kilka dni w Warszawie i nauczyła kilku chętnych opracowanego przez siebie systemu spiralnego balansowania aury (Spiral Aura Balance). Jest to bardzo łagodny, przeprowadzany w stanie głębokiego relaksu, proces pozwalający na przekroczenie ograniczeń i bloków. Bardzo często klient doświadcza głębokiego wglądu w swoją sytuację i zmienia podejście do problemu. Zaprosiłam Nemi na następny rok do przeprowadzenia w Polsce swojego autorskiego tygodniowego programu rozwoju osobistego pod tytułem: *Związki – Intymność, Seksualność, Duchowość,* ona z kolei zaprosiła mnie do odwiedzenia jej ośrodka w Australii. Obecnie Nemi przyjeżdża do Polski dwa razy w roku, zwykle w lutym i lipcu. Podczas tygodniowych warsztatów realizuje z grupą zajęcia z zakresu głębokiej transformacji.

Bardzo zainteresował mnie proponowany przez jej ośrodek program szkoleniowy, toteż postanowiłam przyjąć zaproszenie Nemi i odwiedzić słynne Breathconnection przy okazji mojej wizyty na Gold Coast na początku 1997 roku. Nemi odebrała mnie od znajomych i po dwugodzinnej podróży samochodem dotarłyśmy na miejsce późnym wieczorem. Powitał nas nieomal ogłuszający śpiew cykad, przeplatany żabimi pogaduszkami. Nemi od razu oprowadziła mnie po swoim królestwie oblanym światłem księżyca. *W tym budynku śpią uczestnicy treningów. W skromnych cztero- i sześcioosobowych pokojach. Łazienki na dole. Oszczędzamy wodę* – mówi Nemi. *No i pamiętaj, że tu lubią wchodzić pająki.* A trzeba wiedzieć, że w tej części Australii żyją ogromne, czarne i najbardziej śmiertelne ze wszystkich pająki *funnel web spiders,* lubiące skakać na wybrane przez siebie ofiary. Na szczęście są duże – można je w porę dostrzec, jak czyhają przy sedesie czy w rogu umywalki.

Gdyby ugryzł cię skorpion, to zgłoś się do mnie. Mam tu takie narzędzie z medycyny ayurvedyjskiej – pokazuje mi szklaną rurkę – *można łatwo wyssać jad.* Uśmiechamy się do siebie.

Zasypiam w samotności pod moskitierą. Tuż przed wschodem słońca budzi mnie wrzask pawia, który ma sypialnię pod moim oknem. Wstaję i schodzę na dół, do specjalnie przygotowanego miejsca wśród pachnących eukaliptusów, gdzie codziennie o wschodzie i zachodzie słońca rezydenci ośrodka palą agnihotrę. Kocham ten rytuał i kocham ogień. Zapadam w głęboką medytację. Zauważam, że komary australijskie też uwielbiają agnihotrę. W końcu dlaczego oczyszczenie ma być dostępne tylko ludziom? Komary bezczelnie wpychają mi się pod koc, którym jestem otulona...

Udaję się na spacer po terenie ośrodka. Zaglądam do biura, potem do znajdującej się obok sali telewizyjno-rekreacyjnej. Cała ściana książek, albumów, laurek, dokumentacji szkoleniowej. Grzęznę tam na jakiś czas – z wypiekami na twarzy czytam, czytam, czytam. Obok klasycznej literatury ezoterycznej także nowości, m.in. *Inteligencja emocjonalna* – bestseller 1997 roku (już dostępny w Polsce). Wychodzę i dech mi zapiera widok skąpanego w słońcu buszu i pobliskiej, otulonej jeszcze poranną mgłą góry, zwanej przez niektórych *Sleeping woman,* czyli „Śpiąca kobieta", a przez innych *Sleeping warrior,* czyli „Śpiący wojownik". To będzie mój codzienny rytuał – kontemplacja. Idę dalej przez biodynamiczne, naturalnie uprawiane ogrody, mijam domek, w którym mieszka Nerni, i dochodzę do sali seminaryjnej. Skromnie, czyściutko – w rogach sterty materaców do sesji i mat do jogi, poduszek do medytacji. Zaczynam ćwiczyć moje poranne rytuały tybetańskie – od czasu do czasu ktoś wchodzi, siada w medytacji albo ćwiczy. Milczymy. Tu chce się milczeć. Chce się być ze sobą, w sobie. Żadne konwenanse nie obowiązują. Nemi przez jakiś czas na środku sali stoi na głowie, a potem zaprasza mnie dalej, do kuchni, i przedstawia stałym mieszkańcom ośrodka, czyli rezydentom. Są młodzi, uśmiechnięci, życzliwi.

O Polsce niewiele wiedzą, bo niby skąd, ale interesują się tym, co u nas się dzieje w dziedzinie rozwoju osobistego. Chętnie opowiadam. Z nimi chce się przebywać. Ra na przykład jest malutka, ma piękne piwne oczy. Ma czarny pas w aikido, maluje, prowadzi warsztaty pod hasłem *Moon dreaming* („Marzenia z księżycem", i mieszka... na drzewie. Dosłownie. Sama wybudowała sobie ten domek tuż obok pięknego stawu z właśnie kwitnącymi różowymi lotosami. Pytam, co z wężami i goanami (duże jaszczury australijskie.). Wzrusza ramionami. „Jesteśmy jak sąsiedzi. Przyzwyczailiśmy się do siebie nawzajem..." No pewnie. Sama chętnie zostałabym jej sąsiadką. Ra pokazuje mi miejsce wybudowane do specjalnych ceremonii łaźni indiańskich, czyli *sweat lodge* – w kręgu ułożonych zwyczajem aborygenów kamieni. Uczestnicy każdego treningu przechodzą *sweat* – głęboki proces oczyszczania na wielu poziomach, bo w łaźni naprawdę jest gorąco i można się porządnie spocić. Doświadczyłam go sama wiele razy – to wielkie przeżycie.

Wracam do czynnego już biura i przeglądam program. Wszystko takie ciekawe. Mogłabym tu spokojnie pomieszkać przez cały rok. Już za kilka dni uroczyste zakończenie jednorocznego programu szkoleniowego rebirtherów. Cieszę się, że będę mogła wziąć w nim udział i wysłuchać prezentacji absolwentów. Okazały się być wstrząsająco uczciwe, prawdziwe, opowiedziane na podstawie swoich doświadczeń życiowych. Płakałam ze wzruszenia słuchając tych młodych, a jakże świadomych ludzi, opowiadających o swojej transformacji. Jest młody biznesmen, który postanowił porzucić świat szybkiego pieniądza i pojechać w busz, by odnaleźć siebie. To on nauczył się od szamanów aborygeńskich dźwiękowego masażu instrumentem, zwanym didgeridoo (czytaj didżeridu), który był dla mnie niezapomnianym przeżyciem. Były narkoman opowiada, jak dzięki rebirthingowi wyzwolił się od nałogu heroiny. Clair mówi o swojej dziwnej, oryginalnej rodzinie i o wpływie nań funkcjonujących w niej wzorców. Przytomnie, z humorem. Laluhna pisze wiersze o swojej wstrząsającej przeszłości. Chce się dzielić swoimi odkryciami w środowisku pracowników socjalnych. Wiem, że marzenia tych ludzi się spełnią. Przypomina mi się moje ulubione powiedzenie Modiglianiego:

Naszym jedynym obowiązkiem jest ocalić swoje marzenia.

Myślę, że ludzie przyjeżdżają właśnie po to do Breathconnection, aby ocalić swoje marzenia. Program jest intensywny i bogaty. Cały rok w każdym tygodniu coś nowego. Oto kilka przykładów:

- 7-dniowy trening *Związki – Intymność. Seksualność. Duchowość*
- 28-dniowy program transformacyjny *Intensive,* czyli intensywny
- Weekendy dla kobiet
- *Moon Dreaming* (malowanie, zajęcia związane ze snami, sztuki walki)
- *Spiritual Alignment Training* – trening duchowego wyrównania
- *Spiral Balancing Training* – spiralne balansowanie aury
- Podstawowy trening rebirthingowy i wiele innych zaawansowanych na kolejne stopnie, aż do trenera
- *Men's Work* (grupy dla mężczyzn)
- Oczyszczanie i odtruwanie organizmu, czyli *Detox,* prowadzone przez Shelley Fines z Tailandii, specjalistkę leczenia głodówkami
- Uzdrowienie wykorzystania seksualnego
- *Living Lunar Cycles* (życie w zgodzie z cyklami księżyca)
- Zajęcia z Michaelem Barnettem – guru jogi energetycznej zwanej „jogą diamentową"
- *Konstelacje rodzinne* – seminarium prowadzone przez doskonałą niemiecką terapeutkę Doris Schnieder, uczennicę samego Berta Hellingera, twórcy tej metody.

To był naprawdę niezapomniany tydzień, pełen mocnych wrażeń, łez, śmiechu i prawdy. Nemi stała mi się bardzo bliska. Spędzałyśmy wiele czasu nie tylko na rozmowach, ale autentycznie wspierając się nawzajem w świadomym życiu i świadomych relacjach. Na krótko stałam się członkiem tej małej społeczności oddanej świadomemu życiu. Wyjeżdżałam, z jednej strony, zado- wolona, że wracam już do cywilizacji, a z drugiej – smutna, iż mój pobyt był tak krótki. Obiecałam sobie, że tam wrócę, i to już niedługo, tym razem jako uczestnik seminarium. Ciekawe którego?

Dialog z głosem (voice dialogue)

Korespondencja ze Szwajcarii

Złożyłam wizytę w Szkole Rozwoju Osobistego i Duchowego w Lozannie, założonej i prowadzonej przez dr Joy Manne. Ukończyła ona psychologię w Wielkiej Brytanii, po czym uzyskała doktorat z psychologii buddyjskiej. Jest autorką książki *Soul Therapy* (Terapia duszy). Jej artykuły regularnie ukazują się w renomowanym brytyjskim miesięczniku „The Therapist". Od wielu lat występuje jako czołowy wykładowca na międzynarodowych konferencjach i zjazdach psychologicznych. Jest sekretarzem Międzynarodowej Fundacji Pracy z Oddechem (International Breathwork Foundation) z siedzibą w Anglii. Znana jest z niezwykłego poczucia humoru, dynamicznego stylu prezentacji i wielkiej wrażliwości na potrzeby uczestników jej warsztatów.

Do odwiedzenia tej szkoły zaprosiła mnie jej założycielka i dyrektorka dr Joy Manne w czasie szkolenia słuchaczy w nowoczesnej technice pracy terapeutycznej, zwanej Voice Dialogue (VD), czyli „dialog z głosem". Terapia ta w Polsce jest zupełnie nieznana, a mnie fascynuje wszystko co nowe, więc postanowiłam pojechać. Po raz pierwszy spotkałam dr Joy Manne w 1994 roku na konferencji GLOBAL INSPIRATION w Szwecji. Tam też po raz pierwszy uczestniczyłam w sesji „dialogu z głosem" prowadzonej przez Joy. Od razu zakochałam się w tej technice – jej prostota i skuteczność zafascynowały mnie. To, co odkryłam w czasie tej sesji, miało wielki wpływ na moje życie, a szczególnie na relacje z mężczyznami. Pod sprawnym, pełnym wrażliwości i miłości przewodnictwem, obejrzałam swój własny prywatny „taniec związku", w którym wtedy tkwiłam. Śmiałam się do rozpuku w czasie tej sesji, mimo że to, co zobaczyłam i zrozumiałam, wcale nie było takie śmieszne, a raczej tak oczywiste i pozbawione sensu, że powinnam była chyba płakać. Tam też, w Szwecji, kupiłam książkę „rodziców" „dialogu z głosem", amerykańskiego małżeństwa psychologów Hala i Sidry Stone (Winkelman) pt. *Embracing Our Selves: Voice Dialogue Manual* (Obejmując siebie: Podręcznik dialogu z głosem). To, o czym czytałam, miało dla mnie głęboki sens. Połknęłam ją szybko i zamówiłam następne. Szkoda, że książek tych nie ma na rynku wydawniczym w Polsce...

Jadę do Lozanny, by poznać tę technikę bliżej. „Dialog z głosem" wprowadza nas do dramatu własnej osobowości. Rozmawiamy z graczami w tym dramacie, czyli swoimi podosobowościami. „Głosy" czy też energie – to odgrywane przez nas role. Zanim zdamy sobie z tego sprawę, głosy te przejmują nad nami władzę i kontrolują nas. Podczas dialogu z nimi mamy szansę rozpoznać ich funkcję w swej osobowości i nauczyć się szacunku do nich i ich pracy.

Nasza osobowość jest niezwykle bogata; mamy w sobie nieskończoność i wielką różnorodność podosobowości. Niektóre z nich to archetypowe role w rodzinie, role rodziców, zły czy dobry ojciec lub matka; dbająca matka lub ojciec; odrzucający, zły czy racjonalny rodzic. Niektóre z tych ról to dzieci; nasze wrażliwe, zbuntowane, szczęśliwe, smutne, rozbawione, twórcze wewnętrzne dziecko. To moja specjalność: od lat prowadzę weekendowe i tygodniowe treningi nt. SPOTKAJ SWOJE WEWNĘTRZNE DZIECKO. Wydałam też kasetę audio z wykładem na temat tej specyficznej podosobowości i z medytacją nawiązania kontaktu z wewnętrznym dzieckiem.

W czasie tych weekendowych zajęć w szkole dr Joy Manne spotykam się z inną podosobowością, nieomalże karykaturą pewnych moich zachowań: z wewnętrznym krytykiem, który jest absolutnie oddany jednej jedynej czynności: krytykowaniu nas i innych. Nic innego nie potrafi. To jego jedyna umiejętność. A my często traktujemy ten głos tak poważnie. Tak serio. Niszczy nas i nasze życie. Często wręcz chce nas zabić ciągłym, zimnym krytycyzmem. Zabiera nam nadzieję, entuzjazm, energię życiową. Podważa nasze poczucie własnej wartości, niszczy związki partnerskie. Prowadzi wojnę, która nigdy się nie kończy. Naszą jedyną szansą jest rozmowa z tą podosobowością i uczynienie z niej sprzymierzeńca. Inne podosobowości, z którymi można się spotkać czasie sesji VD, to perfekcjonista, który zawsze nas informuje, że my i wszyscy inni jesteśmy niewystarczająco dobrzy i że równie niewystarczająco dobre są wszystkie nasze działania. Potem jest jeszcze popychacz, nienasycony popychacz, który ciągle nam mówi, że za mało robimy, że możemy, a nawet musimy robić więcej. Kontroler dyryguje wszystkimi graczami w grze, rozstawia wszystkich po kątach, przynajmniej cały czas próbuje to robić. Jest w nas wiele innych archetypowych energii, także mitologicznych i astrologicznych, które są w naszym zasięgu.

W czasie zajęć po raz pierwszy obserwuję, jak pojawia się zupełnie inna energia. Nagle zmienia się postawa klienta. Ciało ustawia się inaczej, porusza się inaczej, mówi inaczej – z niewątpliwą czystością i mocą. Nawet powietrze w pokoju zaczyna inaczej wibrować. Prowadząca Joy ma łzy w oczach. Tak oto przejawia się energia Duszy. Nie jako podosobowość, ale jako Superosobowość. To bardzo wzruszające i potężne doświadczenie.

Uczę się prowadzenia sesji „dialogu z głosem". Pokój, w którym odbywa się sesja, przypomina scenę w teatrze. „Dialog z głosem" to sztuka teatralna, w której nasz charakter i różne jego aspekty czy podosobowości są aktorami. W tym przedstawieniu pacjent gra wszystkie role z wyjątkiem jednej: osoby prowadzącej sesję, czyli facilitatora. Pacjent i facilitator rozpoczynają sesję siedząc naprzeciwko siebie na krzesłach. Umawiamy się, że w tej pozycji pacjent jest „sobą", czyli że nie utożsamia się z żadną rolą, że jest w tym idealnym stanie w VD, zwanym dojrzałym ego. Ta pozycja nie może być przyjmowana przez żadną inną podosobowość – taka jest umowa.

Oto, co mówi dr Joy Manne: *Moją rolą jako facilitatora jest umożliwienie pacjentowi wejście w energię jednej lub wielu podosobowości. Każda podosobowość, czyli głos, jest traktowana jako odrębna indywidualność – w ramach konkretnej odsłony tej sztuki. Zadaję głosom pytania, odkrywam, jak mają na imię (często jest to zupełnie inne imię od nadanego), zapoznaję się z reprezentowanymi przez nie wartościami, nastawieniami, twórczymi lub destrukcyjnymi funkcjami i zadaniami w osobowości klienta. Słucham. Zapraszam je do ujawnienia się. Akceptuję je. Nigdy nie osądzam. Jeden z moich klientów nazwał „dialog z głosem" bardzo poważną grą.*

Zafascynowana obserwuję, jak pracuje Joy. Jak nawet z tych najbardziej opornych z nas, zatrwożonych, że się wyda, ta czarodziejka wywołuje głosy, stwarza dla nich przestrzeń do wyrażenia się, opowiedzenia o sobie. Patrzę, z jakim szacunkiem i miłością do nich podchodzi, jak bardzo pragnie je uhonorować. Jak głosy – traktowane ze współczuciem – otwierają się i mówią o swoich najgłębszych tajemnicach, ukrytych scenariuszach i planach (tych wzniosłych i tych nikczemnych). Jak wszystko układa się w spójną całość, prowadzącą do głębokiego zrozumienia, czyli do wolności osobistej.

Joy Manne powiada: *Zawsze przed rozpoczęciem pracy robię wywiad z klientem i zauważam najbardziej obecne energie. Potem pytam pacjenta, z którymi z nich życzy sobie, abym porozmawiała. Kiedy dokona on wyboru, mówię: Znajdź miejsce w pokoju, gdzie najmocniej czujesz energię tego głosu. I zaczyna się dialog. Na końcu sesji proszę, aby pacjent usiadł obok mnie i robimy przegląd sesji. W tej pozycji pacjent jest świadkiem sesji, oglądanej z mojego punktu widzenia. Czasami komentuje, potem wraca na krzesło do pozycji dojrzałego ego, od której zaczęliśmy. Rozmawiamy i integrujemy to, czego pacjent się nauczył. Dojrzałe ego utrzymuje w równowadze wpływ naszych podosobowości.*

Po tych kilku dniach czuję się doskonale. Mam wielu nowych przyjaciół, zdobyłam nową wiedzę i głębsze zrozumienie siebie. Jestem bliżej siebie. Czuję bardzo bliski kontakt z Joy. Pytam ją pod koniec zajęć, czy przyjedzie do Polski poprowadzić warsztaty wprowadzające do pracy z głosami. Uśmiecha się do mnie szeroko: *Zawsze marzyłam, by znowu odwiedzić Polskę... Oczywiście, że przyjadę.*

Krykiet na Placu Czerwonym

Czyli moja podróż na Wschód

W drodze

W czasie moich podróży zwykle lecę samolotem przez wiele godzin i ląduję w jakimś pięknym miejscu na planecie Ziemia. Tym razem siedzę w pociągu relacji Warszawa–Moskwa i mam świadomość, że za dwadzieścia kilka godzin znajdę się w bardzo niezwykłym miejscu, ale czy pięknym...? Potem okazało się, że tak. Tymczasem jesteśmy w połowie drogi i towarzyszący mi Bartek negocjuje z przedstawicielami rosyjskiej straży granicznej, ile (oczywiście dolarów) będzie wynosił koszt uniknięcia deportacji z powrotem do Warszawy. W paszporcie polskim mam napisane: „Miejsce zamieszkania: Sydney". Wyczuli okazję. Potem w drodze powrotnej do Warszawy przedstawiciele władzy rosyjskiej chcą mnie wysadzić z pociągu lub wysłać z powrotem do Moskwy, oczywiście za to samo „przestępstwo". Mam wypieki na twarzy z wrażenia; na szczęście Bartka cała ta sytuacja bawi, i załatwia sprawę pozytywnie. Uff!

Na wschód jadę w przenośni i dosłownie. Jung „podróżą na wschód" nazywa podróż do swego wnętrza. Przyjęłam zaproszenie Mariny i Colina Sissonów do wzięcia udziału w III kroku programu szkoleniowego dla praktyków integracji oddechem (czyli rebirtherów) w ramach założonej przez Sissonów firmy szkoleniowej THE INNER ADVENTURES PROGRAMMES (Programy Wewnętrznych Przygód). Liczę na głęboką pracę wewnętrzną; znam tego trenera dość dobrze i wiem, że stopniuje swoje programy szkoleniowe. Na etapie III kroku powinno być gorąco! Dojeżdżamy do stacji Moskwa. Jest gorąco! Sierpniowe słońce bezlitośnie obnaża brudny peron, brudne ręce bagażowych, zanieczyszczone powietrze i brudne budynki. Ale co tam! Mnie w duszy gra, jak zwykle w czasie przygody. Spocony Colin targa dzielnie naszą walizę, ja uginam się pod plecakiem, zmieniamy pociąg na metro (później się dowiaduję, że w Moskwie taksówkami lepiej nie jeździć!), potem metro na obskurną podmiejską kolejkę i docieramy do miejsca przeznaczenia. Jest nim... przedszkole, wynajęte w czasie wakacji na 10 dni przez organizatorkę Sissonów. Witają nas oklaski trzydziestoosobowej grupy Rosjan – są wśród nich terapeuci, kilku psychologów, lekarze medycyny, rebirtherzy, artyści, śpiewaczka operowa. Zaczęli zajęcia rano, ale czekają na nas z kolejnym procesem dotyczącym sztuki porozumiewania się.

Odkrywanie

> Jesteś odpowiedzialny za swoje zachowania we wszystkich życiowych sytuacjach. Życie ciągle stwarza warunki do zaniechania swoich przywiązań i stania się wolnym.
>
> Colin Sisson

Sisson poleca, że stwierdzenia takie jak:
Jestem zły na ciebie, ponieważ.................................
Denerwujesz mnie, gdy...

Mogą być zamienione na:
Jestem zły, gdy.......................................
Jestem zdenerwowany i chcę się z tobą podzielić tym, że.............

Marina dodaje: *Proś o to, czego chcesz. Korzystniejsza jest prośba o to, czego chcesz, niż narzekanie na to, czego nie dostałeś. Szukaj rozwiązań, a nie problemów. Pytaj ludzi, czego doświadczają, zamiast mówić im to. Omijaj jałową konwersację i niepotrzebne dramatyzowanie – przekazuj sedno doświadczenia od razu i bezpośrednio.*

Przypomina mi się Sondra Ray i jest słynne powiedzenie: TELL THE TRUTH FASTER, czyli MÓW PRAWDĘ SZYBCIEJ. Niby to wszystko jest takie nowe, a przecież takie stare... Jeden–mistrz, chodzący wśród ludzi dwa tysiące lat temu, mawiał przecież: *Bo to prawda cię wyzwoli.* Więc mówię prawdę, że jestem zmęczona i chcę do domu... Wieczorem, żeby dojechać do domu Sissonów, najpierw idziemy przez piękny park, potem jedziemy metrem. I tak przez 10 dni. Dom-park-metro-przedszkole-park-metro-dom. Jestem w niebie, bo się uczę. Uwielbiam się uczyć, uświadamiać sobie nieuświadomione, odkrywać ten ostatni niezbadany kontynent: ludzką świadomość, doświadczać nowego, odpuszczać stare. Codziennie coś nowego. Ta doskonała para trenerska przechodzi samą siebie: język ciała, NLP, integracja oddechem, przekonania, samoobserwacja, gry i zabawy edukacyjne, autoprezentacje i zupełnie nowa dla mnie technika przerywania wzorców. Z każdym dniem czuję się bogatsza, bardziej świadoma; maski spadają jedna po drugiej. Jesteśmy wszyscy coraz bliżej siebie. Rosjanie są cudowni: otwarci, szczerzy, życzliwi, serdeczni.

Krykiet na Placu Czerwonym

Jest też czas na zabawę. Pewnego poranka jedziemy na Plac Czerwony. Staję na jego środku zdumiona tymi okrągłymi kopułami, kolorowymi dachami i tłumem turystów. Nagle tłum się rozsuwa, bo oto nowozelandzki mistyk Colin Sisson i polski aktor Bartek Topa zaczynają grać w pantomimicznego krykieta!!! I znowu lekcja: **nigdy, przenigdy nie traktujmy życia zbyt poważnie, nie zatracajmy dziecięcej niewinności i spontaniczności.**

Bijemy im oklaski – oni kłaniają się szarmancko, uśmiechnięci od ucha do ucha, zadowoleni, że narozrabiali.

Kilka uwag o Sissonach

Mąż: Nowozelandczyk, psycholog, pisarz, filozof, biznesmen, weteran wojny w Wietnamie, doświadczony lider, nauczyciel medytacji transcedentalnej, student nauk Gurdżijewa i Uspienskiego. W Polsce nakładem wydawnictwa Medium ukazały się następujące książki: *Wewnętrzne przebudzenie, Podróż w głąb siebie, Twoje prawo do bogactwa* oraz kaseta audio pt. *Integracja oddechem* (Wyd. ISI).

Żona: Rosjanka, znawczyni literatury i sztuki, oddana adeptka rosyjskiej tradycji ezoterycznej, współautorka wszystkich ich seminariów, autorka kaset audio *Zwyciężyć lęk i zwątpienie, Miejsce pokoju* oraz książki *Najpiękniejsza ścieżka życia. Być, działać, mieć.*

Poznali się 6 lat temu, kiedy Colin po raz pierwszy przyjechał do Moskwy na zaproszenie dra Siergieja Górskiego, naukowca i lekarza, przewodniczącego Rosyjskiej Asocjacji Wolnego Oddychania. On nie znał ani słowa po rosyjsku, ona ni słowa po angielsku. Zaiskrzyło i od tej pory się nie rozstają. Razem podróżują po świecie, ucząc swojego unikalnego systemu rozwoju osobistego. W tym eseju chcę przedstawić jedno ze zjawisk, bardzo istotne w ich pracy, zwane **przywiązaniem**. Następuje ono wtedy, kiedy czynimy coś przedłużeniem siebie. Odczuwamy przywiązanie do osób, miejsc, zawodu, hobby, zainteresowań, filozofii, do swego samochodu, pewnych rezultatów, osiągnięć, norm i do wszystkiego, od czego jesteśmy uzależnieni. Innymi słowy, przywiązujemy swoje szczęście do czegoś na zewnątrz siebie. Sissonowie twierdzą, że istnieją tysiące przywiązań. Oni koncentrują się na pięciu obszarach przywiązań, z których – ich zdaniem – wypływają wszystkie inne. Uzależnieni od owych pięciu obszarów, często związanych ze sobą, tracimy świadomość i pozwalamy sobą sterować. Są to:

- porównywanie
- osądzanie
- stawianie oporu
- utożsamianie się
- analizowanie.

Brzmi znajomo i swojsko? Jeżeli chcecie, moi drodzy, poszerzyć swoją samoświadomość i wejść w temat głębiej, odsyłam was na stronę 74 *Wewnętrznego przebudzenia* (Medium, 2000), albo ŚPIJCIE DALEJ i nie przeszkadzajcie sobie. Kto powiedział, że wszyscy mamy być świadomi?

Ja ljubliu tiebia

Po tych 10 dniach mój poziom samoświadomości podniósł się do tak niebezpiecznego, wręcz zagrażającego zwykłej szarej egzystencji poziomu, że mój sługa/obrońca/zawór bezpieczeństwa (czasami przez innych zwany „ego") nie mógł tego już znieść i natychmiast podsunął mi zręczne wyjście z sytuacji. Rozchorowałam się. Colin nazywa chorobę „ucieczkowym uzależnionym zachowaniem". Miałam swoją wymówkę: zostawcie mnie w spokoju, jestem chora, nic nie rozumiem, nic nie widzę, nic nie słyszę. W takim stanie błogiej nieświadomości i bezradności leżałam sobie na dziecięcym przedszkolnym łóżeczku, nic nie musząc robić, podczas gdy inni absolwenci prezentowali swój program artystyczny. Rosjanie uwielbiają recytować i śpiewać, śpiewać, śpiewać. Romansom nie było końca, pewna ich odtwórczyni śpiewała do Bartka: *Ja ljubliu tiebia*, a on jej odpowiedział gromką góralską przyśpiewką, że też ją kocha! Moja skołatana dusza lubowała się w tym śpiewie, wzajemnej miłości, szacunku, radości. Czułam wszechogarniającą wdzięczność. Za życie, za dary przyjaźni, za wszystko, co mam i czego doświadczam, za miłość, za bliskich, za otwarte rosyjskie serca...

Tak wiele mamy w życiu powodów do wdzięczności. Weź teraz oddech, zatrzymaj się na chwilę i pozwól sobie na poczucie wdzięczności za coś, co już masz w swoim życiu. Niech wdzięczność ukoi twoją duszę, niech rozejdzie się po twoim ciele, niechaj będzie z tobą w trudnych momentach...

Festiwal Wieku Wodnika

Korespondencja z Gold Coast w stanie Queensland, Australia

Przyleciałam do Australii pod koniec listopada 1997 roku, akurat na koniec wielkiej imprezy ezoterycznej, corocznie odbywającej się w Sydney pod nazwą FESTIWAL CIAŁO–UMYSŁ–DUCH (Body-Mind-Spirit Festiwal). Nie bardzo mi się chciało pchać między tłumy zaraz po przylocie. Postanowiłam więc, po krótkim czasie aklimatyzacji, odwiedzić inne festiwale ezoteryczne, których na terenie Australii odbywa się wiele – oprócz Sydney (stolicy stanu Nowa Południowa Walia), podobna impreza ma miejsce w Brisbane (stolicy stanu Queensland) i Melbourne (stolicy stanu Victoria).

Tak się złożyło, że podróże po Australii zaprowadziły mnie na Gold Coast (Złote Wybrzeże) w czasie corocznej imprezy AQUARIAN AGE FESTIVAL (Festiwal Wieku Wodnika), trwającej 5 dni. Uczestniczyło w nim około 160 przedstawicieli różnych dyscyplin od kryształów i ziołolecznictwa poprzez reiki, urynoterapię, uzdrawianie duchowe, rebirthing, muzykoterapię, naturalne produkty kosmetyczne, do tańca brzucha, niesamowitej liczby książek na temat rozwoju, masaże i inne formy pracy z ciałem. To, co mnie interesuje od wielu lat, czyli medycyna wibracyjna, była silne reprezentowana przez kilka firm produkujących esencje kryształów i kamieni szlachetnych i półszlachetnych, esencje muszli oraz Australian Bush Flower Essences, czyli esencje kwiatowe z australijskiego buszu. Te ostatnie mocno pochłonęły moją uwagę. Wzięłam udział w warsztatach i nawiązałam kontakt z Ianem Whitem, „ojcem" australijskich esencji kwiatowych, psychologiem, homeopatą i lekarzem medycyny naturalnej z Sydney. Podpisaliśmy umowę licencyjną i esencje te już są dostępne w Polsce w mojej firmie – zostałam dystrybutorem tych niezwykłych specyfików.

Codziennie odbywały się prowadzone przez australijskich wykładowców i terapeutów prelekcje, zajęcia warsztatowe i seminaryjne z wielu dziedzin rozwoju człowieka, uzdrawiania, medycyny naturalnej, psychologii, terapii snem.

Na środku terenu targów na wielkiej scenie codziennie co godzinę odbywały się prezentacje. Oto przykład jednego dnia: masaż mauri, muzyka New Age, feng shui, uzdrawianie siebie i ziemi za pomocą kryształów, praktyki szamańskie, qigong, reiki, uzdrawianie graniczne i koncert Susie Quatro.

Z zainteresowaniem rozglądam się za nowościami. Ponieważ od wielu lat fascynują mnie kolory i ich uzdrawiająca moc, postanowiłam sprawdzić, co nowego dzieje się w dziedzinie leczenia kolorami. Znalazłam! Oprócz tradycyjnej chromoterapii, czyli leczenia poprzez naświetlanie ciała kolorowymi filtrami, pokazano coś nowego, na miarę XXI wieku! Brytyjska firma AURA SOMA proponuje system holistycznego leczenia za pomocą wibracji kolorów. Barwy, zioła, olejki aromatyczne, energia kryształów i inwokacja kabalistyczna zamknięte są w prostokątnych dwukolorowych butelkach. Oprócz leczących ciało, umysł i ducha butelek, firma ta produkuje 14 różnokolorowych esencji do ochrony i wzmacniania aury, zwanych *pomanders*, oraz 14 esencji mistrzów, zwanych *quintessences*, o wyrazistych zapachach. Swój zestaw uzdrawiających buteleczek napełnionych eliksirem wybiera się w czasie dość niezwykłej konsultacji prowadzonej przez przeszkolonego przedstawiciela firmy. Umówiłam się na taką konsultację. Siadam przed „amfiteatrem" ze stu migoczących kolorami flakoników. Jest to zachwycający widok! Pada pytanie:

– Gdybyś była zesłana na bezludną wyspę i jedyną rzeczą jaką mogłabyś ze sobą zabrać, była jedna z tych butelek, która by to była?

Jestem w kropce. Wpatruję się w te niesamowite kombinacje kolorystyczne i nie wyobrażam sobie, że podjęcie takiej decyzji jest możliwe... Wpadam w zadumę, powtarzając to pytanie. Nagle – JEST!! Ta jedna jedyna butelka, najpiękniejsza ze wszystkich: fiolet na górze, głęboki pomarańcz na dole. Sięgam po nią i stawiam przed sobą. Jestem zachwycona. Co dalej? Patrzę wyczekująco na ubraną na biało konsultantkę. Jane zadaje mi kolejne pytanie:

– Gdybyś była zesłana na bezludną wyspę i jedyną rzeczą, jaką mogłabyś ze sobą zabrać, była jedna z tych butelek, która by to była?

To pytanie pada jeszcze dwa razy, wreszcie przede mną stoją cztery buteleczki. Oczywiście dla mnie są najpiękniejsze, najcudowniejsze... I tu zaczyna się *reading*, czyli czytanie mojego życia. Jane mnie zaskakuje. Opowiada o mnie, o historii moich osobistych przeżyć, o przełomowych wydarzeniach w moim życiu, jak byśmy się znały od lat! A wszystko to na podstawie intuicyjnie wybranych przeze mnie butelek. Ciekawa sprawa! Magia kolorów i ich znaczenie w naszym życiu po raz kolejny mnie zdumiewa. Ponoć te butelki i kolejność ich wyboru mówią o mnie wszystko – przynajmniej dla Jane. To wszystko ma sens i bardzo mi się podoba. Kupuję moje cztery buteleczki bez wahania. Otrzymuję instrukcję, żeby dwa razy dziennie mieszać lewą ręką zawartość butelki nr 1 i nakładać ten cudownie pachnący olejek bezpośrednio na skórę w miejscach odpowiadających kolorom czakramów. Dodatkowo kupuję kilka *pomanderów* do nakładania na aurę oraz białą *quintessence Serapis Bay*, mistrza oczyszczania. Już wiem, na jaki kurs się zapiszę zaraz po powrocie do Sydney.

Rzeczywiście tak się stało – wzięłam udział w sześciodniowym programie dla konsultantów. Planuję sprowadzić produkty firmy AURA SOMA do Polski.

Na festiwalu reprezentowane były też znane centra terapii naturalnych, szkoły medycyny holistycznej i ośrodki treningowe. W ich ofercie znalazłam programy weekendowe, tygodniowe, a nawet cykle jednoroczne i dwuletnie z różnych dziedzin doskonalenia się, rozwoju osobistego i medycyny naturalnej. Australia się rozwija, ludzie chcą się szkolić, żyć zdrowo i zdobywać nowe umiejętności.

W czasie festiwalu zafascynowało mnie specjalnie wydzielone miejsce, tzw. „Readers" Heaven", czyli niebo wróżbitów. Karty tarota, runy, numerologia, astrologia, chiromancja w wykonaniu prawie pięćdziesięciu przedstawicieli sztuk dywinacyjnych. Niesamowity widok! I te kolejki cierpliwie czekających i chcących usłyszeć przepowiednie dotyczące ich życia. Sama zapisałam się na tarota do Włoszki Reginy di Giusto, która wygrała konkurs na najpiękniejsze stoisko – zaiste barwne i tajemnicze. Regina przez wiele lat była dyrektorem metody Silvy w Australii, a teraz specjalizuje się w uzdrawianiu psychofizycznym. W czasie konsultacji z Reginą nie dowiedziałam się niczego nowego, czego już nie wiedziałam o sobie i swoim życiu. Naprawdę wierzę, że wszystkie odpowiedzi są w nas i my sami najlepiej wiemy, co jest dla nas najlepsze. Potraktowałam tę sesję trochę z przymrużeniem oka.

Na zakończenie donoszę, że do Australii dotarła już bardzo popularna w Stanach Zjednoczonych forma hatha-jogi, zwana Birkam-joga. Twórca tej metody, Birkam Choudny, został „odkryty" w Indiach przez Shirley McLaine na początku lat siedemdziesiątych. Jest joginem, który po tragicznym wypadku w młodym wieku w pełni odbudował swoje zmasakrowane ciało, ćwicząc opracowany przez siebie zestaw 26 asan (postaw jogicznych). Został dokładnie przebadany przez japońskich naukowców, zdumionych jego pełnym powrotem do zdrowia. Twierdzi, że ten system jogi praktykowany w podgrzewanych do temperatury 38 stopni wnętrzach jest odpowiedzią na wszystkie nasze dolegliwości i stresy fizyczne, psychiczne i duchowe. Po obejrzeniu pokazu Birkam-Joga na festiwalu natychmiast po powrocie do Sydney zapisałam się do lokalnego Yoga College of India i codziennie po dwie godziny ćwiczyłam tę „hot box jogę". Po każdej praktyce wokół mnie była kałuża wody. I rzeczywiście, po kilku tygodniach, tak jak tysiące ludzi przede mną na świecie, doświadczyłam błogosławieństw tej metody.

O cudach i błogosławieństwach, o przychodzeniu i odchodzeniu

Korespondencja z „Zagubionej Atlantydy", wyspy Santorini w Archipelagu Cykladzkim

Od dawna już powtarzam sobie takie moje ulubione stwierdzenia (przez niektórych zwane afirmacjami):

Wciąż zdarzają się cuda w moim życiu.
Dziękuję za wszystkie spływające na mnie błogosławieństwa.

Łatwo się domyślić, że mam wiele powodów do wdzięczności za wszystkie cuda i błogosławieństwa, których rzeczywiście w moim życiu doświadczam. Najpierw jajko czy kura?

Teraz leżę przy hotelowym basenie owinięta tylko w pomarańczową, ręcznie malowaną bawełnianą chustę. Od zaprzyjaźnionej Greczynki otrzymałam wczoraj lekcję na temat sześciu sposobów wiązania tej chusty na ciele. Nade mną pochyla się wiekowe drzewo figowe. Myślę sobie, że czas na śniadanie po porannym pływaniu, a tu pac! – na głowę spada mi śniadanie: dojrzała figa, zwiana chłodnym wiatrem, tu nazywanym *levante*. Ten wiatr jest dobrodziejstwem, bo każdego dnia temperatura dochodzi do 40 stopni. Albo inny cud: bardzo wcześnie rano, tuż po wschodzie słońca, chodzę na wielokilometrowe świadome spacery po czarnej, wulkanicznej plaży Kamari. Świadomy spacer to ćwiczenie w uważności, kiedy „każdy krok niesie pokój".

Idę bardzo powoli, uważnie stawiając stopy na ziemi, praktykując pełną obecność. Szukam czegoś. Czego? Nie wiem. Ale codziennie szukam. Wiem, że jak znajdę, to będę wiedziała, iż właśnie tego szukałam. Często takiego porządku rzeczywistości doświadczam w moim życiu. Nauczyłam się ufać. I po tygodniu ZNAJDUJĘ! Jest to prostokątny kawałek białego marmuru. Biały marmur wśród tych czarnych, szarych, czasami brązowych okrągłych kamyków. Cud, po prostu cud! Przez kolejny tydzień moich wielogodzinnych spacerów znajduję takich kawałków kilkanaście. Wszystkie w tym magicznym miejscu plaży, gdzie fale obmywają brzeg. Zbieram je, kładę przed lustrem w moim pokoju hotelowym. Nie wiem, po co to robię.

A tu dzisiaj rano kolejny cud. W mojej „chodzonej" medytacji ukazuje mi się przepiękna, ogromna świątynia atlantydzka z białego marmuru. Uśmiecham się do siebie. Wszystko staje się jasne. Wtedy przychodzi dalszy ciąg instrukcji: powinnam te kawałki, wszystkie podobne w kształcie, pasujące do siebie jak kawałki domina czy puzzli wziąć ze sobą do Polski i umieścić w różnych miejscach sali wykładowej w Silnej Nowej, gdzie prowadzę trening. Ci uczestnicy, którzy je znajdą i wezmą do ręki, to reinkarnacje atlantydzkie, kapłani z tej właśnie świątyni. Będą wiedzieli, jak z tym marmurem pracować. Niechaj każdy robi to, co ma do zrobienia, tam, gdzie jest, tym, co ma, a wszechświat zadba o to, żeby wszystko ułożyło się w spójną całość. Wszystko i wszyscy zostaną ustawieni na swoim właściwym miejscu.

Zawsze jestem na właściwym miejscu, o właściwym czasie, z sukcesem zajmując się właściwą sprawą.

Planowałam być zupełnie gdzie indziej w tej pierwszej połowie sierpnia. A tu nastąpiła seria synchronicznych „przypadków" i w ciągu 48 godzin już siedziałam w samolocie lecącym z Warszawy na Santorini u boku mojego męża sprzed 16 lat, Donalda Foleya. To właśnie Don, wspaniały człowiek i przyjaciel, na początku lat osiemdziesiątych męską decyzją o szybkim ślubie przeflancował mnie z ziemi polskiej na australijską. Chwała mu za to! Zostałam „żoną dla Australijczyka". Don zrobił, co do niego należało, po czym odszedł w siną dal z inną kobietą. Podobna sytuacja powtórzyła się w moim życiu 15 lat później, kiedy ukochany mężczyzna, któremu bezgranicznie ufałam, nagle i niespodziewanie odszedł do innej kobiety. Pocieszałam się wtedy przez łzy, że zrobił swoje i musiał odejść. Dzisiaj wiem, że rzeczywiście tak było, że gdyby został, nigdy nie odnalazłabym zagubionej atlantydzkiej świątyni. To przekleństwo okazało się być pod wieloma względami „błogosławieństwem w przebraniu". Utraciłam związek, odzyskałam siebie.

Gdy coś tracisz, nie trać lekcji!

Stuart Wilde, szalony i niekonwencjonalny nauczyciel-mistyk, podaje taką formułę, gdy związek się kończy:

> I am happy to see you come. Cieszę się, gdy przychodzisz.
> I am happy to see you go. Cieszę się, gdy odchodzisz.

Więc się cieszę. Cud przychodzenia i odchodzenia.

Obecność Dona przypomina mi piękną Kasię, która odeszła już na zawsze z tego świata, tak wcześnie, tak młodo. Bardzo ją kochał, miała być matką jego dzieci, planowali wspólne życie na zawsze. Jej odchodzenie bardzo nas zbliżyło. To wielki przywilej móc służyć komuś obecnością i ramieniem do płaczu w tak trudnych chwilach. Don poprosił mnie o towarzyszenie mu podczas pogrzebu. Szłam obok niego za białą, przybraną kolorowymi frezjami trumną. W rękach trzymał piękny bukiet z 50 białych róż. I wtedy mój były mąż dał mi jedną z najmocniejszych lekcji życiowych, której nigdy nie zapomnę. Przez ściśnięte gardło, z twarzą zalaną łzami wyszeptał do mnie: *Wiesz, Kasia często mówiła, że kiedyś by chciała dostać bukiet z pięćdziesięciu białych róż. Nigdy nie traktowałem tego poważnie. Nie zrobiłem tego, bo wydawało mi się, że mam tak dużo czasu...* Włożył ten bukiet do grobu swojej ukochanej.

Z Donaldem rozmawiamy godzinami o Kasi, o miłości, o związkach, o kobietach i mężczyznach. Pobyt na wyspie Santoryn skłania do refleksji, do szczerości, otwartości i życzliwości. Czas zatrzymuje się w miejscu. Tu nikt nie ma „dziedzictwa przeszłości", niczego nikt nie potrzebuje „przekraczać", nikt nie ma osobistej historii, obciążeń, uzależnień. Przyjeżdżający tu ludzie decydują się być szczęśliwi. My też. Odwiedzamy kościoły, magiczne miejsca w naturze, wspinamy się na wulkan, stajemy nad potężnym kraterem, pływamy w gorących źródłach pulsujących energią życia. Wieczorem siedząc na białym murku w Ia oglądamy spektakularny zachód słońca. W dawnych czasach wtajemniczeni wiedzieli, że czas przychodzenia i odchodzenia słońca to czas mocy. Praktykowali wtedy modlitwę ciałem Surya Namaskara (Powitanie słońca). Gdy spontanicznie zaczynam ćwiczyć na białych schodach, w tłumie wielkie poruszenie. I uśmiechy. Don udaje, że mnie nie zna, ale jak siadam znowu na murku, robi mi zdjęcie.

Czy rzeczywiście szczęście jest wyborem? Czy rzeczywiście wystarczy co rano uśmiechnąć się do siebie w lustrze i zdecydować: dzisiaj jestem szczęśliwa, wybieram szczęście i zadowolenie! Czy wystarczy polubić siebie naprawdę? Czy wystarczy zaprzyjaźnić się z tą jedną jedyną osobą, która ze mną wytrzymuje od rana do wieczora, która nigdy mnie nie opuści i będzie przy mnie zawsze? Patrzę sobie w oczy w lustrze i wybucham śmiechem. To takie proste! Don puka się w czoło, obserwując mój poranny rytuał: *Zawsze podejrzewałem, że nie jesteś całkiem normalna.* Do diabła z normalnością! Kto chce być normalny w tym najbardziej nienormalnym z planów wszechświata? A poza tym kto wie, co jest normalne, a co nienormalne? Kto o tym decyduje?

Grecy wierzą, że gdy przebiegnie drogę złota jaszczurka – spotka ich szczęście. Polacy, że jak czarny kot – to spotka ich nieszczęście. A co by było, gdybyśmy zaczęli patrzeć na wszystko, co nam się przydarza, jako na dobry omen? O! To by było poważne zagrożenie dla mitu męczeństwa narodowego, bo przecież „cierpienie uszlachetnia". Grecy wierzą, że to szczęście uszlachetnia. I komu tu wierzyć? Kto ma rację? Dzisiaj Mikos, młody kelner w mojej ulubionej restauracji „Seaside", podaje mi kawę po grecku, czyli taką jak po turecku, tylko w malutkiej filiżance. Widocznie ręka mu drgnęła po drodze, bo po brzegach filiżanki spłynęły fusy do spodeczka. *O* – mówi na to Mikos – *będziesz bogata! To bardzo dobry znak!* Tu, na Santorynie, wszystko jest dobrym znakiem. Patrzę pod nogi – a tam wpatruje się w moją lewą stopę złota jaszczurka! Błyskawicznie zmyka przede mną. Bogowie przysłali mi dobry znak. Całe nasze życie składa się ze znaków, drogowskazów wskazujących nam drogę do swojej legendy (patrz *Alchemik* Paulo Coelho). Uświadamiam sobie, że długo nie zauważałam swoich znaków, żyjąc w nieprzytomnym pędzie i pośpiechu. Zatrzymałam się jak porażona, gdy kilka miesięcy temu zginęła tragicznie w wypadku samochodowym moja kuzynka. Spieszyła się do domu, żeby poprawiać zeszyty. Była obowiązkową nauczycielką, ale już jej wśród nas nie ma... Gdy całowałam jej zimne czoło w kaplicy przyszpitalnej, wyraźnie usłyszałam:

ZWOLNIJ!!!

Czas stoi w miejscu na Santorini. Czas odmierzany jest skokami do ciepłego, kryształowo czystego Morza Egejskiego, tzadiki, dolmados (greckie specjały) i sałatką grecką.

Mam wystarczająco dużo czasu, żeby zrobić to, co jest do zrobienia.

Tu, na Santorini chcę się uczyć od tych uśmiechniętych ludzi, od ducha Grecji. Pytam, obserwuję, pukam do ich serc. Chodzę ulicami gryząc orzeszki pistacjowe, które są głównym produktem eksportowanym tej wyspy. Widzę przystojnego Greka siedzącego przed sklepem jubilerskim – w prawej dłoni ma łańcuszek z kolorowymi koralikami. Wymachuje nim w przedziwny sposób. Już u wielu Greków widziałam tę zabawkę. Postanawiam z nim pogadać: *Co robisz? Co to jest?*

Kumbaloj – odpowiada – *bawię się tym, zamiast palić papierosy. W ten sposób odzwyczajam się od palenia.* Cierpliwie uczy mnie wielu sposobów przekładania łańcuszka przez palce. Potem dowiaduję się, że starsi Grecy używają *kumbaloj* do modlenia się. Kupiłam sobie taki łańcuszek z pomarańczowymi koralikami i przekładam między palcami, powtarzając w myślach moje ulubione pozytywne stwierdzenia.

A ty tylko piszesz i piszesz. Dzień i noc piszesz – klepie mnie po plecach stary Grek Georgis, właściciel restauracji. Podsuwa mi pod nos wielki zasuszony krzak. Wciągam mocno ten znajomy zapach. Georgis uśmiecha się, zadowolony, że mnie zaskoczył. To oregano. *Pełno tu tego zielska. Chcesz to wziąć do domu?* Dziękuję mu, pakuję oregano do mojej plażowej torby i piszę dalej. Piszę wskazówki dotyczące życia do mojej książki. Nie wiem jak ty, ale ja urodziłam się bez instrukcji obsługi. Więc piszę takie instrukcje dla siebie – trochę dla zabawy, trochę serio, trochę z mojego wielkiego pragnienia dzielenia się tym, co odkryłam, stosując metodę prób i błędów. Podobno są inne, bardziej eleganckie metody uczenia się. Ja ciągle preferuję doświadczanie.

Gdy zachciewa mi się jechać na wycieczkę po wyspie, Don natychmiast udaje się do najbliższego *rent-a-car* i jedziemy! Nigdy taki nie był w czasie naszego krótkiego małżeństwa. Żartujemy sobie z siebie, ciesząc się, że w czasie rozwodu nie zniszczyliśmy swojej przyjaźni. Miłość minęła, przyjaźń została. Oboje dzięki temu jesteśmy bogatsi. Oboje wygraliśmy. Żadne z nas nie przegrało. Tego dnia w drugim końcu Santorini odnajdujemy małą wioskę rybacką Ammoudi, gdzie jemy pyszne greckie śniadanie, a potem jeszcze raz wracamy wieczorem na kolację przy pełni księżyca. Tu na kolację wychodzi się o 22.00 i siedzi do rana. Bo życie w tej bajce jest takie dobre, przynosi same dobre doświadczenia.

Wybieram w moim życiu tylko doświadczenia służące mojemu najwyższemu dobru. Wszystko, czego doświadczam, jest dla mnie dobre.

W głowie dźwięczy mi głos Haliny Frąckowiak:

Życie jest piękną jabłonią
Wystarczy owoców, wystarczy cienia
Dla tych, co pod nią się schronią.
Przecież tak dobre jest życie!

Na Santorini życie jest drzewem figowym. Siedzę w jego cieniu. Wystarcza mi owoców i wystarcza cienia. Jestem rozmarzona i utulona dobrocią życia. Szukaj swojego „drzewa figowego”, aż je znajdziesz. Warto!

Nie mogę dzisiaj zejść z tej plaży. Siedzę na kamieniach, słucham szumu fal. Słucham i żegnam się z morzem. Przychodzenie, odchodzenie. Fala za falą przychodzi i odchodzi. Od wieków tak samo. Kiedyś Adrianna w Zakopanem wskazała palcem na Giewont, widoczny z okien jej domu na Kościelisku: A on ciągle stoi. I będzie stał przez wieki. Cuda i błogosławieństwa. Obyśmy umieli je rozpoznać i potraktować z należnym szacunkiem i wdzięcznością.

Świętujmy błędy

Z wizytą w nowatorskiej firmie Neenan w Fort Collins, Kolorado, USA

Integralność jest esencją wszystkiego, co umożliwia sukces – mówi David Neenan, który zmienił na lepsze życie tysięcy ludzi. Jest założycielem i prezesem The Neenan Company w Fort Collins w stanie Kolorado. Od 1973 roku firma projektuje i konstruuje budynki dla przemysłu i handlu. Przedsiębiorstwo to osiąga sukcesy stosując zasady biznesu XXI wieku, opisane m. in. w napisanej wspólnie z Dudleyem Lynchem książce pt. *Evergreen: Playing a Continuous Comeback Business Game* (Wiecznie zielone: gra ciągle powracającego biznesu). Firma zatrudnia ponad 500 pracowników w kilku filiach, a roczne obroty przekraczają 100 milionów dolarów.

David Neenan jest znanym na świecie liderem, konsultantem, wykładowcą. Od kilkunastu lat prowadzi treningi w Ameryce, Azji i Europie. Uczy on ludzi nie tylko, jak zarabiać pieniądze, ale także – jak żyć twórczo i czuć się spełnionym człowiekiem. Uczy nowego sposobu kierowania sobą i innymi. Jest przekonany, że biznes przyszłości będzie należał do liderów, którzy współpracują, a nie rywalizują. Lider tego typu jest twórczy, uczciwy i zachowuje się zgodnie z własnym systemem wartości. Jest spójny wewnętrznie – mówi dokładnie to, co myśli, i robi to, co mówi. Żyje i pracuje z pasją. Prowadzi biznes, w którym wszyscy wygrywają, ponieważ wie, że każda wygrana kosztem klientów czy współpracowników to zwycięstwo na krótką metę.

> Życie jest wyzwaniem, a ja kocham dobre wyzwanie.
>
> David Neenan

Postanowiłam odwiedzić Fort Collins w czasie podróży po Stanach Zjednoczonych i zobaczyć, jak to wszystko, czego Neenan uczy na swoim słynnym seminarium *Business & You – The Working Game* (Biznes i Ty – gra, która działa), Funkcjonuje praktycznie w jego życiu. No i zobaczyłam! Neenan żyje tak, jak naucza. Mieszka w ogromnym, pięknym domu, zaprojektowanym przez siebie i wzniesionym nad brzegiem jeziora, ze swoją żoną Sharon i najmłodszą z 4 córek, nastolatką Lexy. Pozostałe trzy córki studiują na uniwersytetach w innych stanach. Jest oddany rodzinie i swojej firmie – w takiej właśnie kolejności.

Niedawno przeniósł firmę do nowego budynku, zaprojektowanego przez jego sztab wygrywających najwyższe nagrody architektów. Wchodzę i już wiem, że nie będzie mi się chciało stąd wyjść. Budynek jest w pewnym sensie świątynią biznesu – ma otwarty plan, co powoduje, że jest się „razem" ze wszystkimi, mimo że każdy dział tej wielkiej firmy konstrukcyjnej ma swoje miejsce. Dyrektorskie biuro Neenana też nie ma drzwi – każdy może wejść do szefa, kiedy potrzebuje. Biuro to wypełnione jest po brzegi książkami. David czyta kilka książek tygodniowo.

Pan prezes oprowadza mnie osobiście po swoim imperium. Z takim samym entuzjazmem pokazuje mi budynki, które wygrały międzynarodowe nagrody, sale konferencyjne, deski architektów, jak i jadalnię dla swoich pracowników oraz otaczającą posiadłość wielokilometrową ścieżkę zdrowia. W wielkim holu wywieszono słynne REGUŁY GRY W FIRMIE NEENAN:

1. Bądź chętny do wspierania naszej misji, wartości i podstawowych zasad.
2. Mów pozytywnie i w dobrej wierze.

3. Bądź otwarty i uczciwy w porozumiewaniu się z innymi – wypowiadaj swoją prawdę.
4. Spełniaj swoje obietnice:
   a) zawieraj tylko takie umowy, które masz zamiar spełnić; odwołaj je, jeśli musisz,
   b) wszelkie zerwane i niedotrzymane umowy wyjaśnij przy najbliższej okazji z odpowiednią osobą,
   c) nie obiecuj niczego za kogoś.
5. Jeśli powstaje problem, najpierw zwróć uwagę na system, a nie na ludzi; dopiero potem wprowadzaj poprawki.
6. Zobowiąż się do podnoszenia jakości.
7. Miej ochotę wygrać i pozwalaj wygrać innym (wygrana/wygrana).
8. Koncentruj się na tym, co działa. Bądź gotów nazwać to, co nie działa.
9. Zachęcaj do ryzyka innowacji.
10. Nie „strzelaj" do posłańca.
11. Wywieś białą flagę, kiedy jesteś przeciążony.
12. Uczyń publicznymi swoje prywatne troski i rozmowy.
13. Zobowiąż się do współpracy.
14. Zachowaj poczucie humoru.

Największą pasją Neenana jest prezentacja autorskiego trzydniowego seminarium Business & You. Seminarium ukończyło już ponad 20 tysięcy osób na całym świecie. Chcę wziąć udział w tym programie po raz kolejny. W nowym budynku sala wykładowa jest specjalnie przystosowana do prowadzenia tego nowatorskiego seminarium. Pierwotną wersję Business & You, zwaną wtedy Money & You, stworzył 15 lat temu Marshall Thurber – współpracownik wielkiego humanisty, wizjonera XX wieku, Buckminstera Fullera. Bucky był wynalazcą i konstruktorem; zaprojektował m.in. kopułę geodezyjną, był autorem określenia Statek Kosmiczny Ziemia

(Spareship Earth) i rozwinął pojęcie synergii. „Time Magazine" nazwał go „geniuszem przyjaznym planecie".

> Błędy są grzechem tylko wtedy, kiedy się do nich nie przyznajemy.
>
> R. Buckminster Fuller

Nazwisko Thurbera do dnia dzisiejszego znajduje się w pierwszej dziesiątce listy *top educators,* czyli najlepszych wykładowców Stanów Zjednoczonych. Thurber oddał „swoje dziecko", czyli seminarium Business & You, Neenanowi, po czym spędził 10 lat u boku W. Edwardsa Deminga, ojca teorii kontroli jakości w Japonii, uważanego za inspiratora przeobrażeń japońskiej ekonomii w latach 50. Aktualnie prowadzi swoje autorskie seminarium The Future of Business (Przyszłość biznesu), które planuję sprowadzić do Polski.

> Nic nie wydarza się bez osobistej transformacji
>
> W. Edwards Deming

Na seminarium zjechało prawie 100 osób z całego kraju: prezesi dużych i małych firm, dyrektorzy zarządzania zasobami ludzkimi, trenerzy, konsultanci, właściciele firm oraz specjaliści od reklamy. Dzięki pełnemu entuzjazmu stylowi prezentacji Neenan jest ekscytującym i dynamicznym liderem. Jego pełne zaangażowanie w swój osobisty i zawodowy rozwój, potwierdzone osiąganymi sukcesami, czynią go popularnym i szanowanym trenerem. Przedstawia olśniewające, różnorodne pomysły, włączając w to również pionierskie idee R. B. Fullera, W E. Deminga i Edwarda de Bono. To tylko kilka nazwisk tych, którzy wiedzą lepiej. Neenan połączył teorie techniczne i filozoficzne w jedno i stworzył fuzję pojęć, która podkreśla informację, że sukces jest najlepiej osiągnąć w toku współpracy. Jest on obdarzony nieprzeciętną wyobraźnią i silną osobowością – w swoim seminarium wykorzystuje techniki *superlearningu* (supernauczania), specjalną oprawę muzyczną, kolorowe plakaty, ilustracje. No i słynne GRY EDUKACYJNE, wciągające i zajmujące bez reszty uczestników. Po raz kolejny siedzę w grupie ludzi i poddaję się temu czułemu i wrażliwemu na przekonania, postawy i potrzeby uczestników liderowi.

Ci, którzy nie popełniają błędów, niczego się nie uczą.

Neenan twierdzi, że zawsze wtedy, gdy odczuwamy ból, niewygodę – gdy „spotykamy się ze swoją ścianą" – mamy największą szansę na rozwój. Powinniśmy więc świętować błędy. *Rodzimy się nadzy, bezbronni, bez instrukcji obsługi. Jak inaczej mamy uczyć się życia, jeśli nie poprzez próby i błędy?* – pyta Neenan. *Naprawdę nie jesteś przestępcą tylko dlatego, że się pomyliłeś* – powtarza w trakcie warsztatu wiele, wiele razy. I radzi, by nigdy nie zapominać, że błąd to najlepsze, co może nam się przytrafić.

Opowiada nam o dokonaniach Buckminstera Fullera. Bucky był autorem m.in. nowych konstrukcji pawilonów wystawowych i hal. Znany jest w świecie jako jeden z pionierskich myślicieli i wynalazców. Do roku 1968 liczba publikacji związanych z pracą Bucky'ego wzrosła do 21 tysięcy rocznie. W jaki sposób Bucky osiągnął tak wiele w swoim życiu? **W rezultacie popełnienia wielu błędów.** Wszystko zaczęło się od misji, którą odkrył pewnej samotnej nocy. Po chorobie i śmierci czteroletniej córki Aleksandry, dwukrotnym wydaleniu z Harwardu, utracie firmy, bankructwie i narodzinach kolejnego dziecka znalazł się w stanie depresji z tendencjami samobójczymi. Stanął na skraju ciemnej przyszłości. Wpatrując się w ciemność jeziora Michigan w pewną samotną noc w 1927 roku przeżył kryzys. Dlaczego poniosłem kompletną porażkę? – zadał sobie wówczas pytanie. Mógł albo skoczyć do wody, albo pomyśleć. Wybrał to drugie. Zaczął tworzyć swoją życiową misję. W czasie intensywnych rozważań pojawiła się refleksja:

To nie ty wymyśliłeś ten wszechświat i nie ty nim kierujesz. Ty i pozostali ludzie jesteście tutaj dla wszystkich innych.

Uczestnicy Business & You mogą odkryć swoją misję życiową, swoją niszę biznesu, swoje spełnienie. Seminarium jest pełne emocji i koncentruje się na rozwoju osobistym, jako że to jest podstawą robienia interesów. Najważniejsze założenie filozoficzne jest tego rodzaju, że pewien sposób życia determinuje określony sposób prowadzenia biznesu, i odwrotnie.

W pewnym momencie piszemy w zeszytach pod dyktando Neenana:

Zrobię wszystko, co będzie konieczne, aby osiągnąć wolność osobistą. Nie pozwolę, aby mój lęk mnie powstrzymał. Nie poddam się!

I rzeczywiście tak silna intencja jest niezbędna, by przetrwać kluczowe ćwiczenie programu zwane „grą w klocki" – niewerbalne poszukiwania w interpersonalnej komunikacji. Jest to potężne, wyczerpujące, trwające wiele godzin, naładowane emocjami doświadczenie. Na koniec wszyscy w pokoju tworzą koło, łączą dłonie i śpiewają piosenki Johna Denvera. Nie jestem fanem Denvera, a jednak to doświadczenie dotyka mnie bardzo głęboko. Tak naprawdę żadna definicja nie obejmie tego, co wydarza się drugiego wieczora na Business & You. Jest to przygoda w praktycznej edukacji, którą zapamiętam na całe życie.

Teraz jest środek nocy i stoję pod olśniewającym niebem Kolorado. Przychodzą mi do głowy słowa biznesmena, który dwa lata temu brał udział w seminarium Neenana. Ciągle wspomina ten jeden z najlepszych weekendów, które kiedykolwiek przeżył. *Pozwoliło mi to spojrzeć przed siebie* – powiedział mi kiedyś. – *Po-*

kazało mi to, jak moje dzisiejsze działanie przynosi rezultaty w jakimś tam momencie za rok, za dwa, za trzy, w przyszłości. Pomogło mi także zobaczyć, jak ja oceniam uczciwość ludzi.

Neenan mówi:

> Błędy są zwrotami. Jeżeli nie uczysz się z popełnionych błędów, to tak naprawdę jesteś ofiarą. Jesteś niestero-wanym pociskiem rakietowym. Jedynym sposobem prowadzenia rakiety jest stworzenie systemu zwrotów.

I ostrzega:

> Jeżeli zapomnisz swoje błędy, to skazany jesteś na ich powtarzanie.

A potem dodaje:

> Jeżeli błędy to wielkie chwile, to jedyną porażką jest niebranie udziału.

Tak się cieszę, że wzięłam udział w tej przygodzie na drodze do swojego wnętrza. W czasie różnorodnych gier popełniłam wiele błędów – tak jak w życiu – i tak wiele się z nich nauczyłam. Dzisiaj znowu nauczyłam się czegoś wartościowego: odrzucać zwątpienie i ufać swojemu instynktowi! Uśmiecham się do siebie i wracam na salę. Czuję wszechogarniającą wdzięczność do wszystkich wielkich ludzi, od których miałam przywilej się uczyć. Podchodzę do Neenana i dziękuję mu z całego serca.

PS. David Neenan corocznie odwiedza Polskę i prowadzi swoje słynne seminarium. Szczegóły w biurze ISI.

List od mojego nastoletniego syna Maćka

Drodzy Czytelnicy! Drogie Matki! Drodzy Ojcowie!

Z wielką radością i satysfakcją składam niniejszym rezygnację ze stanowiska Prezesa Światowego Stowarzyszenia Winnych Matek. Piastowałam je z pasją i oddaniem przez ostatnich 20 lat. Ta funkcja jest do wzięcia – kandydujcie!!! Oczywiście służę radą, doświadczeniem i wiedzą, którą zdobywałam z wielkim poświęceniem od momentu przyjścia mojego syna na świat w szpitalu bielańskim w marcu 1978 roku. O winie, jej skutkach, objawach (psychofizycznych i somatycznych), konsekwencjach i powikłaniach wiem chyba wszystko! W tej dziedzinie osiągnęłam mistrzostwo! Teraz pragnę oddać się zdobywaniu mistrzostwa w innych, bardziej twórczych, radosnych i wspierających życie dziedzinach.

Decyzję o tej rezygnacji podjęłam świadomie i w ułamku sekundy (co, jak na podwójną zodiakalną Wagę, jest niemałym osiągnięciem...) po otrzymaniu pocztą elektroniczną od mojego syna poniższej korespondencji w roku 1996. Byłam na to zupełnie nieprzygotowana. Mój wspaniały, mądry syn jak zwykle mnie zaskoczył. Często mówiłam, że moim największym guru i mistrzem jest wielki nauczyciel, który pojawił się w moim życiu przebrany za jedynego syna Macieja. Teraz ów nauczyciel dawał mi lekcję nad lekcjami... Już po pierwszym zdaniu jego listu zaczęłam płakać, a po przeczytaniu całości szlochałam jak dziecko przez wiele godzin. Te łzy szczęścia, radości i wzruszenia osuszyły całe jeziora smutku, rozpaczy, winy, rozterki, cierpienia, przepełniające po brzegi moją duszę. Ostrzegam zatem: wy też będziecie płakać! Zaopatrzcie się w chusteczki, zanim przystąpicie do lektury.

Kochana Mamo,
kocham Cię i tęsknię za Tobą i jestem wdzięczny, że to Ty jesteś moją mamą. Dziękuję Ci za życie.

Twój syn

PS. Załączam coś specjalnie dla Ciebie.

Właśnie w tej chwili

Ktoś jest z ciebie bardzo dumny.
Ktoś myśli o tobie serdecznie.
Komuś na tobie zależy.
Ktoś za tobą bardzo tęskni.
Ktoś chce ci o czymś opowiedzieć.
Ktoś chce z tobą być.
Ktoś ma nadzieję, że nie masz kłopotów.
Ktoś jest wdzięczny za pomoc, której udzieliłeś (łaś).
Ktoś chce potrzymać ciebie za rękę.
Ktoś ma nadzieję, że wszystko jakoś się ułoży.
Ktoś chce, żebyś był (a) szczęśliwy (a).
Ktoś pragnie twojej obecności.
Ktoś nie może się doczekać, żebyś w końcu ją/jego znalazł (a)
Ktoś cieszy się z twoich sukcesów.

Ktoś chce ci coś ofiarować.
Ktoś myśli, że TY JESTEŚ darem.
Ktoś ma nadzieję, że nie jest ci za zimno lub za gorąco.
Ktoś chce ciebie uścisnąć.
Ktoś ciebie kocha.
Ktoś podziwia twoją siłę.
Ktoś chce się tobą zaopiekować.
Ktoś uśmiecha się myśląc o tobie.
Ktoś chce popłakać sobie na twoim ramieniu.
Ktoś marzy o spotkaniu z tobą.
Ktoś chce bawić się z tobą do rana.
Ktoś chce dzielić z tobą swoje życie.
Ktoś myśli, że jesteś jedyny (a) na świecie.
Ktoś chce ciebie chronić.
Ktoś zrobiłby dla ciebie wszystko.
Kogoś bardzo obchodzisz.
Ktoś prosi ciebie o wybaczenie.
Ktoś jest wdzięczny za twoje wybaczenie.
Ktoś chce się z tobą pośmiać.
Ktoś pamięta o tobie.
Ktoś chce ciebie wysłuchać.
Ktoś podziwia twoją mądrość.
Ktoś chciałby, żebyś teraz z nim/nią był (a).
Ktoś modli się za ciebie gorąco.
Ktoś dziękuje Bogu za twoją obecność w jego/jej życiu.
Ktoś pragnie wiedzieć, że kochasz ją/jego bezwarunkowo.
Ktoś czeka na twoją radę.
Ktoś chce ci powiedzieć, jak bardzo mu/jej na tobie zależy.
Ktoś myśli o tobie dzień i noc.
Ktoś chce ci opowiedzieć swój sen.
Ktoś jest ci wdzięczny.
Ktoś chce cię wziąć w ramiona.

Ktoś pragnie, abyś ty wziął/wzięła ją/jego w ramiona.
Ktoś ceni twoją duszę.
Komuś się śnisz.
Ktoś chciałby dla ciebie zatrzymać czas.
Ktoś dziękuje Bogu za twoją przyjaźń i miłość.
Ktoś chciałby ciebie lepiej poznać.
Ktoś nie może się doczekać, aby się z tobą zobaczyć.
Ktoś kocha ciebie za to, kim jesteś.
Ktoś chce podzielić się z tobą swoim marzeniem.
Ktoś uwielbia być w twoim towarzystwie.
Ktoś chce się do ciebie przytulić.
Ktoś kocha twój uśmiech.
Ktoś chce, abyś wiedział (a), że zawsze będzie przy tobie.
Ktoś chciałby wiedzieć, że nigdy go/jej nie opuścisz.
Ktoś cieszy się, że jesteś jego/jej najlepszym przyjacielem.
Ktoś cieszy się, że jesteś jej/jego najlepszą przyjaciółką.
Ktoś chce być twoim przyjacielem.
Ktoś jest ci bardzo oddany.
Ktoś marzy o tobie po nocach.
Ktoś żyje dzięki tobie.
Ktoś pragnie być przez ciebie zauważony.
Ktoś chciałby się do ciebie zbliżyć.
Ktoś chce być przy tobie.
Ktoś za tobą tęskni.
Ktoś w ciebie wierzy.
Ktoś czeka na twoją radę.
Ktoś potrzebuje twojej opieki.
Ktoś ufa ci bezgranicznie.
Ktoś pragnie ciebie całym sercem.
Ktoś myśli o tobie jak najlepiej.
Ktoś ciebie szanuje.
Ktoś pragnie otrzymać od ciebie ten list.

Ktoś potrzebuje twojego wsparcia.
Ktoś czeka na twój telefon.
Ktoś potrzebuje twojej wiary w niego/nią.
Ktoś będzie płakać ze wzruszenia, gdy to przeczyta.
Ktoś potrzebuje twojej przyjaźni.
Ktoś słucha piosenki, która ciebie przypomina.
KTOŚ bardzo oczekuje OD CIEBIE tych słów...

Przekaż to dalej co najmniej pięciu osobom, które potrzebują to dostać.

Maciek zginął w wypadku motocyklowym w Wielką Sobotę przed Wielkanocą 2005 roku.

W ciągu ostatnich lat zrozumiałam wiele o życiu, o śmierci, o stracie, o sile miłości... Wiem, że Duchem jest ciągle z nami – opiekuje się tymi, którzy go znali i kochali, pomaga, doradza, prowadzi i chroni.

Maciek żył na Ziemi przez 27 bogatych i kolorowych lat.... Dużo pisałam o nim w swoich książkach, opowiadałam na warsztatach. Czasami odwiedzał mnie w trakcie zajęć. Gdy miał 21 lat, postanowił pójść ze mną przez ogień – mamy piękne zdjęcie z tego, jak idziemy uśmiechnięci po rozżarzonych węglach, trzymając się za ręce. Często nazywałam Maciusia moim największym nauczycielem „przebranym" za syna... A potem przyszedł czas lekcji najtrudniejszej. Przyszedł nagle, niespodziewanie, bez uprzedzenia. Maciek urodził się tak, jak chciał, szybko i intensywnie, żył tak jak, chciał, i odszedł tak, jak chciał – szybko i intensywnie.

Pogrzeb Maciusia odbył się 1 kwietnia 2005, w Prima Aprilis. Wraz z jego tatą Tomkiem żegnaliśmy go w gronie najbliższej rodziny, jego wspaniałych przyjaciół i oddanych mu kochających ludzi. To taki paradoks – żegnaliśmy go, a on przecież ciągle jest z nami... tylko inaczej. A ja wciąż jestem Jego mamą.

Dziękuję wszystkim, którzy otoczyli mnie swoją czującą obecnością, dziękuję tym z Was, którzy nieśli mnie swoją miłością na odległość. Dziękuję, że jesteście w moim życiu. Proszę zostańcie na dłużej. Proszę ponieście mnie jeszcze trochę...

Zawsze będę Cię kochać i nosić w swoim sercu, synku. Dziękuję, że byłeś ze mną aż 27 lat. Dziękuję, że mnie wybrałeś na mamę... Dziekuję za wszystkie szczęśliwe chwile, za radości, jakie mi nieustannie przynosiłeś, za miłość, jaką mnie obdarzałeś, za żarty, którymi sypałeś obficie, za wszystkie zabawne „wkręty", za uśmiechy i dobre słowa, które tak szczodrze rozdawałeś.

Do zobaczenia tam... w Świetle za jakiś czas. Zostaję tu na tyle, na ile jest mi jeszcze dane, i obiecuję Ci, Maciusiu, że przeżyję ten czas godnie, użytecznie i szczęśliwie... by oddać cześć Twojemu pełnemu i szczęśliwemu życiu.

Twoja kochająca na zawsze Mama.

Jesienią 2010 w Warszawie zainicjowałam spotkania GRUPY WSPARCIA „osieroconych" matek, które straciły dziecko. Spotykamy się raz w miesiącu wieczorem w godz. 18–20. Grupa jest otwarta, a udział w niej bezpłatny. Daty spotkań znajdziesz na mojej stronie internetowej www.foley.com.pl.

Książki, które warto przeczytać

Nauka to nie napełnianie zbiornika, lecz rozpalanie ognia.

Carl Gustaw Jung

Rozwój osobisty

Eric Berne, *W co grają ludzie?*
– *Dzień dobry i co dalej?*
Aaron Beck, *Miłość nie wystarczy*
Nathaniel Branden, *6 filarów poczucia własnej wartości*
– *Sztuka świadomego życia*
– *Odpowiedzialność*
Joan Borysenko, *Wina jest nauczycielką, miłość lekcją*
– *Ogień w duszy*
– *Księga życia kobiety*
John Bradshaw, *Powrót do swego wewnętrznego domu*
– *Twórcza moc miłości* (i inne)
Richard Brodie, *Wirus umysłu*
Richard Carlson, *Szczęście na co dzień*

Diana Cooper, *Możesz zmienić swoje życie*
M. Csikszentmihalyi, *Przepływ – jak poprawić jakość życia*
Renata Dziurdzikowska, *21 portretów czyli jak żyć tu i teraz*
Hans M. Eysenck, *Podpatrywanie umysłu*
Helen Fisher, *Anatomia miłości*
Paul Hauck, *Jak kochać i być kochanym* (i inne)
Louise L. Hay, *Możesz uzdrowić swoje życie*
– *Poznaj moc, która jest w tobie*
– *Medytacje leczące duszę i ciało* (i inne)
Lee Jampolsky, *Leczenie uzależnionego umysłu*
M. James, D. Jongeward, *Narodzić się, by wygrać*
Susan Jeffers, *Mimo lęku*
Kenneth Kelzer, *Słońce i cień – mój eksperyment ze świadomym śnieniem*
Florence Littauer, *Osobowość plus – jak zrozumieć innych przez zrozumienie siebie?* (i inne)
Maxwell Maltz, *Psychocybernetyka*
Thomas Moore, *W trosce o duszę*
– *Bratnie dusze – o sztuce miłości, przyjaźni i samoakceptacji*
Jim Morningstar, *Rebirthing – oddech światła i miłości*
Rollo May, *Miłość i wola*
– *Odwaga tworzenia*
Tadeusz Niwiński, *Ja*
– *Ty*
Raj Persaud, *Pozostać przy zdrowych zmysłach – jak nie stracić głowy w stresie współczesnego życia?*
B. Potter, *Jak martwić się mądrze*
Sondra Ray, *Zasługuję na miłość*
– *Cud związków miłości* (i inne)
Martin E. P. Selligman, *Optymizmu można się nauczyć* (i inne)
Colin P. Sisson, *Wewnętrzne przebudzenie*
– *Podróż w głąb siebie*

Paul i Barbara Tieger, *Rób to, do czego jesteś stworzony – jak odkryć idealną dla siebie karierę poprzez odkrycie typu osobowości*
Brian Tracy, *Maksimum osiągnięć*
Michael Waters, *Słownik rozwoju osobistego*

Edukacja

Tony Buzan, *Rusz głową!* (i inne)
Ross Campbell, *Sztuka zrozumienia*
– Sztuka akceptacji
D. Dana, *Rozwiązywanie konfliktów*
Wojciech Eichelberger, *Jak wychować szczęśliwe dzieci*
E. Fisher, W. Ury, *Dochodząc do tak*
Michael J. Gelb, *Myśleć jak Leonardo da Vinci*
Thomas Gordon, *Wychowanie bez porażek* (i inne)
Gerald G. Jampolsky, *Miłość – jak tworzyć pozytywne związki*
– Miłość to wolność od lęku
Gunda Lang, *Jak być lepszym w szkole*
R. i L. Richardson, *Najstarsze, średnie, najmłodsze*
D. Markova, A. Powell, *Twoje dziecko jest inteligentne*
Amy Mindell, *Metaumiejętności*
J. Oldham, L. Morris, *Twój psychologiczny autoportret. Dlaczego czujesz, kochasz, myślisz działasz właśnie tak?*
S. Ostrander, L. Schroeder, *Superlearning 2000 Podręcznik*
Deborah Tannen, *Ty nic nie rozumiesz! – kobieta i mężczyzna w rozmowie*
Diana Whitmore, *Radość uczenia się – zastosowanie psychosyntezy w wychowaniu*
Donald W. Winnicott, *Dzieci i ich matki*
Jan Wołoszyn, *Techniki skutecznego działania*

Mistyka, filozofia, ezoteryka

Lynn Andrews, *Szamanka*
– *Kobieta jaguar*
Anne Bancroft, *Współcześni mistycy i mędrcy*
Annie Besant, *Potęga myśli*
Biblia Tysiąclecia, Pismo święte Starego i Nowego Testamentu
Daniel Boadella, *Przepywy życia*
Joseph Campbell, *Kwestia bogów*
Carlos Castaneda, *Nauki Don Juana* (i wszystkie inne)
Laura Day, *Praktyczna intuicja*
Wanda Dynowska, *Czy żyjemy tylko raz na Ziemi*
Nevill Drury, *Don Juan. Mescalito i współczesna magia*
– *Mitologia przestrzeni wewnętrznej*
Joel S. Goldsmith, *Praktykowanie obecności*
– *Sztuka medytacji*
Catherine Herriger, *Rytuały – komunikacja bez słów*
Hermann Hesse, *Siddhartha* (i inne)
C. Hirshberg, M. Barasch, *Dusza, medycyna i cuda*
Aldous Huxley, *Filozofia wieczysta*
I-cing. Księga przemian
Serge King, *Miejski szaman* (i inne)
Eugene Maurey, *Egzorcyzmy*
– *Potęga twoich myśli*
Arnold Mindell, *Śniące ciało* (i inne)
Prentice Mulford, *Przeciw śmierci*
– *Moc ducha* (i inne)
Joseph Murphy, *Potęga podświadomości*
– *Magia wiary*
– *Potęga ludzkiego ducha* (i wszystkie inne)
Ruby Nelson, *Drzwi do wszystkiego*
Osho, *Kundalini. Praktyka wewnętrznego ognia* (i inne)

Helen Palmer, *Enneagram*
Joya Pope, *Świat w oczach Michaela – przewodnik starej duszy po wszechświecie*
Jean Prieur, *Mistrzowie myślenia pozytywnego*
Sogjal Rinpocze, *Tybetańska księga życia i umierania*
Baird T. Spalding, *Życie i nauka mistrzów Dalekiego Wschodu*
Marion Weinstein, *Magia, która pomaga żyć*
Gary Zukov, *Siedlisko duszy*
– *Tańczący mistrzowie Wu-Li*

Inteligencja emocjonalna

Robert Cooper, *Inteligencja emocjonalna w organizacji i zarządzaniu*
Joseph LeDoux, *Mózg emocjonalny*
Susan Forward, Dona Frazier, *Szantaż emocjonalny*
Daniel Goleman, *Inteligencja emocjonalna*
– *Inteligencja emocjonalna w praktyce*
Melvyn Kinder, *W harmonii z emocjami – jak poznać swój temperament i dobrze go wykorzystać*
Gael Lindenfield, *Samokontrola emocjonalna – jak kierować swoimi negatywnymi uczuciami, by osiągnąć zawodowy i osobisty sukces*
Maya Phillips, *Doskonałość emocjonalna*
P. Salovey, D. Sluyter, *Rozwój emocjonalny a inteligencja emocjonalna*
Jeanne Segal, *Jak pogłębić inteligencję emocjonalną – zmierz swoje emocjonalne IQ, i rozwijaj je!*

Medytacja, wizualizacja

Francois J. Cavallier, *Wizualizacja*
Gerald Epstein, *Uzdrowienie przez wizualizację*

Shakti Gawain, *Twórcza wizualizacja*
Joseph Goldstein, *Medytacja wglądu*
Rolf Herkert, *Relaks w 90 sekund*
C. Hirshberg, M. Barasch, *Dusza, medycyna i cuda*
Joanna Komorowska, *Autohipnoza – psychoterapia dla każdego*
Serge Kahili King, *Techniki wyobrażeniowe dla zdrowia*
Eva Kroth, *Dobrodziejstwa medytacji*
Ursula Markham, *Wizualizacja*
Osho, *101 technik medytacyjnych od świtu do nocy*
S. Sharamon, B. Baginski, *Księga czakr*
Jordan P. Weiss, *Psycho-energetyka*

SUKCES

Sukces to dążenie do ściśle określonego celu.
ks. Justin Belitz

Justin Belitz, *Sukces – pełnia życia*
Vera F. Birkenbihl, *Komunikacja międzyludzka – trening sukcesu*
Brian Cade, O'Hanlon, *Stopem po terapii krótkoterminowej*
Deepak Chopra, *Siedem duchowych praw sukcesu*
– *Żyć godnie i w dostatku* (i inne)
J. Cornfield, M. Hansen, *Miej odwagę zwyciężać!*
Stephen R. Covey, *7 nawyków skutecznego działania*
– *Zasady działania skutecznego przywódcy*
– *Najpierw rzeczy najważniejsze* (i pozostałe)
Andrew J. DuBrin, *Moc samodyscypliny*
Wayne W. Dyer, *Pokochaj siebie*
– *Kieruj swoim życiem*
Barry J. Farber, *Diament nie oszlifowany*
Rymond Hull, *Jak żyć – sukcesu można się nauczyć*
Rick Jarrow, *Antykariera*

Richard Koch, *Zasada 20/80*
M. R. Kopmeyer, *Praktyczne metody osiągania sukcesów*
Peter Kummer, *Podświadomość – twój partner*
Florence Littauer, *Odważ się marzyć* (i wszystkie inne)
Og Mandino, *Największy kupiec świata* (i inne)
Iwona Majewska-Opiełka, *Umysł lidera*
Johan Maxwell, *Strategia sukcesu*
– *Jak stać się osobą wpływową*
David McNally, *Nawet orły potrzebują impetu*
Bill Newman, *Szybuj z orłami!*
Charles-Albert Poissant, *Miliarderzy*
Bodo Schafer, *Droga do finansowej wolności – w siedem lat do pierwszego miliona*
David Schwartz, *Magia myślenia kategoriami sukcesu*
Hyrum W. Smith, *10 naturalnych praw – jak kierować życiem i gospodarować czasem, by osiągnąć sukces*
Jean Marie Stine, *Możesz podwoić moc swojego umysłu*
Stuart Sutherland, *Rozum na manowcach*
Kurt Tepperwein, *Twórcza moc myślenia*
Denis Waitley, *Ziarna wielkości*
Zig Ziglar, *Do zobaczenia na szczycie*
– *Ponad szczytem*

Obojętnie, czy uważasz, że odniesiesz sukces, czy że nie, masz rację.

Henry Ford

Programowanie Neurolingwistyczne (NLP)

Harry Adler, *NLP – umiejętność realizowania marzeń*
C. i S. Andreas, *Serce umysłu* (i inne)
Richard Bandler, John Grinder, *Z żab w księżniczki*
– *Zmieniamy się wraz z rodzinami*

Richard Bandler, *Umysł. Jak z niego wreszcie skorzystać*
Diana Beaver, *Jak uaktywnić umysł – NLP dla uczących się*
Leslie Cameron-Bandler, *Ku harmonii w miłości*
– *Know how*
– *W niewoli uczuć*
James Eicher, *Sztuka komunikowania się*
Katarzyna Gozdek-Michaelis, *Rozwiń swój genialny umysł*
Katarzyna Gozdek-Michaelis, *Supermożliwości twojego umysłu*
Sue Knight, *NLP w działaniu*
David Molden, *NLP – zarządzać z mocą*
Joseph O'Connor, John Seymour, *NLP – wprowadzenie do programowania neurolingwistycznego*
– *NLP – szkolenie menedżerów i trenerów*
Programowanie Neurolingwistyczne (praca zbiorowa, Medium)
Jerry Richardson, *Magia porozumienia*
Anthony Robbins, *Obudź w sobie olbrzyma*
– *Olbrzymie kroki*
– *Nasza moc bez granic*

Motywacja

Robert Anthony, *Pełna wiara w siebie*
– *Niemożliwe jest możliwe*
Dale Carnegie, *Jak zdobyć przyjaciół i zjednać sobie ludzi*
– *Jak przestać się martwić i zacząć żyć*
– *Jak cieszyć się życiem i pracą*
Elwood N. Chapman, *Postawa życiowa twoją najcenniejszą wartością*
Napoleon Hill, *Myśl!... i bogać się*
– *Klucze do sukcesu* (i inne)
Alan Loy McGinnis, *Sztuka motywacji*
– *Sztuka przyjaźni*
– *Sztuka miłości*

Jim Leonard, *Twoje najskrytsze marzenie – czyli jak władać własną mocą twórczą*
Norman V. Peale, *Moc pozytywnego myślenia*
– *Możesz, jeśli myślisz, że możesz*
– *Entuzjazm zmienia wszystko*
John Roger, Peter McWilliams, *Czas działania*
Marina Sisson, *Najpiękniejsza ścieżka życia*

Zdrowie

B. Baginski, S. Sharamon, *Lecznicza siła ekstraktu z grapefruita*
Barbara Brennan, *Światło życia*
– *Dłonie pełne światła* (i inne)
Deepak Chopra, *Zdrowie doskonałe*
– *Życie bez starości*
– *Życie bez ograniczeń – sekrety medycyny holistycznej*
– *Młode ciało, ponadczasowy umysł*
Deepak Chopra, *Zdrowie bez granic* (i inne)
Anna Ciesielska, *Filozofia zdrowia – kwaśne, surowe, zimne*
Vernon Coleman, *Potęga ciała*
Peter J. D'Adamo, *Jedz zgodnie ze swoją grupą krwi*
Jane Dye, *Aromaterapia*
Gerald Epstein, *Uzdrowienie przez wizualizację*
M. Greenwood, P. Nunn, *Paradoks uzdrawiania, czyli jak zmienić swój stosunek do choroby*
Maria Grodecka, *Wegetariańskie okruchy* (i inne)
Louise L. Hay, *Lecz swoje ciało* (i wszystkie inne)
Horst Janecek, *Śmierć czai się w jelitach*
Jogi Rama-Czakara, *Nauka jogów o zdrowiu*
Peter Kelder, *Źródło wiecznej młodości*
Leslie Kenton, *Poradź sobie ze stresem*
Czesław Klimuszko, *Moje widzenie świata*

Vasant Lad, *Ayurveda – nauka o samoleczeniu*
Piotr Lewandowski, *Samoleczenie metodą BSM*
Alexander Lowen, *Duchowość ciała*
– *Miłość, seks i serce* (i inne)
G. P. Małachow, *Oczyszczanie organizmu*
Sara Martin, *Ciało i umysł*
Earl Mindell, *Biblia witamin*
– *Biblia młodości* (i inne)
Tomasz Nocuń, *Lepsze zdrowie dla każdej kobiety*
Krystyna Ojrowska, *Cudowne leczenie żywieniem*
– *Polarity*
Daniel Reid, *Tao zdrowia*
– *Tao seksu i długowieczności*
Keith Sherwood, *Czakroterapia – rozwój osobowości i zdrowie*
Bernie S. Siegel, *Miłość, medycyna i cuda*
J. Silva, R. Stone, *Samouzdrawianie metodą Silvy*
O. Carl Simonton, *Powrót do zdrowia*
Bobbe Sommer, *Psychocybernetyka*
Martin Stems, *Ciało zna odpowiedź – podręcznik „focusingu" – technik autoterapii*
Edouard G. Stiegler, *Marsz afgański*
Renee Taylor, *Tajemnice zdrowia plemienia Hunzów*
Barbara Temelie, *Odżywianie według pięciu przemian*
Michał Tombak, *Uleczyć nieuleczalne*
– *Droga do zdrowia* (i inne)
W. Von Rohr, *Siedem filarów zdrowia*
Andrew Weil, *Samouzdrawianie*
– *Ominąć antybiotyki*

Ulubione książki Ewy

Richard Bach, *Mewa*
– *Iluzje*
– *Most przez wieczność* (i inne)
H. Jackson Brown, Jr., *Mały poradnik życia* (t. 1–4)
J. Canfield, M. Hansen, *Balsam dla duszy* (t. 1–4)
– *Balsam dla duszy pracującej*
– *Balsam dla duszy kobiety*
Lewis Carroll, *Alicja w krainie czarów*
Paulo Coelho, *Alchemik*
– *Piąta góra* (i wszystkie inne)
Dalajlama, *Sztuka szczęścia*
– *Etyka na nowe tysiąclecie*
Robert Fulghum, *Wszystkiego, co naprawdę trzeba wiedzieć, nauczyłem się w przedszkolu*
Khalil Gibran, *Prorok*
– *Piasek i piana*
– *Ogród Proroka*
Shakti Gawain, *Za głosem intuicji*
Chris Griscom, *Czas jest złudzeniem* (i pozostałe)
Sheldon Kopp, *Jeśli spotkasz Buddę, zabij go!*
Jiddu Krishnamurti, *Wolność od znanego*
– *Szkoła zrozumienia*
Bob Mandell, *Terapia otwartego serca*
Anthony de Mello, *Przebudzenie*
– *Modlitwa żaby*
Anthony de Mello, *Sadhana. Ścieżka do Pana Boga*
– *Śpiew ptaka* (i inne)
Arnold i Amy Mindell, *Śniące ciało*
– *Śniące ciało w związkach* (i pozostałe)
Dean Ornish, *Miłość i przetrwanie*

M. Scott Peck, *Drogą mniej uczęszczaną*
James Redfield, *Niebiańskie proroctwo – Dziesiąte wtajemniczenie*
Rumi, *Poezje wybrane*
Antoine de Saint-Exupéry, *Mały Książę*
Peter M. Senge, *Piąta dyscyplina – teoria i praktyka organizacji uczących się*
Baird T. Spalding, *Życie i nauka mistrzów Dalekiego Wschodu*
Matka Teresa, *Radość z kochania*
Christina Thomas, *Tajemnice – Przebudzenie duszy*
Thich Nhat Hanh, *Każdy krok niesie pokój – Cud uważności*
Brock Tully, *Rozważania, czyli jak cieszyć się życiem*
Stuart Wilde, *Cuda* (i pozostałe)
Paramahansa Yogananda, *Autobiografia jogina*
Alejandro Junger, *Clean*
Stefan Klein, *Formuła szczęścia*

Z listów od Czytelników do Autorki

Witam serdecznie, Pani Ewo!

Właśnie jestem w takcie czytania Pani książki „Zakochaj się w życiu" i jestem pod wrażeniem jej przekazu i misji oraz wielkiej wiary, że pomoże ona odnaleźć drogę zagubionym duszom do szczęścia i spełnienia. To wielki dar dawać innym tak wiele i czerpać z tego radość, wynikającą z Pani szczerego uśmiechu. Może to prawda, że każdy to potrafi, ale nie każdy chce (...).

Joanna

Korzystając z okazji, chcę wyrazić wdzięczność Pani Ewie Foley za „Zakochaj się w życiu" Uratowała mnie w listopadzie 2000 r. Żyję, a kolory z okładki są moimi ulubionymi.

PS. W swojej książce w rozdziale „Moc wdzięczności" pisze Pani, że trzeba dziękować za wszystko, czego obecnie doświadczamy. Dziękuję Bogu, że Panią powołał do życia, bo przywraca Pani równowagę wielu znękanym, niezdecydowanym, maluczkim. Dziękuję, Pani Ewo, za to, że Pani jest i pomaga słowem tysiącom takim jak ja!!!!!!!!

Ania

Droga Pani Ewo!

Bardzo serdecznie dziękuję za napisanie tak cudownej książki (...). Właśnie ona sprawiła, że w chwilach ciężkich, kiedy wszystko wydaje się beznadziejne, szare, bez barw, uczucia, sensu, otwiera się przede mną coś nowego, coś, co jest we mnie, ale bardzo często o tym zapominam... miłość, otwartość na ludzi, życie. Zaczynam powoli oddychać, czuć zapach kwiatów, cieszyć się z rzeczy prostych, widzieć nową Teresę – wyprostowaną, uśmiechniętą, przepełnioną światłem swojej świadomości.

Jeszcze raz serdecznie dziękuję.

Pozdrawiam i gratuluję.

Teresa

Droga Pani Ewo,

dzisiaj skończyłam czytać Pani książkę ZAKOCHAJ SIĘ W ŻYCIU. Pani słowa, myśli, rady, sugestie są balsamem dla mojego serca i duszy. Obolałego serca.

Dziękuję za książkę, która pomogła mi zrozumieć, że warto żyć pomimo wszystko. Jest dla mnie ogromną dawką energii i optymizmu.

Dziękuję Wszechświatu, że Pani jest i robi tak dużo dobrego dla innych. Pani Ewo, dziękuję za książkę, która leczy moją duszę.

Ewa

(...) Nie chciałam pisać o sobie lecz o Pani, o tym, że Pani książka umocniła mnie i pogłębiła moją wiarę w siebie i nie tylko. Joga zawsze mnie fascynowała, dużo o niej czytałam, lecz nigdy nie praktykowałam jej osobiście. Teraz wiem, że w końcu zmobilizuję się i zacznę ćwiczyć swoją duszę, ciało, umysł.

Jeszcze sporo Pani książek mam przed sobą do przeczytania, ale już teraz wiem, że będę do nich powracać. Staną się częścią mojego życia, w którym się zakochałam do szaleństwa i to dzięki Pani.

Ma Pani wielki dar, Pani Ewo. Ludzie potrzebują takich drzwi ku szczęściu, jakimi są Pani książki.

Z serdecznymi pozdrowieniami,

Katarzyna

Trzymała w ręku książkę. Wziąłem ją do ręki odruchowo.

To była Twoja książka.

Trzymając ją w dłoni od razu poczułem, ile w niej ciepła i pogody ducha.

Jakaś WOLNOŚĆ DUSZY w niej drzemie.

A tyle ich umęczonych chodzi po tym świecie.

Ta książka przypominała jakiś smaczny, soczysty owoc.

Odczuwałem najzwyklejsze łaknienie.

Miałem ochotę zjeść zaraz, natychmiast jakiś soczysty owoc.

Gdy zobaczyłem okładkę z Twoim zdjęciem... uśmiech sam wypłynął mi na twarz.

Przejrzałem na miejscu tę książkę. To był pokarm, którego potrzebowałem. ☺

Po powrocie do Warszawy kupiłem własny egzemplarz.

Zacząłem lekturę.

Marek

Wyższego Ja i ewolucję duszy. **B:** Medytacja nawiązania kontaktu z Wyższym Ja w głębokim relaksie.

- ***Przygoda Ziemskich Aniołów.*** Ewa opowiada bajkę-metaforę o tym, skąd pochodzimy i kim naprawdę jesteśmy. Można słuchać w samochodzie albo na dobranoc!

Motywacja:

- ***Bądź mistrzem swojego życia.*** Afirmacje inspirujące i motywujące do wzięcia życia w swoje ręce (także dla dzieci i młodzieży). Mówi Ewa i Bartek Topa.
- ***Twórcza wizualizacja.*** **A:** Ugruntowanie, różowa bańka, uzdrawianie praniczne, oczyszczanie. **B:** Relaks, wewnętrzne sanktuarium, wizualizacja celu, prośba o przewodnictwo plus super-afirmacje!
- ***Zakochaj się w życiu!*** **A:** Wykład Ewy o akceptacji i radości życia **B:** Afirmacje z *Pudełka inspiracji* wspierające świadome życie. Mówi Ewa i Bartek Topa.

Muzyka relaksacyjna:

- ***Medytacja z kryształami.*** **A:** Medytacja Ewy programująca życie najwyższej jakości. **B:** muzyka Sebastiana Stachurskiego *Kryształowa Pieczara.*
- ***Muzyka do relaksu.*** Pachelbel, *Kanon D-dur.*
- ***Medytacja bliźniaczego płomienia.*** Archanioł Michał.

Płyty CD Louise L. Hay (czyta Ewa Foley)

- ***W co wierzę / głęboki relaks.*** Wykład i medytacja.
- ***Uzdrowienie siebie / kreowanie zdrowia.*** Medytacja.
- ***Przekraczanie lęków.*** Medytacja bezpieczeństwa.
- ***Poranna i wieczorna medytacja.***
- ***Jak siebie pokochać.*** Wykład.
- ***Prosperity.*** Wykład o obfitości.
- ***Moc twoich słów.*** Wykład.
- ***Medytacje osobistego uzdrowienia.***
- ***101 myśli mocy.*** Wzmacniające afirmacje
- ***Siła kobiet.*** Budowanie wewnętrznej mocy, wykład.

Płyty DVD z Ewą Foley

- ***Joga z Ewą*** **– lekcja 1** (45 min.) – 30 asan – podstawowe pozycje hatha-jogi dla początkujących.
- ***Joga z Ewą*** **– lekcja 2** (45 min.) – 30 asan

Pudełko „Inspiracje”. Autor Ewa Foley. Zawiera ponad 140 kartek ze specjalnie sformułowanymi stwierdzeniami-afirmacjami inspirującymi do lepszego życia. Budują optymizm, pozwalają stopniowo zastępować przestarzałe i negatywne przekonania nowymi, pozytywnymi ideami. Zmieniając swoje myśli – zmieniasz swoje życie!

Karty intuicji i wartości. Autor Ewa Foley. Odpowiedzą, doradzą, poprowadzą jak „aniołki” każdego, kto potrzebuje odpowiedzi na zadawane sobie pytania dotyczące ważnych decyzji życiowych, przemyśleń czy przedsięwzięć…

Pudełko „Iluminacje”. Autor Ewa Foley. Wizje dobrych zmian, rozwoju i udanego życia. W tym pudełku znajdziesz ponad 100 kartek/sugestii nowych zachowań, nastawień, działań, postaw i przekonań, które uczynią znaczną różnicę w jakości Twego życia i relacji z innymi ludźmi. Wszystkie pudełka stanowią oryginalny prezent dla każdego bez względu na wiek, poglądy i zainteresowania – uczą pozytywnego myślenia i mądrej postawy życiowej.

5 przemian w kuchni i życiu

Ewa Dobek

Książkę tę kieruję do osób, które chcą trochę inaczej spojrzeć na odżywianie, poszerzyć swoje kulinarne perspektywy. Zawarte tu przepisy są wynikiem moich ciągłych poszukiwań i twórczych porywów w kuchni. Mam nadzieję, że uda mi się tą książką przekonać Was, iż gotowanie to proces radosny i kreatywny.

W swoim tekście postanowiłam podzielić się z Wami jeszcze jedną sprawą. Od lat stosuję kosmetyki, które robię sama.

- **Zbieram zioła i robię olejki z kwiatów dziurawca, krwawnika, płatków róży.**
- **Gotuję szampon z mydlnicy, pokrzywy i skrzypu.**
- **Robię mydło z ziołowym wywarem.**
- **Używam własnoręcznie robionych kremów i balsamów.**

Stąd powstał osobny dział w książce, noszący nazwę „kuchenne kosmetyki". Przygotowanie szamponu czy skomponowanie kremu do twarzy to czynności bardzo podobne do gotowania zupy. W końcu przecież najzdrowsze są kosmetyki jadalne:)

Kuchnia wg pięciu przemian jest moją pasją od kilkunastu lat. Jak zwykle bywa, stałam się specjalistką w zakresie tego, z czym sama miałam kłopoty – na metodę pięciu przemian nakierowały mnie dolegliwości przewodu pokarmowego. Kłopoty trawienne odeszły, ale zainteresowanie medycyną chińską i gotowaniem według jej zaleceń zostało.